고려시대 사람들의 식음食飮 생활

박용운

평북 선천군에서 출생
서울대학교 사범대학, 고려대학교 대학원 석사·박사 과정을 마치고
　　동 대학원에서 문학박사학위 취득
성신여자대학교 조교수를 거쳐 고려대학교 문과대학 한국사학과 교수로 정년 퇴임
현재 고려대학교 명예교수
著述 : 『高麗時代 臺諫制度 硏究』, 『高麗時代史』 上·下, 『高麗時代 蔭敍制와 科擧制
　　　硏究』, 『고려시대 開京 연구』, 『高麗時代 官階·官職 硏究』, 『高麗時代史硏究
　　　의 成果와 課題』, 『고려시대 中書門下省宰臣 연구』, 『高麗時代 尙書省 硏究』,
　　　『高麗時代 中樞院 硏究』, 『高麗社會의 여러 歷史像』, 『高麗社會와 門閥貴族家
　　　門』, 『고려의 고구려계승에 대한 종합적 검토』, 『수정·증보판 고려시대사』,
　　　『고려사 백관지 역주』, 『고려시기 역사의 몇 가지 문제』, 『高麗史 選擧志 譯
　　　註』, 『高麗史 여복지 역주』, 『고려시대 사람들의 衣服飾 생활』 등

고려시대 사람들의 식음食飲 생활

초판 1쇄 발행 | 2019년　5월 15일
초판 2쇄 발행 | 2022년 12월 27일

저　자 | 박용운
발행인 | 한정희
발행처 | 경인문화사
주　소 | 경기도 파주시 회동길 445-1 경인빌딩
전　화 | 031)955-9300, 팩　스 | 031)955-9310
이메일 | kyunginp@chol.com
홈페이지 | http://kyungin.mkstudy.com
출판번호 | 제406-1973-000003호

ISBN 978-89-499-4805 8 93910
정가 21,000원

고려시대 사람들의 식음食飮 생활

박용운 지음

경인문화사

머 리 말

　공부를 시작하면서 내가 처음 주제로 잡은 것은 고려시기의 대간제
도臺諫制度였다. 지금은 이 주제의 실체가 그런대로 밝혀져 있지만
1960년대 후반기까지만 하여도 연구가 미미한 상황이어서 어느 수준
의 해명에만도 10여년의 시간이 소요되었다. 그런데다가 다들 알고 있
듯이 대간제도는 정치의 핵심이 되는 조직의 하나였고, 따라서 왕권과
재추宰樞·상서6부 등 국가를 운영해가는 중요 기구·인원들과 긴밀히
연결되게 마련이었다. 그러니 자연스레 이들에 대한 이해에 적지 않은
노력을 기우려야 했고, 그 과정에서 정치권력의 특성과 고려사회 자체
의 성격론 문제가 대두되면서 이들 주제의 논의에도 참여하였다.
　그러다보니 주변에서는 나를 고려시대의 정치사 내지 정치제도사를
공부하는 사람으로 치부하였고 그게 사실이었다. 하지만 특히 학생들
앞에서 강의를 해가는 동안 당시의 정치상황 뿐 아니라 당대인들이 무
엇을 어떻게 먹고, 어떤 옷을 입었으며, 또 어떤 집에 살았는가 등등의
실제 생활상에 대해 제대로 이야기를 해주지 못하는게 늘상 마음속 한
구석에 자리잡고 있었다. 그럼에도 바쁘다는 핑계를 구실 삼아 이 짐
을 덜기 위한 준비작업은 정년을 앞둔 얼마전에야 시작하였다. 한데
정작 퇴직을 하고나서도 그동안 마무리를 짓지 못한『고려시대사』의
증보 작업과『고려사』백관지와 선거지의 역주를 마치는데 또 몇 년간

의 시간을 보내야 했다.

그리고나서야 기초 작업을 겸해 우선 『고려사』 여복지의 역주에 착수하였는데, 결과는 기대했던 것에 훨씬 미치지 못하였다. 그럼에도 용기만은 잃지 않고 결과물의 제목을 『고려시대 사람들의 의·식·주衣食住 생활』이라 정해 놓고 모아온 자료들을 그에 맞추어 분류·정리하고 먼저 의생활衣生活에 대해 붓을 들었다. 그렇지만 얼마 못가서 나는 곧 좌절에 빠지고 말았다. 내용이 짐작했던 것보다 방대한 데다가 나처럼 이 방면에 아무런 소양이 없는 처지에서 접근이 매우 어렵다는 것을 절실하게 느꼈기 때문이다. 그렇다고 중간에 포기할 수도 없어서 억지로 조금씩 추진해 갔는데 그러니 힘은 힘대로 들고 제대로 진척은 되지 않았다.

이에 즈음하여 나는 애초의 계획이 너무 무모했다는 것을 새삼 깨닫게 되었다. 그리하여 고심 끝에 내린 방안이 식음食飮 생활과 주거住居 생활에 대한 것은 후일로 미루고 의복식衣服飾 생활에 관한 것이나마 마무리지어 보자는 것이었다. 그 결과로 2017년 10월에 이르러서야 『고려시대 사람들의 의복식衣服飾 생활』이라는 제목의 책자를 내놓을 수 있었다. 그나마 이 책은 의복식 자체의 제작이나 기술적인 문제 등은 거의 다루지 못하였고 다만 그를 통한 생활사의 이해에 도움을 얻어보자는 수준의 것이었다.

처음의 의복식에 대한 검토가 이같은 수준에 머물은만큼 다음의 식음食飮 생활에 관한 천착은 다소나마 이보다 진척되어야 했을 것이다. 그러나 지금 거듭 살펴보아도 그렇지 못한 듯 싶어 상당히 당황스럽다. 다만 그런 가운데서도 좀 다행스러운 것은 이 방면에 관한 좋은 성과를 낸 선학·동료들이 있어 여러 모로 도움을 받을 수 있었다는 점이다. 그리고 여기 저기에 흩어져 있는 다양하면서도 적지 않은 자료들을 점검하는데 이미 오래전에 많은 노력을 아끼지 않았던 고려대학교 대학원의 고려시대사 전공자들의 보탬도 컸다. 지금에 이르러 보잘 것은 없으나마 내가 뜻했던 『고려시대 사람들의 식음食飮 생활』이 열매를 맺게된 것은 이같은 배경에서 였다.

시장성이 별로 없어 보이는 이 책자를 지난번 『고려시대 사람들의 의복식衣服飾 생활』에 이어서 기꺼이 맡아 출판해준 경인문화사의 담당자들에게 이 자리를 빌어 감사의 뜻을 거듭 표하여 둔다.

2018년 10월
저자 박용운 씀

목 차

1

서언序言

식음食飮이라면 글자 그대로 먹을 것과 마실 것들을 뜻한다. 고려시대 사람들이 무엇을 식품으로 먹고 어떤 것들을 마시면서 생활하여 갔는가 하는 부분을 살펴보고자 하는 바램에서 정한 주제이다. 의식주衣食住라는 문구가 말해주듯이 식음은 우리 인류가 생활을 하는데 가장 기본이 되는 요소의 하나인 만큼 어떻게 보면 당연한 생각인데, 정작 시작하여 놓고 보니 의복식衣服飾 생활의 이해에 따른 어려움을 능가할 정도로 문제들이 다양하고 또 많았다. 그러나 이같은 상황에도 불구하고 얼핏 검토해 본 즉 저들에 관한 문제들이 선배와 동료 연구자들에 의하여 상당한 수준으로 해명이 되어 있었다. 그럼으로 이들에 의하여 문제들을 풀어가는데 많은 도움을 받을 수 있을 것 같고, 더구나 주목적이 농법이나 그에 따른 법제·제도 및 영양학·조리학 등이 아니라 단순히 당시의 상·하 인원들이 각종 식품과 음료를 생산하고 소비하는 생활의 면면을 좀더 알아보려는데 있는 것이다.

이같은 취지에서 이 자리에서는 내용을 몇 가지 큰 부류로 나누어 곡물류 식품食品과 육식肉食에 해당하는 고기 식품 및 수산물 식품·채소와 과일류·음료飮料 등 다섯 부분으로 구분해 살피도록 하였다. 그리하여 첫 번째 곡물류 식품에서는 쌀(미米)과 조(속粟)·보리(맥麥)·콩(두豆)·기장(서黍) 등에 대해 살폈는데, 이들에 대해서는 이미 이정호李正浩[1] 윤성재[2] 두 연구자가 수준 높은 검토를 수행한바 있어 여

---

1) 李正浩,「高麗時代 穀物의 종류와 生産」『韓國史硏究』96, 1997 ;『고려시대의 농업

기서는 거기에 『고려사』와 『고려사절요』를 비롯하여 서긍 저술의 『고려도경』 및 이규보의 『동국이상국집(전집全集·후집後集)』 그리고 『동문선』 등의 여러 문집들을 통한 자료의 보완이나 해석상의 이견 등에 있어 얼마의 보완을 하는데 힘을 모으려 한다.

다음 두 번째는 육식肉食에 해당하는 고기 식품으로 소와 말·돼지와 닭·양羊과 개(견犬) 등 사육 동물과 함께 사슴과 노루·꿩 등 사냥 동물을 대상으로 삼았다. 그리고 세 번째로는 수산물 식품으로 방어·잉어·농어 등의 물고기류와 전복·굴 등의 조개류 및 게·새우·문어 등의 갑각류甲殼類와 더불어 미역·다시마·김 등의 해초류海草類에 대해 관심을 두려고 하였다. 한데 이들에 대해서도 선학인 이성우와[3] 윤서석[4] 그리고 위에서 소개한 윤성재[5] 등이 이미 심도있는 연구들을 내놓고 있었다.

그러므로 이곳에서도 역시 위에 제시한 『고려사』·『고려사절요』를 비롯한 여러 문집과 더불어 『목은문고』 권9 서序와 『시고詩藁』의 글들 및 정인지의 『삼봉집』·이제현의 『역옹패설』·『고려묘지명高麗墓誌銘』 등의 기록에 걸치는 다수의 자료들을 부분적으로나마 추가하고 보다 면밀하게 검토함으로써 그것들이 지니는 의미에 좀더 가까이 접근하고자 하였다. 그런 과정에서 혹 시정하는게 옳겠다는 부분이 눈에 띄면 다

생산과 권농정책』, 景仁文化社, 2009.

2) 윤성재, 「곡물의 종류와 소비」『고려시대 식품의 생산과 소비』, 숙명여대 박사학위 논문, 2010.

3) 李盛雨, 「高麗時代의 食生活史」『高麗以前의 韓國食生活史硏究』, 鄕文社, 1978.

4) 尹瑞石, 「식생활 구조의 확대기」『우리나라 식생활 문화의 역사』, 신광출판사, 2001.
   윤서석, 「식생활- 고기음식과 우유」『한국사 21- 고려후기의 사상과 문화』, 국사편찬위원회, 1996.

5) 윤성재, 주 2)의 저술.

시 생각해보는 과정도 가지려고 한다. 여기에 이어서 식품의 일종이면서 일반적인 것 들과는 조금 차이가 난다고 할 소금(염鹽)에 대해서도 살피는게 옳겠는데, 다만 이 부분은 고려 전기의 상황부터 소금 전매제인 각염법榷鹽法이 시행되는 충선왕 즉위 원년(1309)의 주변과 그 이후의 시기에 이르기까지 역사학 측에서 깊이있게 연구한바 있어 그 개략을 소개하는데 그치는 것이 좋을 듯 생각된다.

다음 네 번째는 채소와 과실에 대해서이다. 그중 전자는 형태와 특징이 다양하여 구분에 어려움이 없지 않으나 대체적으로 채소의 식용 부위에 중점을 맞추어 과채류果菜類와 근채류根菜類·엽경채류葉莖菜類에다 야생 채소로 분류하는 경향이 많은 것 같다.[6] 그리하여 과채류에는 오이·가지·박(호瓠) 등이, 근채류에는 무우·토란·우엉 등이, 엽경채류에는 파·마늘·아욱·미나리 등이, 그리고 야생 채소로는 고사리·버섯·냉이·죽순·순채·더덕 등이 해당하는 것으로 파악되고 있거니와, 이들에 관한 자료의 보완과 더불어 그것들이 지니는 용도와 보조 식품으로서의 역할 등을 재삼 음미해보는 것도 의미가 없지 않을 듯 싶은 생각은 든다.

보조 식품이면서 기호식품이기도 했던 과실은 한층 중시되는 존재였다. 그런 만큼 각종 기록에 남아 어느 수준까지는 파악이 가능하거니와, 이것들의 위상 역시 식품으로서의 중요도에 따랐던 것 같다. 사례를 보면 밤(율栗)이 가장 주목받고 또 자주 입에 오르내리는 것을 중심으로 배(이梨)·대추가 하나의 무리를 이루고, 다음은 대략 귤과 복숭아, 그리고 감(시柿)·살구와 앵두, 다시 잣·오얏(리李)·매실 및 능금·

---

6) 위의 윤성재도 역시 주 2)의 저술에서 이 방식을 채택하고, 그 각각에 해당하는 채소류를 지목하고 있다.

포도·개암 등등이 눈에 들어오고 있다. 이들에 대한 검토를 통하여 고려시대 민인民人들 식생활의 다른 일면을 살펴보는 것 역시 여러모에서 필요하다고 본다.

이어지는 과제로 하루의 끼니에 대해 살펴보려 하였다. 즉, 하루에 세 끼니를 먹었는가 아니면 두 끼니를 먹었는가 하는 문제인데, 이 주제는 연구자에 의해 미리 깊이 있게 검토된 바 있다.7) 그럼에도 이 자리에서는 고려시기에 촛점을 맞추고 좀더 넓은 범위에 걸쳐 사례를 수집함으로써 얼마간의 차이점이 보일 듯 싶기는 한데, 그러나 두 끼니가 더 일반적이었다는 결과에는 고려와 조선 시대가 마찬가지이지 않았을까 하는 생각은 든다.

마지막인 다섯 번째는 음료飮料 부분으로 물, 즉 식수와 차(다茶) 및 술(주酒)이 그 대상들이다. 그중 식수는 우물(정井)과 샘(천泉)에서 얻어지겠는데, 외국인인 서긍은 그「우물을 파고 물을 긷는 것은 대개 내(천川) 가까운 데서 한다」고 기록하고 있지마는, 어떻든 많은 노력을 들여 우물을 파고 거기에서 물을 얻어 이용했음을 알 수 있다. 이같은 상황에서 혹 전쟁과 같은 사건이 발생하거나 가뭄 또는 많은 비로 인한 홍수 등이 있게 되면 민인民人들은 물로 인한 고난을 겪어야 했다. 이러한 우물에 비해 샘은 비교적 어려움이 없이 얻어서 이용 할 수 있었지만 어떤 사태가 발생하면 고난을 당하기는 마찬가지였다. 이러한 환경 아래에서 물통(조槽)과 구리 항아리(동앵銅甖)·도기陶器로 된 물항아리(수옹水瓮) 등을 사용하며 생활했던 고려인들을 생각해 보는 것은 어떨까.

---

7) 鄭演植,「조선시대의 끼니」『한국사 연구』112집, 2001.
   鄭演植,「새벽에도 먹은 점심」『일상으로 본 조선시대 이야기 2』, 2001, 청년사.

고려시대 사람들이 음료로 많이 이용한 것의 다른 하나는 차(다茶)였다. 다만 차는 물과 좀 달리 상·중급층에서 주로 이용했다는 것으로, 왕실과 국가의 행사에 필요한 차를 담당하는 기구인 다방茶房이 따로 설치되어 있었다는 것만 보아서도 이 점은 능히 짐작할 수 있다. 또 개별적인 사례만 하더라도 성종이 내사령(종1품)을 지낸 최지몽이 세상을 떠나자 차 200각角을 보내 장례에 쓰도록 하고, 수시중(종1품)을 지낸 최승로가 졸거卒去했을 때에는 뇌원다腦原茶 200각角·대다大茶 10근을 내리고 있는 등 여러 사례가 찾아지며, 또 고위직을 역임했던 원로들에게도 사여하고 있음이 눈에 띠는가 하면 불교를 중시하던 고려시기인 만큼 절과 스님들에게도 차가 베풀어지고 있다.

민인들의 차(다茶) 이용은 태조 왕건이 신라에 관원을 보내 왕과 백관들에게 선물을 주는 한편으로 군사와 백성들에게 차(다茶) 등을 사여한 사실을 통해 짐작해 볼 수 있다. 그리고 목종은 80살 이상이 되는 남녀 백성과 병든 사람 600여명을 모아 놓고 음식과 차 등을 내려주고도 있는 것이다. 아울러 들차(야다野茶)나 산차(산다山茶)의 존재, 특히 식미점食味店과 같은 다점茶店의 설치도 살펴보아야 할 내용들이다. 이들과 함께 위에서 언급한 뇌원다·대다 이외의 용봉다龍鳳茶·유다孺茶 등 다茶 종류와 탕호湯壺·금화오잔金花烏盞·홍조紅俎 등 다구茶具들도 관심이 가는 주제의 한 부분이다.

이어서 우리들의 주목을 받는 또 하나의 주제는 술(주酒)이다. 여러 기록에 의하면 기본이 되는 술은 청주淸酒와 백주白酒로서, 전자는 신분과 직위·경제력이 우월한 위치에 있는 사람들이 많이 이용하였고, 후자는 그렇지 못한 인원들의 사용이 다수였다고 알려져 있지마는, 술 그 자체가 고려사회에서 매우 중요한 위치에 있는 또다른 식품의 하나였던 것이다. 이는 왕실이나 국가의 여러 행사 등에 필요로 하는 술 관계의 업무를 담당하는 국가기구로 양온서良醞署를 설치한 것과, 또 성격은 좀 다르지만 술의 판매와 연결되어 있는 주점酒店을 개경에 열도록 한 것 및 그 후의 주무酒務 설치와 지방에도 주점을 두도록 한 것 등과 함께 살펴볼 일이다. 그리하여 술은 다방면으로 광범위하게 이용되었을 것으로 짐작되거니와, 그들 실체도 궁금한 부분의 하나이다.

술 종류의 기본이 되는 것은 청주와 백주라 하였는데, 이들과 더불어 전자와 유사한 종류로 양온良醞·어주御酒·법주法酒라는 명칭이 보이며, 후자는 달리 탁주濁酒·막걸리·박주薄酒로도 불리었다. 그리고 소주燒酒도 고려시기에 처음으로 등장하여 주목해볼 필요가 있다. 아울러 각종 자료에는 화주花酒·국화주菊花酒·선주仙酒(신선술)·계주桂酒(계피주)·봉래주蓬萊酒·삼해주三亥酒·초화주椒花酒·아황주鵝黃酒·자하주紫霞酒·창포주菖蒲酒·포도주 등등이 전해져 역시 눈길이 이끌린다.

다음 술 이용의 기구들을 찾아보면, 먼저 술을 담는 용기容器, 즉 주기酒器로는 금주기金酒器 또는 금은주기金銀酒器를 들 수 있다. 그리고 일상적으로 이용되면서 용량이 좀 컸던 것으로 질그릇 술독인 와준瓦樽과 도기 술병인 도준陶樽 및 휴대하고 다니던 술통인 주합酒榼 등이 눈에 띄며, 이밖에 요긴하게 쓰이던 기구로 질뚝배기(도앵陶甖)와 질항아리(와분瓦盆), 옥 항아리(옥호玉壺) 등이 찾아진다. 그 밖에 직접 마시는데 쓰이던 것으로는 녹색 자기 술잔(녹자배綠甆盃)과 옥 술잔(옥잔玉盞) 같은 배盃·잔盞 등도 있었음이 확인된다. 대부분이 좀더 깊이있게 접근할 필요가 있지만 미흡한 대로 마치고자 한다.

술 관계 뿐만 아니라 처음부터 이곳까지의 전체 서술 하나하나가 나

로서는 분수에 어울리지 않는 과제들이어서 문제가 한 둘이 아닐줄로
짐작된다. 여러분의 관서가 있으시기 바란다.

2

고려시대 사람들의
곡물류穀物類 식품食品

(1) 곡물穀物의 종류

고려시대 사람들의 곡류穀類 식품食品을 얻기 위해 재배한 작물들은 일반적으로 곡穀 또는 화禾라고 일컬어지는 것이었다. 이중에서 화禾의 경우는 통상적으로 벼(도稻)를 지칭하는 글자로 알려져 있고 또 실제로도 그러하였지마는, 한편으로는 벼를 포함하여 그 외의 여러 작물들을 함께 칭하기도 했던 것으로 이해되고 있다.[1] 이제 그 구체적인 사례들을 볼 것 같으면, 전자에 해당하는 것으로

    ㉮-① 문종 18년(1064) 4월 갑술일에 해당 관청에서, 봄부터 가뭄이 심해 벼가 타고 보리가 상하므로(초화손맥焦禾損麥) 시장을 옮기고 우산과 부채의 (사용을) 금할 것을 청하자 (왕이) 그에 좇았다.[2]

    ㉮-② 명종 16년(1186) 8월에 담당 관청에서 진주수령 김광윤과 안동수령 이광실이 욕심이 많고 잔인해 백성을 침해한 죄를 논하자 모두 유배시켰다. (이를 두고) 사신史臣 권경중權敬中이 말하기를……"소와 말을 벼와 기장 밭(화서지장禾黍之場)에 놓아두고……뜯어먹는 것을 금하고자 한들 그것이 되겠는가" 하였다.[3]

    ㉮-③ 참새는 어디에서 왔다가 어디로 날아가는가
       1년의 농사를 아랑곳하지 않네
       늙은 홀아비가 홀로 갈고 풀을 매었거늘

---

1) 李正浩, 「高麗時代 穀物의 種類와 生産」『韓國史研究』96, 1997, 18~20쪽;『고려시대의 농업생산과 권농정책』, 景仁文化社, 2009, 76~78쪽.
2)『고려사』권 54, 志 8, 五行 2, 金(항양恒暘).
3)『고려사절요』권 13.

전답 속의 벼와 기장(전중화서田中禾黍)을
다 먹어 없애네.4)
㉮-④ 옛날에 시끄러운 조시朝市에 있을 적엔
한적한 전야田野를 무척이나 생각했네
지금 오니 본래 바라던 그대로인데
죄의 그물이 촘촘하다고 한탄할 손가
벼와 기장 모두 무성도 하여(화서정리리禾黍正離離)
농사 일도 멀지 않아 끝이 나겠네.5)

라고 한 기사를 들 수 있겠는데, ①은 보다시피 가뭄으로 인해 화禾와 맥麥(보리)이 손상되고 있음을 전하거니와 그 대상의 하나가 보리라는 구체적인 작물로 표현되고 있는 점을 감안할 때 상대인 화禾도 벼를 의미하는 것으로 이해하는게 옳을 듯싶은 것이다. 그리고 ②도 무신정 권의 혼란기에 지방 수령들이 탐학하는 상황을 사신史臣인 권경중이, 소와 말이 밭에서 작물을 뜯어먹는 것에 비유하고 있고, ③ 역시 여말 의 정치가요 학자인 이제현李齊賢이 부역과 세금에다 권세가들 때문 에 곤궁하게 지내는 백성들의 처지를 참새가 곡식(속粟)을 쪼아먹는 것에 의탁하여 지은 노래의 가사이며, ④는 유배의 처지에 있는 정도 전鄭道傳이 그 곳에서의 느낌과 주변 상황을 적은 글인데, 여기에 등 장하는 각각의 기장(서黍)도 구체적인 작물의 하나인 만큼 그 상대인 화禾 또한 하나의 작물인 벼를 뜻한 것으로 보는게 맞을 듯 짐작된다. 형식은 좀 다르지만 화禾가 곡穀과 합쳐저 '벼에 속하는 곡식' 이라는 하나의 용어가 되고 있기도 하지마는 이때의 화禾는 물론 벼를 의미한 다. 유사한 사례는 이외에도,「성종成宗 7년(988) 2월에 관判하기를, 화

---

4)『고려사』권 71, 지 25, 악樂 2, 속악俗樂「사리화沙里花」.
5)『三峯集』권 1,「奉次廉東亭詩韻」.

곡禾穀이 잘 영글지 않은 주·현으로 (개경에) 가까운 도는 8월까지, 중간의 도는 9월 10일까지, 먼 도는 9월 15일까지 호부戶部에 보고하는 것을 항구적인 규정으로 삼는다」고 한 것6) 정종靖宗 「5년(1039) 3월에 동남 바닷가 여러 도道 주·현에서 지난해 화곡禾穀이 패지 않아 많은 백성들이 기근을 겪고 있으므로 그 해당 관청으로 하여금 의창을 열어 진휼토록 명하였다」고 한 것7) 등등 그 숫자는 모두 다 소개할 수 없을 정도로 다수가 눈 안에 들어오고 있다.8)

한데 이것들에 비하여 좀 달리 생각해야 할 화禾의 사례들을 대할 수 있다. 현종顯宗 원년(1010) 11월에 「거란주契丹主가 통주성 밖에서 화禾를 거두던 남녀를 잡아서 각기 금의錦衣를 주고는 … 중략 … 흥화진에 보내 항복을 권유하게 하였다」거나,9) 문종文宗 3년(1049) 「여름 4월에 명하여 이르기를. 지난 해에 장마비가 화禾를 손상시켜 백성들의 양식이 넉넉지 못할 것인즉 사신을 보내 진휼하여 온전하게 살아가도록 힘쓰라」고 한 것10) 같은 왕 「10년(1056) 5월에 밀성군 관내의 창녕군 등 17곳에 홍수가 나서 화禾를 상하게 했다」는 기사11) 등이 그것들이다. 여기에서 남녀가 거두었다는 화禾나 장마비 또는 홍수에 손

---

6) 『고려사』 권 78, 志 32, 食貨 1, 田制 踏驗損失.
7) 『고려사』 권 80, 志 34, 食貨 3, 賑恤 水旱疫癘賑貸之制.
8) 『고려사절요』 권 4, 文宗 4년 11월·『고려사』 권 80, 志 34, 食貨 3, 賑恤 災免之制 문종 6년 4월·同 문종 8년 11월·『고려사절요』 권 4, 文宗 10년 6월·『고려사』 권 54, 志 8, 五行 2, 木行(恒雨) 文宗 10년 6월·『고려사』 권 78, 志 32, 食貨 1, 田制 經理 문종 18년 11월·『고려사』 권 17, 世家, 毅宗 5년 秋7月(『고려사절요』 권 11, 毅宗 5년 秋7月)·『고려사』 권 27, 世家, 元宗 13년 6월·『고려사』 권 103, 열전 16, 金就礪傳·『고려사』 권 80, 志 34, 食貨 3, 賑恤 災免之制 忠烈王 17년 7월·『고려사』 권 41, 세가 恭愍王 18년 8월 등등.
9) 『고려사절요』 권 3.
10) 『고려사절요』 권 4.
11) 『고려사』 권 53, 지 7, 五行 1, 水(水潦).

상되었다는 화禾를 그 상황으로 미루어 벼 하나만을 일컫은 것으로 단
정하기 보다는 오히려 여러 작물을 염두에 둔 글자로 이해하는게 합당
할 듯싶은 것이다. 이와 거의 같은 기사는 저들 이외에도 여럿이 찾아
진다.12) 아울러 기록에는 화가禾稼라는 호칭도 적지 않게 눈에 띄는데
그 의미 역시 여러 작물을 뜻하는 말이었던 것 같다. 구체적인 사례로
는 태조 10년(927) 「겨울 10월에 견훤甄萱이 장수를 보내 벽진군을 침
략하여 대목·소목 2군의 화가禾稼를 베어버렸다」거나13) 정종靖宗 5년
(1039) 여름 4월에 「명하기를, 동북로의 여러 주州에 지난해 큰 물이나
화가禾稼를 쓸어가서 백성들이 굶주린다.……」고 한 것과14) 선종宣宗
「10년(1093) 4월에 명하기를, 동로東路 주진州鎭에 지난 해 화가禾稼
가 패지 않아 백성들이 많이들 굶주린다.……」라고 한 것15) 이외에
다수를 찾을 수 있다.16)

   화禾 또는 그와 연결된 식용 작물의 실상과 의미는 대략 이상과 같
았지마는, 사실 이들 보다도 한층 더 깊은 연관을 가지고 있는 것은 첫
머리에서도 지적했던 곡穀이었다. 그러므로『고려사』등 각종 기록들
에서 역시 이 호칭에 자주 접할 수 있는데, 외적을 크게 무찌르자 태조

---

12)『고려사』권 53, 지 7, 五行 1, 水(雨雹) 文宗 35년 8월·같은 책 권 54, 志 8, 五行
   2, 木(恒雨) 宣宗 5년 8월(『고려사절요』권6, 宣宗 5년 8월)·『고려사절요』권 15, 高
   宗 12년 3월·『고려사』권 53, 지 7, 五行 1, 水(霜), 禑王 11년 7월(『고려사절요』권
   32, 禑王 11년 秋7月) 등등.
13)『고려사』, 권 1, 世家.
14)『고려사절요』권 4.
15)『고려사』권 80, 志 34, 食貨 3, 賑恤 水旱疫癘賑貸之制.
16)『고려사』권 1, 세가, 태조 11년 8월·『고려사절요』권 13, 明宗 18년 秋7月·같은
   책, 明宗 21년 秋8月·『고려사』권 20, 世家, 명종 25년 3월·『고려사』권 54, 志 8,
   五行 2, 木行(恒雨)·『고려사』권 123, 列傳 36, 嬖幸 1, 李之氐傳·『고려사절요』권 31,
   禑王 6년 秋7月 등등.

가 「유공자들에게 1인당 곡곡穀 50석 씩을 내리도록 명하고」 있는 것
과17) 정종定宗이 몸소 불사리佛舍利를 개국사開國寺에 안치하고 또
곡곡穀 7만석을 여러 큰 사원寺院들에 헌납하고 있는 것,18) 예종睿宗 3
년(1108) 8월 계묘일에 삼사三司에서 패강도浿江渡에 사는 여인이 한
번에 세 아들을 낳았으므로 이전 사례에 따라 곡곡穀 40석을 내리시라고
아뢰니, 거기에 더하여 50석을 내리라고 명하였다고 한 것을19) 비롯하
여 이들 또한 그 사례 하나하나를 모두 열거할 수 없을 정도로 다수가
찾아진다.20) 우리들이 흔히 이야기하는 곡물穀物·곡식穀食의 곡곡穀도
바로 이들과 동일한 의미의 글자로 이해가 가능할 듯한데, 태조가 이
총언李悤言에게 충주·원주 등의 창곡倉穀(창고 곡식) 2,200석을 내려
주었다거나,21) 또 창곡 100석을 하사하여 학보學宝로 삼게했다는 것,22)
문종文宗이 명하여 잡곡雜穀(여러 곡식) 49,400석을 삭북朔北(함경도)
으로 조운해 변경 백성에게 지급토록 하였다는 것23) 등의 곡곡穀들도 각
종 곡류穀類를 뜻했다는 점에서는 마찬가지일 것 같다.

　곡곡穀은 이뿐만 아니라 그 앞에 숫자를 첨가하여 표현되기도 하였다.
5곡·9곡·백곡百穀 등이 그러한 것들이었다. 이중 백곡은 흔히 「백곡풍
등百穀豊登」이라 표기되고 있듯이 곡물은 말할 것 없고 여타의 농작물

---

17) 『고려사』, 권 1, 世家, 太祖 4년 春2月 壬申(『고려사절요』 권 1, 太祖 4년 春2月).
18) 『고려사』, 권 2, 世家, 定宗 元年 春正月 (『고려사절요』 권 2, 定宗 元年 春正月).
19) 『고려사』, 권 12, 世家.
20) 『고려사절요』 권 1, 太祖 13년 冬12月·『고려사』, 권 3, 世家, 成宗 9년 秋9月·『고려
　사』, 권 4, 世家, 顯宗 11년 3月·『고려사』 권 88, 列傳 1, 后妃, 仁宗, 恭睿太后任氏·
　『고려사』 권 95, 列傳 8, 金元鼎傳·『고려사』 권 79, 志 33, 食貨 2, 借貸 仁宗 5년
　3月·『고려도경』 권 21, 皁隸 人吏. 이하 수십에 달하는 사례 생략.
21) 『고려사』 권 92, 列傳 5, 王順式 附 李悤言傳.
22) 『고려사』 권 74, 志 28, 選擧 2, 學校 太祖 13년(930).
23) 『고려사절요』 권5, 文宗 21년 3월.

까지 모두를 가리키는 것으로 보고 있다.24) 그리고 5곡과 9곡의 경우도,

> ㉮-⑤ 고의로 남의 가옥과 누에를 치는 채반이나 쌓아 둔 5곡五穀을
> 태운자는 그 수괴의 경우 사형에 처하고 종범자는 척장脊杖 20
> 대를 때린다.25)
> ㉮-⑥ 여름부터 시작된 가뭄이 이 달(8월)까지 계속되므로 5곡이 여물
> 지 않고 전염병이 크게 돌았다.26)
> ㉮-⑦ 대덕大德 9년(1305, 충렬왕 31) 7월 16일에 만들었다, 황제의 만
> 만세와 태자·여곡이 풍성하게 익고(5곡풍등五穀豊登), 돌아가신
> 부모님과 법계法界의 죽은 영혼들이 모두 기쁘게 보살님의 증
> 빙을 받기를 기원하였다.27)
> ㉮-⑧ 성종成宗 9년(990) 9월 기묘일에 교서를 내려 이르기를 ‥‥‥
> 지금은 하늘과 사람이 함께 경사를 누리고, 멀고 가까운 곳 할
> 것 없이 다들 평안하며, 3농三農(모든 농사)이 풍년을 구가하고,
> 9곡九穀들도 모두 잘 여물었다.28)

고한 기록들이 찾아지는데, 집에「쌓아둔 5곡」이라든가, 논·밭에 심어
놓은 5곡, 여러 염원 가운데 하나로 들어지고 있는 5곡 풍등五穀豊登,
국왕이 교서를 내리면서 9곡이 모두 잘 여물었다는 이곳의 언급들은
아무래도 그것들이 다섯 또는 아홉 가지의 개별 곡물을 의미하는 것으
로 보기에는 주저되는 면이 없지 않다. 그러므로 종래의 논자들도 저
들 사례를 소개하면서 이곳의 5곡 또는 9곡은 곡물 전체를 의미하는
것이었을 가능성이 높다고들 파악하고 있다.29)

---

24) 윤성재,「곡물의 종류와 소비」『고려시대 식품의 생산과 소비』숙명여대 박사학위
　　논문, 2010, 12·13쪽.
25) 『고려사』권 85, 志 39, 刑法 2, 禁令.
26) 『고려사』권 14, 세가, 예종 15년 8월(『고려사절요』권 8, 睿宗 15년 8월).
27) 大德九年銘判子.
28) 『고려사』권 3, 世家.

그런가하면 이들과는 좀 다른 면을 보여주는 사례들 역시 대할 수 있다. 아래의 기록이 그런 것들이다.

> ㉮-⑨ 5곡이 모두 있다(5곡개유지五穀皆有之).[30]
>
> ㉮-⑩ 푸른 대상자의 모양은 보통 대상자와 같이 하되 뚜껑을 두지 않고 양쪽 귀에는 손잡이를 두며 푸른색으로 치장한다. 그 안은 아홉 칸으로 나누며 9곡(아홉 가지 곡물)을 담고(설9곡設九穀) 푸른 보자기로 덮는다.[31]

여기에서 우리는 고려 때에 다섯 가지 또는 아홉 가지의 개별 곡물이 존재했음을 확인할 수 있다. 그러므로 이전의 연구자들도 이점을 긍정적으로 받아들이고 있는 것이다.[32] 요컨대 고려 때의 5곡과 9곡은 경우에 따라서 곡물 전체를 의미하기도 하고 또 그와 달리 다섯 가지 혹은 아홉 가지 개별 곡물을 의미하는 용어이기도 했다고 하겠다.

그렇다면 우리는 후자의 경우 한 가지 과제에 부닥치게 된다. 다섯 또는 아홉 가지의 개별 곡물이 구체적으로 어떤 것들인가 하는 점인데, 우리의 기록에는 그것이 드러나 있지 않은 것이다. 우리나라 보다 역사가 앞서는 중국은 고대의 5곡 또는 9곡 등이 문서에 따라 다소 차이가 나긴 하지만 자세하게 정리되어 있다.[33] 그런데 우리는 일찍부터 중국과 관련이 깊었으므로 저들의 기록을 통해 우리의 상황을 유추해 볼 여지는 많으며, 또 우리 기록에 드러나 있는 개별 곡물들과 비교 검토도 가능하다. 이런 점들에 유의하여 현재의 우리들 연구에서 이미

---

29) 李正浩, 앞의 주 1) 저서 63·64쪽과 윤성재, 주 22)의 저술 13·14쪽.

30) 『鷄林類事』.

31) 『고려사』 권 62, 志 16, 禮 4, 吉禮中祀, 籍田, 親享儀 陳設.

32) 李正浩, 앞의 주 1) 저서 64·65쪽.

33) 李正浩, 앞의 주 1) 저서 62쪽.

상당한 성과를 올리고 있지마는,[34] 이 부분에 커다란 도움을 주고 있는 우리의 몇몇 기록들을 재정리를 겸해 소개하면 다음과 같다.

> ㉮-⑪ 상제上帝에게는 보簠와 궤簋 각각 둘을 앞에 차린다. 보에는 벼(도稻)와 조(량粱)를 담아 왼편에 두되 조를 벼 앞에 놓는다. 궤에는 기장(서黍)과 피(직稷)를 담아 오른편에 두되 피를 기장 앞에 놓는다.[35]
>
> ㉮-⑫ 그(고려의) 토지는 메조(황량黃粱)·검은 기장(흑서黑黍)·차조(한속寒粟)·참깨(호마胡麻)·보리와 밀(2맥二麥)을 (재배하는데) 알맞다. 쌀(미米)은 멥쌀(갱秔)이 있으나 찹쌀(나稬)은 없고, 쌀알(립粒)은 특히 크고 맛이 달다(미감味甘).[36]
>
> ㉮-⑬ (우왕禑王) 8년(1382) 2월 계해일에 곡식(곡穀)이 비처럼 쏟아졌는데 검은 기장 (흑서黑黍)·팥(소두小豆)·모밀(교맥蕎麥)과 비슷하였다. 왕이 물으니 일관日官이 대답하기를, "삼가 점서占書를 살펴보니 기근이 겹쳐들어 사람들이 장차 서로 잡아 먹을 징조입니다"고 하였다.[37]
>
> ㉮-⑭ 고려의 풍속은 졸拙하고 또 어질다. …… 자기 몸을 위하는 것은 매우 절약하여 귀천貴賤과 노유老幼를 물을 것 없이 (먹는 것이란) 소채蔬菜·건어乾魚·포脯 따위에 지나지 않으며, 메벼(갱도秔稻)를 중하게 여기고 기장(서黍)과 피(직稷)는 가볍게 여긴다.[38]

여기에서 우리는 벼(도稻)와 메벼(갱도秔稻), 그리고 그것의 껍질을 벗긴 낟 곡식인 쌀(미米·립粒)과 멥쌀(갱미粳米) 등이 자주 보이며, 당

---

34) 李春寧, 「고려시대의 농업과 농학」『한국 農學史』, 民音社, 1989, 59~62쪽.
   장국종, 「고려시기의 농업에 대하여(2)」『력사 과학』, 1989년 2호, 27~31쪽.
35) 『고려사』 권 59, 志 13, 禮 1, 吉禮大祀, 圜丘, 親享儀 陳設.
36) 『高麗圖經』 권 23, 雜俗 2, 種藝.
37) 『고려사』 권 53, 志 7, 오행 1, 火, 雨穀·『고려사절요』 권 31, 禑王 8년 2월 癸亥.
38) 李穡, 「農桑輯要後序」『牧隱文藁』 권 9, 序·『東文選』 권 87, 序.

시 사람들이 이들을 매우 중시했다는 사실도 들을 수 있다. 아울러 벼·쌀에 비하여 가볍게 여겨졌다는 기장(서黍) 역시 실질적인 식생활에 있어서는 비중이 대단히 컸던 것으로 파악되며, 보리(맥麥·대맥大麥)·밀(소맥小麥)의 위상 또한 결코 낮지 않았던 것 같다. 지금 이 자리에는 팥(소두小豆)만이 언급되고 있지만 다른 자료에 따르면 콩(대두大豆·숙菽)도 중시되는 곡물의 하나로 취급되고 있거니와, 그 밖에 조(속粟)와 피(직稷) 또한 손꼽히는 곡물들이었다. 그리하여 요사이의 연구자들도 이들중 다섯 또는 아홉 종류를 택하여 주곡작물로서의 5곡 또는 9곡으로 이해하고들 있다.[39] 그러면 지금부터 이들 개별 곡물 하나하나에 대해 좀 더 구체적으로 알아보도록 하자.

(2) 벼(도稻)·쌀(미米)

앞서 5곡 등의 중요한 여러 곡물 가운데에서 보다더 중시한 것이 벼(도稻) 및 그의 낟알인 쌀(미米)이었음을 대략 살펴볼 수 있었다. 이는 비단 고려시대 사람들뿐 아니라 이전부터도 그러하였지마는, 거기에는 그만한 이유가 있었다. 그 하나는 우선 쌀이 식량으로서는 매우 우수한 물품이었다는 점을 들수 있겠다. 위에 제시한 ㉮-⑫(20쪽) 자료에, 고려에서 재배된 「쌀알(립粒)은 특히 크고 맛이 달다」고한 것은 그에 관한 한 설명이라고 할 수 있다. 맛이 좋았다는 장점에 더하여 쌀알이 컸으므로 수확량도 자연히 많았을 것이다. 뿐 아니라 벼·쌀은 다른 곡

---

39) 李正浩, 앞의 주 1) 저서 67쪽.
　　윤성재, 주 22)의 저술 14쪽.

물에 비하여 상당히 오랜 기간 동안 저장할 수도 있었다.[40] 이같은 이
점을 감안하여 국가는 각종 농경과 함께 특히 벼 농사를 장려하였고,
농민들도 그에 많은 노력을 기울였다. 그리하여 벼(도)·쌀(미)은 모든
민인民人들의 생활뿐 아니라 국가와 사회의 운영상에도 중요한 기능
을 담당하였던 것이다.

도·미는 이러한 위상 때문인 듯, 여러 문서에 자주 등장한다. 그중
먼저 도稻의 경우만 하더라도 단독으로 나오는 것은 말할 것 없고 합
성어들도 여럿이 찾아진다. 예컨대 구체적인 도의 품종에 따른 선명도
蟬鳴稻와 점성도占城稻, 그리고 또 생육기간의 차이에 의한 조도早稻
와 만도晚稻 및 논에서 재배하는 수도水稻와 밭에서 재배하는 한도旱
稻 등이 그것들이다. 이들과 좀 성격은 다르지만 ㉮-⑭(20쪽)에는 찰기
가 없는 메벼를 칭하는 갱도秔稻가 보이지마는, 그렇다면 그에 상대되
는 찰벼인 나도稬稻의 존재도 염두에 둘 수 있을 것 같다. 그 이외에
도곡稻穀이라는 말도 몇몇이 눈에 띈다. 태조 10년(927) 11월에 후백제
의 견훤이 군사를 보내 벽진군의 도곡을 태웠다고 한 것과[41] 성종이
9년(990) 10월에 서도西都(서경)에 행차하여 여러모로 혜택을 베푸는
가운데 평양부平壤府와 개평開平 등의 11역驛에 9,375석의 도곡을 하
사하고, 이어서 평민(서인庶人) 남녀 100세 이상이 된 사람들에게 포布
와 함께 도곡 10석씩을, 90세 이상자는 도곡 2석, 80세 이상자와 중병
이 있는 사람들에게도 역시 도곡 2석씩을 베풀고 있으며,[42] 현종顯宗
이 침입해온 거란군을 무찌르는데 커다란 공로를 세우고 세상을 떠난

---

40) 李正浩,「고려시대 쌀의 위상과 생산 소비 문화」『쌀은 우리에게 무엇이었나』, 국
    사편찬위원회, 2009, 90쪽.
41) 『고려사절요』 권 1.
42) 『고려사』 권 3, 世家.

양규楊規의 처에게 매년 도곡 100석씩을 종신 때까지 지급하도록 조
처하고 있는 것이다.43) 이곳의 도곡稻穀을 혹 「도와 곡」으로 이해할 수
있는 여지가 없지 않으나 그 중 2석씩을 하사한 사례로 미루어 보아서
는 「도稻 형태의 곡물」, 즉 도稻를 그처럼 표현한게 아닐까 싶은 생각
이 많이 든다. 또 다른 기록 가운데는 「도미稻米」라는 표현도 눈에 띄
는데44) 이 역시 유사한 경우로 보는게 어떨까 싶다.

그러면 도稻의 칭호 문제는 이 정도에서 접고, 다음으로 그의 재배
와 관련된 부분에 대해 알아보기로 하자. 지금 재배 부분이라 했지만
자료상의 결핍 등으로 인해 그의 편린을 피상적으로 살필 수밖에 없을
것 같은데, 그런 가운데서도 무신정권기에 많은 활동을 하는 이규보가
지은 다음의 고율시古律詩를 통해 그 한 모습을 엿볼 수 있다.

㉮-⑮ …………
　　　　힘들어 농사 지어 군자君子를 봉양하니
　　　　그들을 일컬어 농부(전부田父)라 하네
　　　　맨몸(적신赤身)을 단갈短褐(짧은 갈포 옷)로 가리고는
　　　　매일같이 얼마만큼 땅을 갈았던가
　　　　벼 싹(도아稻芽)이 파릇파릇 돋아나면
　　　　고생스럽게 호미로 김을 매지
　　　　풍년 들어 천종千鍾의 곡식 거두어도
　　　　한갓 관청(관가官家) 것 밖에 되지 않는다오45)

어려운 생활을 하는 농부들이 땅을 가는 등의 많은 노력을 기울인
농지(무畝)에 볍씨를 뿌리고 거기에서 싹이 돋아나면 다시 김매기 등

---

43)『고려사절요』권 3, 顯宗 2년 夏4月・『고려사』, 권 94, 열전 7, 楊規傳.
44)『고려사』권 61, 志 15, 禮 3, 吉禮大祀 太廟, 朔望薦新祈禱及奏告儀 九月.
45)『東國李相國後集』권 1, 古律詩「聞國令禁農餉淸酒白飯」.

의 고생을 감내하는 과정을 겪는다. 호미로 김매기를 했다는 것을 보면 이 농토는 한전이었던 것 같거니와, 어떻든 그 결과로 농부들은 벼를 얻게 되지마는 그 중 많은 수량을 관청에 바쳤다고 기술하고 있다. 당시는 정치 기강이 매우 문란해 있던 무신정권기여서 국가에 공적으로 납부해야하는 조세 이외에 여러 모로 수취가 자행되었던 모양이다. 유사한 모습은 무인집정武人執政의 한 사람이던 김준金俊이 전라도와 충청도의 군현에 농장農莊을 벌여 놓고 가신家臣인 문성주와 지준에게 각기 관활케 하자 두 사람이 다투어 거둬들이면서 「민인民人들에게 볍씨(도종稻種) 한 말을 빌려주고는 으례 쌀 한섬(미 일석米一碩)을 받아들였다」고 한 사례에서도46) 찾아 볼 수 있다. 당시의 불법적인 사회 양상이 잘 드러나 있는데, 우리는 그같은 상황에도 불구하고 농민들이 볍씨(도종稻種)를 마련하고 그것으로 벼 싹(도아稻芽)을 키워내고 있음도 확인하게 된다.

벼 농사의 상황을 보여주는 사례는 이들 이외에도 몇몇이 더 눈에 띤다. 공민왕 16년(1367) 5월에 접어들어 그 동안 심하게 가물었던 남방南方 지역에 비가 내려 백성들이 비로소 볍씨를 뿌렸다(파도播稻)고 한 것이47) 그 하나이다. 그리고 「성종 11년(992) 9월, 등주에 길이가 7촌寸이나 되는 벼 이삭(도수稻穗)이 나왔다」는 것은48) 벼가 꽤 성장한 시기의 예이며,「산은 쌀쌀할수록 여윈 모양이 하 좋아라, 벼가 다 익어서(도숙稻熟) 향내가 두루 구수하군」이라는49) 시구詩句에 나오는 도숙은 글자 그대로 벼가 무르익었을 때를 이른 것이다. 그 외에 왜적

---

46)『고려사절요』권 18, 元宗 9년 12월 丁酉.
47)『고려사』권 54, 志 78 五行 2, 木(恒雨).
48)『고려사』권 55, 志 9, 五行 3, 土(祥瑞)·『고려사절요』권 2, 成宗 11년 9월.
49)『東文選』권 13, 七言律詩「昇平郡蔡按部韻」.

倭賊이 울주에 쳐들어와 머물면서 벼(도稻)를 베어다가 식량으로 삼았
다는 예50) 역시 비슷한 시기의 벼에 대한 기록인 것 같다.

벼가 다 익게 되면 농민들은 수확하여 자신들의 식생활에 사용하였
을 것이다. 아울러 국가는 그 나름으로 조세 등을 통해 벼를 확보했겠
는데, 그것을 이미 소개한바 역참驛站 등의 국가 기구와 연로年老했거
나 중병이 있는 사람들 및 전쟁에서 공로를 세운 사람의 처 등에게 사
여하는데 쓰고 있다.51) 그리고 역시 언급한바 국가 길례대사吉禮大祀
의 하나인 환구圜丘 친사의親祀儀 때에 벼(도稻)는 조(량粱)·기장(서
黍) 등과 함께 바쳐지고 있지마는52) 이 곡물들은 다른 여러 제례에서
도 그대로 이용되고 있다.53) 이와 함께 도稻가 여러 아문衙門의 이속
吏屬과 공장工匠들이 담당하는 역역에 대한 대가로 일정한 양을 지급
하도록 규정되어 있는 곡물이기도 하였다는 점에서 한층 주목된다. 각
부서에서 한해 이상 근무한 사람들의 경우 대부계사大府計史에게는
도稻(벼) 13석, 동일한 곳의 1과계사一科計史에게는 도 10석을 각각
지급토록 하고 있으며,54) 또 여려 아문衙門의 공장工匠들로 300일 이
상 역을 부담한 사람들의 경우, 군기감軍器監의 백갑행수대장白甲行
首大匠·장도행수부장長刀行首副匠 등에게는 도稻 15석, 전장좌우행수
교위箭匠左右行首校尉 등에게는 도 12석을, 중상서中尙署의 화장교위
花匠校尉 등에게는 도 12석, 주렴장행수珠簾匠行首 등에게는 도 10석

---

50) 『고려사절요』권 31, 禑王 5년 秋7月.
51) 앞의 주 42)·43).
52) ㉮-⑪ 자료(주 35), 20쪽).
53) 『고려사』권 59, 志 13, 禮 1, 吉禮大祀, 社稷, 奠玉帛·같은 책 권 60, 志 14, 禮 2,
    吉禮大祀, 太廟 禘祫親享儀, 晨祼·같은 책 권 62, 志 16, 禮 4, 吉禮中祀 藉田, 親享
    儀, 陳設 등.
54) 『고려사』권 80, 志 34, 食貨 3, 祿俸 雜別賜.

을, 장야서掌冶署의 금박장행수교위金箔匠行首校尉 등에게는 도 12석
을, 그 이외의 도교서都校署·상의국尙衣局·액정국掖庭局·상승국尙
乘局·내궁전고內弓箭庫 등등에도 상당한 숫자의 기능공들을 두고 그
에 합당한 보수를 도稻로 지급하도록 규정하여 놓고 있는 것이다.55)
이 자리에는 모두 생략하였지만 각각의 관부에는 도稻(벼)가 아니라
미米(쌀)로 보수를 받는 다수의 이속吏屬과 공장工匠들이 함께 소개되
어 있는데, 후자들에 대한 대우가 좋은 편이고 지위도 이들이 높았던 것
을 알 수 있다. 이런 관점에서 미米와 도稻 지급의 차이점에 대한 비교
도 관심이 가지마는 더 이상의 구체적인 언급은 하지 않기로 하겠다.
　벼(稻도)는 어떻든 그 나름으로서도 공·사에 걸쳐 중요한 역할을 담
당하고 있었음이 확인된다 하겠는데, 다들 알고 있듯이 그것이 절구
(구臼·용春)와 방아(대碓) 등에 의한 작업을 거치면서 쌀(미米·립粒)로
호칭되는 곡물로 변신한다. 우리들은 그같은 실제 모습을 전에도 소개
한 이규보가 그의 시詩에서 「수염난 종은 동이 지고 달려가 샘물 길어
오고, 혹 난 노파 절구 씻고(세구洗臼) 힘껏 절구질하네」 라고 한 것
과56) 사기沙器 판매를 업으로 하다가 충혜왕의 총애로 은천옹주銀川
翁主가 된 임씨林氏가 그의 취향에 따라 새로 지은 왕궁에 다수의 방
아(대碓)와 맷돌(애磑)을 설치하였다고 한 것에서57) 유추해 볼 수 있
다. 한데 기록을 살펴보면 그 내용을 좀 더 구체적으로 대할 수도 있는
데, 인종 5년(1127) 3월에 조서를 내려, 관고官庫에서 묵어 상해가는

---

55)『고려사』 권 80, 志 34, 食貨 3, 祿俸 諸衙門工匠別賜.
　　각 관서에 설치되어 있는 기능공과 그들에게 지급되는 보수도 번잡을 피하여 상
　　당 부분 생략하였다.
56)『東國李相國集』 권 6, 古律詩「六月十一日發黃驪 將向尙州出 宿根谷村」.
57)『고려사』 권 89, 列傳 2, 后妃 2, 忠惠王 銀川翁主 林氏.

곡식을 민인들에게 배분하되 강제로 쌀을 찧게 하지(용미春米) 말라고
한 것이나58) 역시 이규보가 시詩에서 「장안의 부호한 집에는 구술과
패물이 산같이 쌓였고, 절구로 찧어낸 쌀(용립春粒) 구술 같은 밥을,
말이나 개에게도 먹이네」 라고 한 것이59) 그들로서, 이 과정은 이미 탈
각脫殼된 미米·립粒을 재차 도정搗精하는 사실과 관련이 있는 게 아
닌가 생각된다. 쌀은 이처럼 벼에 얼마의 인공을 가하여 우리들이 직
접 식용으로 이용할 수 있게 됨으로써 그의 중요성은 어디에 비교할
수 없을 만큼 커지게 마련이었다.

　지금 미米가 우리들의 직접적인 식품이 되었으므로 중요성이 매우
컸다고 했지마는, 그것은 한편으로 국정 운영과 직결되어 있기도 하여
도稻에 비해 한층 중시될 수밖에 없었다. 그 내용의 하나로 우선 미米
가 화폐의 구실을 했다는 점을 들 수 있다. 이 부분은 이미 널리 알려
져 있는 사안이므로 따로 굳이 설명할 필요가 없겠으나 참고삼아 아래
에 몇 사례만을 뽑아 제시하면,

　　㉮-⑯ 현종 5년(1014) 6월에 삼사三司에서, 물가가 크게 올라 추포 1
　　　　필의 값(직直)이 미(쌀)가 8두(斗말)나 됩니다. 비록 풍년이 들
　　　　었기 때문이지만 이에 곡식(곡穀)이 천해지는 것은 어찌합니까.
　　　　청컨대 경중을 가리어 그 값(가價)을 높이거나 낮추십시오 하니
　　　　그에 좇았다.60)
　　㉮-⑰ 고려에서 두건頭巾은 오직 무늬 있는 나(문라文羅)로 만든 것을
　　　　중히 여겼는데 건巾 하나의 값(가價)이 미(쌀) 1석에 준하여서
　　　　가난한 백성(세민細民)들은 마련할만한 재물이 없었다.61)

---

58)『고려사』권 15, 세가·『고려사』권 29, 지 33, 食貨 2, 借貸.
59)『東國李相國後集』권 1, 古律詩「聞國令禁農餉淸酒白飯」.
60)『고려사』권 79, 지 33, 食貨 2, 貨幣 市估.
61)『고려도경』권 19, 民庶 舟人.

㉮-⑱ (공민왕) 9년(1360) 6월, 경성京城에 기근이 들어 대포大布 1필
의 값(직直)이 겨우 미(쌀) 5승升(되)이 되자 왕이 창고의 2천석
을 풀어서 백성들로 하여금 대포 1필을 내고 미(쌀) 1말(두斗)
을 받아가도록 하였다.[62]

고 하여 포布와 두건의 값(직直·가價)이 미(쌀)로 계산되고 있는 내용
을 보여주고 있는 것이다.

　다음으로는 미(쌀)가 나라에서 거두어들이는 조세租稅의 핵심을 이
루는 물품이었다는 점이다. 고려시대의 미(쌀)에 대한 조세율은 기록에
따라서 1/10조와 1/4조·1/2조 등으로 나타나 있어서[63] 이들에 대한 해
석을 둘러싸고 학자들간에 얼마간의 차이가 있지만,[64] 전국적인 규모
로 적용되는 조세수취체계 자체가 국정의 한 축이 될 수 있었다. 더구나
미(쌀)는 그 자신 이외의 여러 물품들까지 그에 비추어 환산한 비율에
따라 조세를 미(쌀)로 납부하기도 했으므로 그의 비중은 한층 커졌다.

　이렇게 확보된 미(쌀)는 국정 운영에 사용되었다. 이 부분에 대해 간
략하면서도 종합적으로 설명해주고 있는 것이 다음의『고려사』권 80,
지志 34, 식화食貨 3, 녹봉조祿俸條의 서문이다.

---

62)『고려사』권 80, 志 34, 食貨 3, 賑恤 水旱疫癘賑貸之制·『고려사절요』권 27, 공민
　　왕 9년 6월.
63)『고려사』권 78, 志 32, 食貨 1, 田制 租稅, 예종 6년 8월·『고려사』권 78, 志 32,
　　食貨 1, 田制 祿科田, 辛禑 14년 7월 조준 상소·『東國李相國集』권 19, 잡저, 을유년
　　(고종 12), 大倉泥庫 상량문·『고려사』권 78, 志 32, 食貨 1, 田制 租稅, 성종 11년.
64) 姜晉哲,「公田·私田의 差率收租의 問題」『高麗土地制度史硏究』, 고려대출판부,
　　1980, 390~398쪽.
　　李成茂,「公田·私田·民田의 槪念—高麗·朝鮮初期를 중심으로—」『朝鮮初期 兩班
　　硏究』, 일조각, 1980.
　　金容燮,「高麗初期의 田品制」『한우근정년기념 사학논총』, 지식산업사, 1981, 197·
　　198쪽;『한국중세 농업사연구』, 지식산업사, 2000.

㉮-⑲ 고려의 녹봉 제도는 문종文宗 때에 이르러 크게 정비되었다. 좌
창左倉에 1년간 들어오는 미米(쌀)·속粟(조·좁쌀)·맥麥(보리)을
모두 합한 13만 9,736석 13두斗(말)를 과科에 따라 지급하는데,
안으로는 비주妃主(왕후와 후궁)·종실宗室·백관百官으로부터,
밖으로는 3경京(서경·동경·남경)·주州·부府·군郡·현縣에 이르
기까지 모두에게 녹봉을 지급함으로써 청렴과 긍지를 기르도록
하였다.
　　또한 잡직雜職·서사胥史·공장工匠에 이르기까지 무릇 직역職
役이 있는 자는 역시 모두 일정한 봉록을 받아 농사를 대신하
게 하고 이를 별사別賜라 하였다.

　국가의 업무에 종사하는 상·하의 모든 관·리들에게 대우·보수로써
현물을 지급하는 제도인 이 녹봉제가 정비되는게 문종 30년(1076)으로
서, 그의 재원으로 들어오는 쌀을 비롯한 조·보리가 1년에 대략 14만
석인데 좌창左倉(고려후기의 광흥창廣興倉)에서 맡아 관장토록 하고
있다. 그리하여 각 대상을 몇개씩의 부서와 분야로 나누고, 거기에 소
속하는 각급 해당자들에게 녹봉을 지급하였던 것이다. 그 내용이 이어
지는 기록에 비교적 자세한데, 첫 번째가 비주록妃主祿으로써 여기에
는 233석 5두를 지급받는 여러 원주院主 등이 소속하였고, 다음의 종
실록宗室祿에는 460석 10두를 지급받는 공公과 400석을 지급받는 후
侯 등이 소속되어 있었다. 다음의 문무반록文武班祿에는 400석을 지급
받는 중서령中書令·상서령尙書令·문하시중門下侍中과, 366석 10두를
지급받는 중서시랑·문하시랑으로부터 이하 여러 단계를 거쳐 10석을
지급받는 비서정자祕書正字·명경학유明經學諭·국자학유國子學諭 등
이 소속하여 있었다. 그리고 서경관록西京官祿에는 246석 10두를 지급
받는 병부상서兵部尙書·호부상서戶部尙書, 226석 10두를 지급받는 섭

상서攝尙書, 200석을 지급받는 대부경大府卿·사재경司宰卿·소부경
小府卿으로부터 이하 여러 단계를 거쳐 8석을 지급받는 양온승良醞
丞·잡재승雜材丞 등이 소속하여 있었고, 외관록外官祿에는 270석을
지급받는 지서경유수사知西京留守事와, 223석을 지급받는 동경유수사
東京留守使, 200석을 지급받는 서경부유수·남경유수사南京留守使·8
목사牧使·안서대도호사安西大都護使 이하 여러 단계를 거쳐 16석 10
두를 지급받는 고성현위固城縣尉, 13석 5두를 지급받는 개성법조開城
法曹 등이 소속하여 있었다.

　뒷 부분의 잡직雜職과 서사胥史·공장工匠에 대해서는 앞서 도稻를
지급받는 당사자들을 소개하는 자리에서도 언급했듯이 그들 가운데는
도(벼)가 아니라 미(쌀)를 받는 대상자들이 오히려 다수였다. 구체적으
로 보면 별사미別賜米 50석을 받는 국대부인國大夫人을 비롯하여 10
속을 받는 좌우번左右番의 중금반中禁班과 도지반都知班의 행수行首,
8석을 받는 어전시녀御殿侍女 등등 여럿을 더 찾아볼 수 있으며 또 여
러 아문衙門의 공장工匠 등에 대한 별사別賜로는 미米 10석을 지급받
는 피갑장지유皮甲匠指諭 등과 미米 15석을 지급받는 중상서中尙署의
화업지유書業指諭, 미 10석을 지급받는 장야서掌冶署의 은장지유전전
銀匠指諭殿前, 미 20석을 지급받는 도교서都校署의 목업지유木業指
諭, 미 10석을 지급받는 상의국尙衣局의 수장지유繡匠指諭, 등등 역시
여러 사례가 보이는 것이다.[65] 요컨대 도稻, 특히 미米가 고려시대—
그 전후의 시기도 유사하지만— 사람들의 식생활뿐 아니라 국정 운영
과도 직결되어 있어 매우 중요한 위상에 있었음을 확인할 수 있지 않
나 싶다. 다만 화폐 기능을 별도로 하면 속粟(조)과 맥麥(보리)도 그에

---

65) 주 54)·주 55)와 같음.

비견할 수 있을 정도의 위상에 있었음을 엿보게 하는 기록이 눈에 띄지마는 역시 으뜸은 미(쌀)에 있었다고 해도 별 문제는 없다고 이해된다.

이같은 미·도(쌀·벼)는 앞서 대략 언급했듯이 품종品種에 따르거나 생육 기간의 차이 등에 의해 구분이 된다고 하였거니와, 그 하나로 메진 것인가 찰진 것인가 하는 찰기의 차이에 따른 구분도 관심의 대상이었다. 이 부분에 있어 외국인인 서긍은 ㉮-⑫ 기록(20쪽)에서, 고려에는 「멥쌀(갱杭)이 있으나 찹쌀(나稬)은 없다」고 했는가 하면, 또 「나라에 찹쌀이 없어서(국무나미國無稬米) 멥쌀(갱杭)에 누룩을 섞어서 술을 만든다」고 하였고,[66] 이색 같은 이는 ㉮-⑭ 기록(20쪽)에서 고려의 풍속은……「메벼(갱도杭稻)를 중하게 여긴다」고만 언급하고 있다. 그런데다가『송사宋史』권 487, 열전 246, 외국外國 3, 고려高麗에도 서긍의 기록과 동일한 내용이 실려 있어서 혹 우리들도 잘못 이해하기 쉬우나 그것은 전적으로 외국인들의 오해였다. 조선시대의 기록에서 이미 고려 때에 찹쌀(찰벼)이 있었음을 확인할 수 있으며,[67] 특히 목은 牧隱의 「찹쌀(점미粘米)을 아교처럼 둥글게 뚤뚤 뭉처라」로 시작되는 「점반粘飯(찹쌀밥)」이라는 제목의 시詩를 접하고 보면[68] 그 사실은 한층 분명해지는 것이다.

이와 함께 미(쌀)에 있어 보다 더 커다란 의미를 지니는 것은 그가 어느 정도의 도정을 한 쌀인가 하는 점으로서 주의 깊게 살펴 볼 필요가 있는 부분이다. 미米는 대략 나누어서 도稻 상태에서 찧어 왕겨만 벗기고 속겨는 아직 벗기지 않은 조미糙米(造米) 즉 현미玄米와, 쌀겨

---

66)『고려도경』권 32, 器皿 3, 瓦尊.
67) 李正浩, 앞의 주 1) 저서 72쪽.
68)『牧隱詩藁』권 13, 詩「粘飯」. 이 내용은 윤성재, 주 24)의 글 40쪽에 소개된바 있다.

를 벗겨 정미된 상태로서 즉시 밥을 지어 먹을 수 있을 정도의 경미更
米(粳米) 및 그것을 한번 더 도정한 백미白米로 구분하였다. 그의 구체
적인 사례들도 몇몇씩이 찾아지는데 먼저 조미의 경우를 보면,

> ㉮-⑳ 희종 4년(1208) 10월 을해일에 국가 원로와 민간의 노인들, 효
> 자……등을 초대하여 국왕이 친히 음식을 대접하였다. 병자일
> 에 …… 4품 참상원에게는 …… 효자들에게는 술·과일·음식
> 등을 승려·속인과 같이 주면서, 직책이 있는 자는 광평포廣平布
> 10필과 소평포小平布 10필을, 직책이 없는 자는 소평포 10필과
> 조미造米 2석씩을 주었다.69)
>
> ㉮-㉑ (禑王 2년[1376] 9월) 재추宰樞들이 의논하여 아뢰기를, "근래에
> 군인들이 출정하여 군량이 모자라니 전국의 품관品官과 대소의
> 각 민호民戶들로 하여금 군량을 차등을 두어 내도록 하십시오.
> 양부兩府 이하 통헌通憲 이상은 조미造米 4석, 3·4품은 3석, 5·
> 6품은 2석, 7·8품은 1석, 권무權務는 10두(말), 산직散職·향사鄕
> 史도 10두, 백성과 공·사의 노奴는 그 호戶의 대소를 헤아려 징
> 수토록 하십시오 하였다.70)
>
> ㉮-㉒ (문종 35년[1081] 10월) 판判하여, 진鎭의 장상將相과 장교將校
> 를 위한 혜각미鞋米(목이 짧은 군화를 만들 목적으로 거두는 미
> 곡)를 징발하였는데, 장군 이하 낭장郞將 이상은 15석, 섭낭장攝
> 郞將 이하 산원散員 이상은 10석, 교위校尉·대정隊正은 8석, 차
> 대정借隊正은 경미更米 3석 2두(말) 4승升(되) 4합合(홉), 조미造
> 米 3석 7두 5승 6합으로 하였다.71)
>
> ㉮-㉓ 청주淸州가 왜적倭賊에게 짓밟혀서 마을이 비어 스스로 유지하
> 지 못하게 되었다. (이때) 이모지李慕之가 명령을 받고 부임하
> 여 물어서 계획을 세우며 사랑하고 어루만져 주니 2년 만에 덕

---

69) 『고려사』 권 68, 志 22, 禮 10, 嘉禮 老人賜設儀.
70) 『고려사』 권 82, 志 36, 兵 2, 屯田.
71) 『고려사』 권 81, 志 35, 兵 1, 兵制 5軍.

택이 흡족하여 백성들은 서로 친하고 서리들은 법을 지키게 되었다. …… 모지는 오랫동안 절약하여 백미(미백자米白者) 20석과 조糙(현미玄米) 70석, 소미小米(속粟 - 조·좁쌀) 80석, 교맥麯麥(모밀) 30석, 포布(포목) 1,000필을 저축하였다.[72]

등등으로, 그중 ㉚-⑳은 국왕이 나라의 원로와 나이가 많은 민간인·효자 등에게 음식과 선물을 내리고 있는 기사인데, 조미는 관원 출신들이 아니라 하급 신분의 민인民人들에게 사여되고 있다. 그리고 ㉚-㉑ 기사는 비록 모자라는 군량의 보충을 위해 조미를 징벌하는 경우이긴 하지만 직위가 높을수록 많이 부과되고 백성과 공·사의 노奴에게는 사정에 따라 징수하고 있어서 역시 조미는 생활이 어려운 사람들과 관련이 많았음을 말해주고 있다.

㉚-㉒ 기사는 군화의 제작을 위해 직위에 따라 차등을 두어 미곡을 징발하는데, 차대정의 경우 경미가 3석 2두인데 비해 조미는 3석 7두여서 경미가 조미보다 값이 나가는 질좋은 미곡이었음을 보여주고 있다는 점에서 주목된다. 그리고 ㉚-㉓ 기사는 왜적倭賊의 침략 여파로 자립이 어렵게 된 청주淸州에 목사로 부임한 이모지李慕之가 선정을 펴서 질서를 되잡는 한편으로 재정도 절약하여 백미白米 20석과 조미糙米 70석, 소미小米(속粟-조·좁쌀) 80석 등을 저축하였다고 전하고 있다. 여기에서 조미가 단순히 수량상으로는 백미 보다 3.5배가 되지만 반면에 값어치나 값은 그만큼 낮았음을 뜻한다는 점이 눈여겨 볼만한 내용들이다.

---

72)『牧隱文藁』권 6, 記「淸州牧濟用財記」.『고려사』권 78, 志 32 食貨 1, 田制 祿科田 恭讓王 3년 5월조에도 糙米와 白米에 관한 기사가 보이지만 그것은 여말에 제정되는 科田法의 규정으로서 고려의 제도와는 차이가 나므로 자세한 논급은 생략한다.

다음으로 경미에 대한 기록들도 위의 ㉮-㉒ 자료 이외에 꽤 여럿이
더 눈에 들어온다. 즉,

> ㉮-㉔ (성종) 8년(989) 5월에 수시중守侍中 최승로崔承老가 세상을 떠
> 나자 왕이 크게 애도하면서 교서를 내려 그의 훈덕勳德을 포상
> 해 태사太師로 추증하고, 베(포布) 1,000필과 밀가루(면麪·麵)
> 300석, 경미粳米 500석, 유향乳香 100근, 뇌원다腦原茶 200각角,
> 대다大茶 10근을 부의賻儀하였다.[73]
>
> ㉮-㉕ (문종 13년[1059]) 6월 을유일에 제制하여 정종靖宗의 궁인宮人
> 한씨韓氏와 소한씨小韓氏·위씨韋氏에게 해마다 내장택內莊宅의
> 경미粳米 30석씩을 지급토록 하였다.[74]
>
> ㉮-㉖ (예종 4년[1109]) 5월에 국왕께서, 척준경拓俊京이 누차 전공戰
> 功이 있으므로 그의 아버지인 검교대장군 위공謂恭을 내전으로
> 불러 조용히 위로하고, 주식酒食 및 은 한 덩이와 경미 10석을
> 하사하였다.[75]
>
> ㉮-㉗ 명종 10년(1180) 7월에 좌창별감左倉別監이 아뢰기를, 녹과祿科
> 의 다소多少에 따라 전미田米(벼 껍질을 벗기지 않은 쌀) 4석을
> 경미粳米 3석으로 쳐서 지급하십시오 하니 그에 좇았다.[76]
>
> ㉮-㉘ 충렬왕 6년(1280) 10월, 전함戰艦을 수리하고 궁실宮室을 짓느
> 라 우창右倉이 텅비어서 유지할 수 없자 좌창에 지시하여 잡권
> 무雜權務의 봉창녹봉封倉祿俸(하반기인 7월에 지급하는 녹봉)을
> 깎아 우창의 비용을 보충하고 뒤에 우창의 수입이 들어오면 그
> 액수만큼 돌려주도록 하였다. 그러나 좌창이 역시 비어서 재추
> 宰樞의 봉창 녹봉을 과거의 절반으로 줄이고, 잡권무들도 다만
> 경미(粳)와 보리(맥麥)가 각각 1석씩 뿐이었다.[77]

---

73) 『고려사』 권 64, 志 18, 禮 6, 凶禮 諸臣喪·같은 책 권 93, 列傳 6, 崔承老傳.『고려
　　사절요』 권2, 成宗 8년 5월.
74) 『고려사』 권 8, 世家.
75) 『고려사절요』 권 7.
76) 『고려사』 권 80, 志 34, 食貨 3, 祿俸 諸衙門工匠別賜.

고 하여, 경미가 왕실의 일원이나 국가의 고위직에 재임했던 문무의
관료들에 대한 사여 및 녹봉의 지급 등에 쓰이고 있음을 볼 수 있다.
이런 점에서 짐작컨대 국가 재정의 수입과 지출에 있어서 혹 경미가
중심적인 위치에 있지 않았을까 싶은 생각도 든다. 아울러 ㉮-㉒ 기사
에서 경미가 조미 보다 우위에 있는 미곡이었음을 확인할 수 있었거니
와, 이번의 ㉮-㉗ 기사에서도 그와 유사하게 역시 경미가 전미田米 보
다 비중이 높은 위치에 있었음이 드러나 있다. 모두가 미곡 가운데에
서 경미가 차지하는 위상을 이해하는데 도움이 될 것 같다.

　다음의 백미白米에 관한 언급은 앞에 든 ㉮-㉓ 기사(33쪽)와 주 72)
(33쪽)에서 간략하게 소개된 정도가 찾아지고 있지마는, 표현 양식은
조금 다르다 하더라도 다음의 기록 역시 그 하나의 사례로 보아 좋지
않을까 한다. 즉,

> ㉮-㉙ 왕성王城 장랑長廊에는 10칸 마다 장막을 치고 불상을 설치하
> 였으며, 큰 항아리도 설치하고는 흰쌀미음(백미장白米漿)을 담
> 아놓고 또한 대접과 국자를 놓아 두었다. 왕래하는 사람들이
> 마음대로 먹게 하였는데 귀천을 가리지 않았고, 승도들이 그
> 일을 주관하였다.78)

고 한게 그것인데, 왕성 장랑에서의 일이고 대접과 국자 까지 마련해
놓은 것을 보면 그 행사의 수준이 비교적 높지 않았나 짐작된다. 그러
므로 비록 미음의 제공이기는 해도 식료는 상급에 해당하는 백미를 썼
던게 아닐까 싶다.

---

77)『고려사』권 80, 志 34, 食貨 3, 祿俸 諸衙門工匠別賜.
78)『고려도경 권 23, 雜俗 2, 施水.

그런데 이들 백미는 한편으로 백립白粒 또는 백찬白燦으로 표기되
고도 있어 유의할 필요가 있다. 그 전자의 사례로는 우선, 정직·근검했
던 최수황崔守璜이 고위직에 있으면서도 어렵게 지냄에 왕지별감王旨
別監인 임정기林貞杞가 배 한척분의 백립白粒을 보냈으나 그는 "내가
왕의 하사도 받지 않았는데 하물며 백성의 고혈이겠는가" 라며 끝내
수납하지 않았다는 일화와79) 역시 충렬왕 때에 상서尙書까지 지낸 추
적秋適이 늘상 "손님을 대접할 때는 다만 백립白粒으로 잘 지은 밥과
생선을 썰어 국이나 끓이면 되었지 무엇하러 많은 돈을 드려 산해진미
를 차릴 필요가 있겠는가" 라고 했다는 기록에서80) 찾아볼 수 있다.
아울러 이규보도 「회선사가 쌀(미米)을 보내준데 대해 붓을 달려 사례
하는」 시詩에서 「은혜로이 백찬白粲을 보내왔는데, 알알이 참으로 구
슬이로다」 라고 읊고 있는가 하면81) 「또 진양공晉陽公이 백찬白粲을
보내준 것에 사례하다」는 시詩의 서序에서 「녹봉을 받은 적이 뜸하여
끼니조차 거른지 오래였다가 의외에 영공令公께서 자혜롭게 백찬白粲
10곡斛을 보내 주시니 온 집안이 기뻐 손뼉을 치면서 함께 만년의 수
壽를 빌었습니다. 운운」 한데 이어 시詩에서는 「……녹봉이 뜸하여 나
의 집 가난함을 깨닫겠네, 한 서찰이 귀문에서 날아오니 10곡 이르러
쌓인 백립白粒이 새로워라」 라고 하여 진양공이 백립 즉 백찬에 대하
여 사례하고 있으며82) 유사한 기사는 그에 앞서 백찬·백탄白炭을 보
내준데 대해서 지은 「진양공에 드리다」 라는 시詩의 서序에도 드러나
있다.83) 이들 이외에 동일한 의미를 옥립玉粒이라고 표기한 사례도 눈

---

79) 『고려사』 권 106, 列傳 19 崔守璜傳.
80) 『고려사』 권 106, 列傳 19 秋適傳·『櫟翁稗說』 前集 2, 露堂.
81) 『東國李相國全集』 권 7, 古律詩 「走筆謝希禪師惠米」.
82) 『東國李相國後集』 권 9, 古律詩 「又謝晉陽公送白粲」.

에 띠지마는,84) 이들 백미, 즉 백립·백찬은 하나같이 고위직과 관련된 사람들과 연결되어 논의되고 있다는 점이 주목된다. 이는 물론 백미가 식품 가운데서는 으뜸되는 위치에 있었다는 사실과 상통하는 부분이라고도 할 것이다.

이상에서 도(벼)와 미(쌀), 다시 미米는 조미·경미·백미로 구분하여 각각의 성격과 위상, 부분적인 용도 등에 대해 살펴 왔는데, 이들 이외에 미설米屑·미멸米糩 등의 용어도 보인다. 이중 전자는 글자 그대로 쌀가루(가루 쌀)를 말하며,85) 후자는 싸라기 쌀(쌀 싸라기)을 뜻하는데 미米와 대비하여 10/3 내지 10/4의 값어치를 지니는 것으로 나타나 있다.86) 한데 사실 이렇게 특성을 지닌 호칭은 그 수가 일부분에 한정되고 대부분은 미곡米穀을 뜻하는 '미米'로 표기된 것들로, 각종 용도에 따른 기록이 전하고 있다. 예컨대 국초의 유공자인 박수경朴守卿 이하 여러 관원들에게 미米를 25석~12석까지 차등을 두어 내리고 있는 것과,87) 고위직을 역임하면서도 청렴했던 민지閔漬에게 미米 100석을 사여한 것 등의 여러 기록들,88) 그리고 국가에 공로가 있는 김경손金慶孫 등의 처자와89) 전사한 대장군 채온겸蔡溫謙 등의 집안에 미米를

---

83) 『東國李相國後集』 권 8, 古律詩 「上晉陽公」.
84) 『東文選』 권 4, 五言古詩 「田家四時」.
85) 『고려사』 권 34, 世家·『고려사절요』 권 23, 충선왕 5년 2월·『고려사』 권 37, 世家, 忠穆王 3년 秋7月 등.
86) 『고려사』 권 82, 志 36, 兵 2, 屯田, 공민왕 원년 2월·『고려사』 권 18, 世家 毅宗 22년 3월·같은 책 권 89, 列傳 2, 后妃 2, 忠烈王 齊國大長公主·같은 책 권 84, 志 38, 刑法 1, 職制 忠烈王 24년 忠宣 卽位 등.
87) 『고려사』 권 2, 世家 光宗 卽位年 秋8月.
88) 『고려사』 권 107, 列傳 20, 閔漬·『고려사절요』 권 21, 충렬왕 22년 추7월. 이외에도 李瑱·朴孝修 등등의 여러 사례를 찾을 수 있다.
89) 『고려사』 권 24, 世家 高宗 45년 12月.

내리고 있는 것,90) 및 많은 공적을 세우고 세상을 떠난 정항鄭沆에게 부의賻儀로 미米 100석을 내리고 있는 것91) 등이 우선 눈에 들어온다. 아울러 현덕창玄德倉의 미米 100곡斛을 중앙의 통치기구인 중서문하성에 사여하는가 하면92) 대장경의 간행과 관련이 있는 대장도감大藏都監과 선원사禪源社에 용문창龍門倉의 미 300석을 보내고 있으며93) 또 안란창安瀾倉의 미米 2만 7,690석을 북방으로 운반하여 군자軍資에 충당토록 조처하기도 하고94) 내고內庫의 미米 4,000석을 내어 군량을 보충하고도 있다.95)

불교가 매우 번성했던 고려 시기에는 절에 미곡을 헌납하는 일이 많았다. 충렬왕이 복령사福靈寺와 영통사靈通寺에 행차하여 백은白銀과 함께 미米 100석을 헌납한 것과,96) 공민왕이 정릉의 광암사光岩寺에 매달 미 30석씩을 사여토록 한 것은97) 여러 사례 중의 일부이다. 뿐 아니라 유학의 장려에도 힘썼던 고려 조정은 지방에서 개경으로 올라와 학업에 열중하는 학생들에게 미 260석을 내려주고98) 교육에 공로가 큰 전보인全輔仁에게는 공복公服과 더불어 미 50석을 하사하고도 있다.99) 나아가서 과거科擧에 세 아들이 급제하면 그들 어머니에게 미

---

90) 『고려사』 권 4, 世家 顯宗 2년 夏4월 등.
91) 『고려사』 권 64, 志 18, 禮 6, 凶禮 諸臣喪, 인종 14년 11월·같은 책 권 97, 列傳 10, 鄭沆傳 등,
92) 『고려사』 권 11, 世家 肅宗 5년 冬10月 등.
93) 『고려사』 권 78, 志 32, 食貨 1, 田制 租稅, 忠宣王 後元年 3월.
94) 『고려사절요』 권 5, 文宗 21년 6월.
95) 『고려사』 권 30, 世家, 충렬왕 15년 3월·같은 책 권 82, 志 36, 兵 2, 屯田 忠烈土 15년 3월.
96) 『고려사』 권 30, 世家, 충렬왕 14년 5월.
97) 『고려사』 권 41, 世家·『고려사절요』 권 28 공민왕 17년 9월.
98) 『고려사』 권 74, 志 28, 選擧 2, 學校·『고려사절요』 권 2, 成宗 5년 秋7월.
99) 『고려사』 권 74, 志 28, 選擧 2, 學校·『고려사절요』 권 2, 成宗 8년 夏4月.

30석을 지급하도록 되어 있었으며, 거기에 1명이 더 보태져서 4인이
되면 미米도 추가로 더 지급하였는데 김부식·김부철 등의 4형제가 바
로 그 해당자 였다.100) 그 뒤 명종 22년에 급제한 최지의崔祗義 4형제
도 유사한 경우였지마는,101) 인종 11년에는 4인의 아들이 제술과와 함
께 명경과에 급제한 경우라도 모두 그 부모를 조사해 보고토록 하여
미 30석씩을 내리게 조처하고 있으며,102) 의종 3년에는 3인의 경우 역
시 아버지에게는 직위, 어머니에게는 미 20석을 내리도록 하고 있는
사례103) 등등이 찾아진다.

주변국과 왕래가 잦았던 고려에서는 그때에도 미米를 활용하였다.
그 몇 가지 예만 하더라도, 반적인 한순과 다지를 잡아 처단해준 금金
나라 원수元帥 우가하亏哥下에게 고종이 비단과 함께 미 5천석을 보
내고 있는 것과,104) 폭풍을 만나 황주에 표류해온 강절성江浙省의 평
장平章 화니적化尼赤에게 미 100석을 하사하고,105) 또 대마도의 만호
萬戶 숭종경崇宗慶이 사절을 파견해 내조來朝하자 그에게 미 1,000석
을 내려주고 있는 것106) 등이 그들로서, 유사한 사례는 역시 여럿을 대
할 수 있다.

위에 든 경우들과는 좀 달리 불우한 처지에 놓여 있거나 어려움을
당하고 있는 민인民人들에게 미米를 지급해주는 사례도 적지 않아 주
목된다. 홍수가 곡식을 쓸어가서 궁핍된 생활을 하고 있는 동북로東北

---

100) 『고려사』 권 74, 志 28, 選擧 2, 科目 2, 崇獎之典 肅宗.
101) 『고려사』 권 74, 志 28, 選擧 2, 科目 2, 崇獎之典 明宗 22년.
102) 『고려사』 권 74, 志 28, 選擧 2, 科目 2, 崇獎之典 仁宗 11년.
103) 『고려사』 권 74, 志 28, 選擧 2, 科目 2, 崇獎之典 毅宗 3년.
104) 『고려사』 권 22, 世家·『고려사절요』 권 15, 高宗 7년 3월.
105) 『고려사』 권 39, 世家·『고려사절요』 권 27, 공민왕 8년 秋7월.
106) 『고려사』 권 41, 世家·『고려사절요』 권 28, 공민왕 17년 11월.

路 여러 주州의 백성들에게 그 곳의 권농사로 하여금 창고를 열고 미·
염(쌀과 소금)을 내주도록 해 구제하고 있는 것과107) 문종이 절령으로
행차 했을 때 도로에 두 아이를 안고 있는 한 부인을 보고는 가엽게
여겨 그에게 미米를 하사하고 있는 것,108) 동로東路의 주진州鎭에 농
사가 제대로 되지 않아 백성들이 굶주리게 되자 선종이 의창義倉의
미·염을 내어 구휼토록 하고 있는 것,109) 묘청의 난이 진압된 직후 서
경西京 내외의 노인과 질병이 있거나 유약자幼弱者들에게 미米를 지
급하고 있는 것110) 등이 그 몇 기사들이다. 유사한 사례는 이후에도 이
어지거니와, 몽고와의 전쟁 중에 포로가 되었던 민인民人들이 탈출하
여 개경으로 돌아오는 길에 도병마사都兵馬使가 하루에 미米 1승升씩
을 지급토록 하여 구출해주고 있고,111) 충선왕은 개성부開城府의 동서
대비원東西大悲院 녹사錄事로 하여금 유비창有備倉의 미곡을 받아 질
병자를 부양토록 조처하고 있으며,112) 우왕은 사비私妃가 한 번에 세
아들을 낳자 미米 20석을 내리고 있는 것113) 이외에도 그 하나하나를
모두 열거할 수 없을 정도로 많은 숫자가 눈에 띠고 있다. 앞서 언급한
일이 있듯이 미(쌀)는 화폐의 구실도 하는 물품이었음을 염두에 둘 때
이처럼 모든 분야에서 중요한 역할을 하는 것은 어떻게 보면 당연하지
않은가 싶다.

---

107) 『고려사절요』 권 4, 靖宗 5년 夏4月.
108) 『고려사』 권 7, 世家 文宗 7년 冬10月.
109) 『고려사』 권 80, 志 34, 食貨 3, 賑恤 水旱疫癘賑貸之制·『고려사절요』 권 6, 宣宗
    10년 夏4月.
110) 『고려사』 권 16, 世家 仁宗 14년 3월.
111) 『고려사』 권 24, 世家 高宗 42년 夏4月.
112) 『고려사』 권 80, 志 34, 食貨 3, 賑恤 水旱疫癘賑貸之制, 충선왕 3년 3월.
113) 『고려사』 권 53, 志 7, 五行 1, 水 辛禑 9년 5월.

지금 미(쌀)가 이처럼 거의 모든 분야에서 중요한 구실을 하는 물품이었다고 했지마는, 그 중에서도 핵심이 되는 것은 더 말할 필요도 없이 본분이기도 한 식품으로서의 역할일 것이다. 그리하여 우리들은 비록 혼하지는 않다 하더라도 당시 사람들의 이 부분에 관한 생활을 엿볼 수 있는 기록을 접하게 되는데, 여·원연합군의 일본 원정 때에 중요한 역할를 맡았던 김방경金方慶이 신년 하례를 위해 원나라에 들어가 잔치 자리에 참여함에 「황제가 따뜻한 말로 위로하고, 승상의 다음 자리에 앉게 한 다음 진기한 반찬을 하사하고 다시 백반白飯(흰 쌀밥)과 생선국(어갱漁羹)을 내려주면서 "고려 사람들은 이것을 좋아 한다지"」 라고 하였다는[114] 데서 그 일면을 살필 수 있다. 이미 소개한바 추적秋適이 「손님을 대접할 때는 다만 백립白笠으로 잘 지은 밥(연취軟炊)과 생선을 썰어 국이나 끓이면 된다」고 한[115] 것과 김극기金克己가 시詩에서 「사방 이웃에 차가운 공이 소리, 그 소리 저녁내 쉴 줄 모르는구나, 새벽에 일어나 옥립으로 밥 지으니(취옥립炊玉粒) 구수한 김이 넘치네」 라고 한 것[116] 역시 비슷한 상황을 짐작케 한다. 여기에 등장하는 사람들이 모두 상당한 직위 이상에 올랐던 인물들이지마는, 이들과 같은 고려시대 상류층 사람들이 좋아하는 주식은 백미 또는 백립·백찬·옥립으로 일컬어지는 미곡으로 지은 흰 쌀 밥, 곧 백반이었던 것이다.

앞서 잠시 소개한 일이 있는 이규보는(㉮-⑮, 23쪽) 이 부분에 대한 보다 구체적인 실상을 알리는 내용을 장문의 시詩로 읊고 있다. 시의 제목은 「국령國令으로 농민들에게 청주淸酒와 백반白飯을 먹지 못하

---

114) 『고려사』 권 104, 열전 17, 金方慶傳.
115) 주 80), 36쪽.
116) 『동문선』 권 4, 五言古詩 「田家四詩」.

게 한다는 소식을 듣고」인데 몇몇 부분을 뽑아 소개하면,

    ㉮-㉚ 장안의 호협豪俠한(부호富豪한) 집에는
            구슬과 패물이 산처럼 쌓였는데
            절구로 찧어낸 구슬같은 쌀밥을
            말이나 개에게도 먹이며
            기름처럼 맑은 청주淸酒를
            종들도 마음껏 마시네
            이 모두 농부에게서 나온 것
            하늘로부터 받은 것이 아니로세
            ……………………………………

            고생스럽게 호미로 김을 매고
            풍년 들어 천종千鐘의 곡식 거두어도
            한갓 관가(관청) 것 밖에 되지 않는다오
            어쩌지 못하고 모조리 빼앗겨
            ……………………………………

            희디 흰 쌀밥(백옥반白玉盤)이나
            맑디 맑은 청주淸酒(녹파주綠波酒)는
            모두가 이들의 힘으로 생산한 것이니
            하늘도 (이들이 먹고 마심을) 허물치 않으리
            권농사에게 말하노니
            국령이 혹 잘못된 것 아니요
            ……………………………………

라고 한데 이어서「며칠 뒤에 다시 짓다」에서는,

    ㉮-㉛ ……………………………………
            곡식은 이와(산 열매와) 달라
            농부들이 이루어 내는 것으로
            모두가 이들의 힘씀에 달려 있으니

힘쓰지 않는다면 어쩔 방법이 없느니라
청주(청료靑醪)를 마시고 백반白飯(흰 쌀밥)을 먹는 것이
농사를 권장하는 바탕이니
이들의 입이나 배에 맡길 것이지
무엇 때문에 국금國禁을 내리는가
의론이 비록 조정에서 나왔다 하여도
망극하신 성은聖恩 마땅히 용서하시리
반복해서 사리를 생각해보니
놀고 먹는자 보다 만 배나 먹어야 하네.117)

라고 쓰고 있는 것이다. 거듭되는 이야기이지만 이규보가 주로 활동하는 무신정권기는 정치와 사회경제를 비롯한 모든 분야가 혼란스러운 때로서 농민들이 애써 농사를 지어 얻은 곡물을 국가와 지배층들이 과도하게 거두어 가서 농민들의 생활이 어려움을 겪고 있는 가운데 국가가 한걸음 더 나아가 농민들은 백반과 같은 상급 음식을 먹거나 청주淸酒 같은 좋은 술은 마시지 말라는 금령禁令까지 내리자 그 처사를 비판하고 있는 것이다.

국가에 의해 이처럼 미곡이 통제되거나 취렴聚斂 당하는 것은 비단 농민만이 아니라 일반 민인民人들과 함께 때로는 관원들에게까지 미쳤다. 예종 4년(1109)에 재추宰樞와 6상서尙書들로 하여금 각각 미米 2석씩을 내도록 하여 신중원에 재齋를 설치하고 싸움에 이길 것을 빈 것이118) 그 한 사례이다. 비슷한 일은 몽고 지배하의 충렬왕 때에 특히 심하여 왕 14년(1288) 10월에 양부兩府 재추의 건의를 받아들여서 양반녹과전의 액수에 의거해 미米를 거두었는데 품등品等에 따라 차등

---

117) 『東國李相國後集』 권 1, 古律詩 「聞國令禁農餉淸酒白飯」·「後數日有作」.
118) 『고려사』 권 13, 世家 睿宗 4년 夏4月.

을 두었으며 장인匠人·상인·천예賤隸에까지 등급을 매겨 납부케 하였고,[119] 15년 2월에는 요동에 기근이 들자 원나라에서 사람을 보내 군량 10만석을 보내도록 요청함에 왕이 신하들에게 각각 쌀을 내도록 하였는데 제왕諸王·승지 이상의 7석으로부터 점차 내려가 군관軍官·백성百姓·공사노비는 5두斗 내지 3두였으며, 부상富商 대호大戶는 3석, 중호는 2석, 소호는 1석으로 하였다.[120] 이어서 다음 달인 왕 15년 3월에도 각급 신하들이게 차등을 두어 미米를 더 내게 하고 있으며,[121] 16년 2월에도 합단적哈丹賊이 변경을 침범하자 제왕諸王·재추·승지·반주班主는 각각 미 7석씩을 내도록 하고, 방·리坊里의 서인庶人들도 차등을 두어 미를 내도록 해 동계東界 방수군의 군량에 충당토록 하고 있다.[122] 이들 이외에도 우왕 2년 9월에 재추의 건의를 받아들여 양부兩府 이하 통헌通憲 이상은 조미 4석씩을 내도록 하고 그 아래는 점차 차등을 두어 백성과 공사의 노奴에게까지 호戶의 대소를 헤아려 징수토록 했다 함은 이미 소개한 바와 같다.[123]

당시의 상황이 이러하였던 만큼 농민과 일반 민인民人들은 말할 것 없고 문무관료들까지도 식 생활 - 특히 미곡을 통한 식 생활이 원만하지 못한 측면도 없지 않았던 것 같다. 이규보와 같이 고위직을 역임했던 사람도,

> ㉮-㉜ 생계生計에도 옹졸한데 하물며 건강이랴
> 병에 끙끙거리는 데다 끼니조차 어려워

---

119) 『고려사』 권 79, 志 33, 食貨 2, 科斂, 충렬왕 14년 10월.
120) 『고려사』 권 79, 志 33, 食貨 2, 科斂, 충렬왕 15년 2월.
121) 『고려사』 권 79, 志 33, 食貨 2, 科斂.
122) 『고려사』 권 82, 志 36, 兵 2 屯田, 충렬왕 16년 2월.
123) 주 32), 19쪽.

　　　흉년이 들었으니 국고國庫의 옹색함을 알겠고
　　　녹봉이 뜸하니 나의 집 가난함을 깨닫겠네
　　　.. 124)

라고 하던가,

　　㉮-㉝ 슬프도다 가난 속에 빠져들어서
　　　　온 집안 모두가 죽을 먹는다(식죽食粥)
　　　　.. 125)

라고 읊조리고 있는 것을 통해 짐작할 수 있다. 지금 죽粥 이야기가 나
왔지마는 이 식품은 생활이 어려움에 직면했을 때 흔히 이용되었다.
그 중 규모가 큰 사례로는,

　　㉮-㉞ 충목왕 4년(1348) 2월에 사자를 서해도와 양광도에 보내 굶주
　　　　린 (사람들을) 진휼하고 진제도감賑濟都監을 설치하게 했는데
　　　　왕도 반찬의 가지수를 줄여서 그 비용에 보탰다. 유비창의 미곡
　　　　500석을 내어 진재도감으로 하여금 굶주린 사람에게 죽을 먹이
　　　　도록 했으며, 또 전라도 창고의 미곡 12,000석을 내어 굶주린
　　　　이들을 진휼하게 하였다.126)

고 하여, 기근에 즈음해 국가적인 차원에서 나라의 창고에 보관중인
미곡을 풀어 죽을 쑤어서 굶주린 사람들을 진휼하고 있는 것이다. 그
러나 대체적으로는 사정에 따라 해당 지역에서 죽을 마련해 행려인行

---

124) 『東國李相國後集』 권 9, 古律詩 「又謝晉陽公送白粲」.
125) 『東國李相國全集』 권 7, 古律詩 「走筆謝希禪師惠米」.
126) 『고려사』 권 80, 志 34, 食貨 3, 賑恤 水旱疫癘賑貸之制・『고려사절요』 권 25, 忠穆
　　王 4년 2월.

旅人들에게 지급하는 것으로, 그 몇 사례를 소개하면 다음과 같다.

> ㉮-㉟ (문종 18년[1064] 하4월) 경인일에 왕이 명하기를, 5월 15일부
> 터 7월 15일까지 임진현의 보통원普通院에 죽(죽수粥水)과 나물
> (소채蔬菜)을 마련해 두고 나그네에게 베풀라고 하였다.127)
>
> ㉮-㊱ 지금 임금께서 즉위하시어……미곡米穀을 축적하여 놓고 그 이
> 식을 받아서 죽粥을 마련해 행인行人에게 베풀던 것이 지금은
> 거의 없어지게 되었다.128)
>
> ㉮-㊲ (충렬왕 18년[1292] 5월) 정사일에 세자가 시가市街에 미음(장
> 醬)을 마련해 놓고 굶주린 사람들에게 3일간 베풀었다.129)
>
> ㉮-㊳ (충렬왕 22년[1296] 2월에 한강韓康이 진언하기를) 제일 춥거나
> 제일 더울 때는 미음과 죽(장죽醬粥)을 마련하여 행인들의 기갈
> 飢渴을 구제하십시요 하였다.130)
>
> ㉮-㊴ 최운해가 (왜적과) 매일 전쟁을 벌이면서 획득한 우마와 재물을
> 사졸과 주州의 백성들에게 나누어주고, 또 한 곳에 경내의 민인
> 民人들을 모이게 하고는 죽粥을 쑤어 구휼해 백성들이 굶어죽
> 지 않도록 하니 모두들 그를 칭송하고 흠모하였다.131)

이같은 조처들은 몇가지 측면에서 생각해볼 수 있다. 그것은 우선
민인民人들의 경우 비록 죽粥이기는 하나 당장의 기갈飢渴에서 벗어
나 생존을 유지할 수 있는 문제와 관련되고, 국가는 국가대로 중국을
비롯한 우리 주변 나라들에 오래 전부터 깊게 자리잡아온바 「농사와
뽕나무를 심고 키우는게(농상農桑이) 의식衣食의 기본으로, 왕정王政

---

127)『고려사』권 8, 世家·같은 책 권 80, 志 34, 食貨 3, 賑恤 水旱疫癘賑貸之制·『고려
　　　사절요』권 5, 文宗 18년 夏4月.
128)『東文選』권 64, 記, 金富軾「惠陰寺新創記」.
129)『고려사』권 30, 世家·『고려사절요』권 21, 忠烈王 18년 5월.
130)『고려사절요』권 21, 忠烈王 22년 2月·『고려사』권 107, 열전 20, 韓康傳.
131)『고려사』권 114, 열전 27, 崔雲海傳.

에서 우선으로 해야하는 것」이라한132) 관념·사상에 충실함과 더불어 현실적으로는 곡물재생산 활동을 지속적으로 이루어갈 수 있는 토대를 마련한다는 의미도 크지 않았을까 싶다. 물론 이 논리가 미곡에만 해당하는 것이 아니라는 점은 염두에 두어야 하겠지마는, 고려시대 사람들의 곡물에 의한 생활이 대체적으로 그렇게 넉넉하지는 못한게 아니었나 하는 생각이 든다.

지금까지 살펴본 몇 가지 상황을 종합해 볼 때 고려시대 사람들이 가장 중시했던 - 현재도 마찬가지이지만 - 곡물은 미곡으로서, 그 가운데서도 백미를 으뜸으로 여겼다. 하지만 당시 미곡 생산의 수준이 요구하는 만큼에 미치지 못하여 백미와 그것으로 지은 밥 - 백반은 왕실을 비롯한 상급 지배층이 주로 차지했던 것 같다. 그 아래의 문무관료 등은 녹봉으로 주어지기도 했던 경미를 주로 이용하였으며, 일반인들도 그러하였던 것으로 생각된다. 따라서 미곡 가운데 가장 널리 사용된 것은 경미일 듯 싶으나 그것도 여의치 않을 경우 조미를 이용하였을 것이다. 하지만 이처럼 미곡에만 의지하는 미반米飯 중심의 생활은 나라 전체의 규모를 놓고 볼 때 비록 차지하는 비중은 높았다 하더라도 한 부분에 한정되었다고 이해하는게 옳을 것 같다.

(3) 조·좁쌀(속粟)과 '큰 조'(량粱)

미(쌀)에는 미치지 못했다 하더라도 그에 버금가는 중요한 위치에 있었던 곡물은 조·좁쌀(속粟)이었다. 그것은 이미 소개했듯이(㉮-⑲ 39

---

132) 『고려사』 권 79, 志 33, 食貨 2, 農桑 첫머리.

쪽) 조(속粟)가 미(쌀)와 함께 국가에서 녹봉으로 지급하는 곡물의 하나였다는 점만 보아서도 쉽게 이해할 수 있다. 여말의 명신 이곡李穀이, 맛난 것은 아니지만 먹는 것으로 생선·고기(어육魚肉) 등과 더불어 일상 필요한게 속·미(粟·米)라고 말하고 있는 것도133) 그 부분을 일컬은 것으로 생각된다. 아울러 역시 앞서 소개한바(⑳-㉓, 33쪽) 청주의 목사인 이모지가 선정을 펴면서 재정도 절약하여 일정한 기간에 모은 곡물이 백미 200석에 조미 70석으로서 미米(쌀)가 합계 90석인데 비하여 소미小米, 즉 속粟(조·좁쌀)은 80석으로 양자의 수량이 비슷했다는 점 또한 눈여겨볼 대목이다. 정확한 수치라고 말하기는 어렵지만 이로써 미未와 속粟이 전체 생산량으로 보아 유사했다고 이해하면 혹 무리일까? 이와 함께 속粟을 소미小米라고 표현하고 있는 점은 흥미로운 부분이다.

지금 속粟은 개별곡물의 하나로서 조·좁쌀을 말하며, 그것이 매우 중요한 위치에 있었다는 점에 대해 간략하게 설명하였다. 한데 실은 중국의 경우 그것은 고대에서부터 그러하였을 뿐 아니라 곡물 전체를 지칭하는 의미로도 쓰여져 왔다는 사실이 이미 알려졌고, 또 고려의 경우에도 그와 마찬가지였다고 논급된바 있었다.134) 고려에서 속粟이 곡물 전체를 뜻하는 의미로 쓰였다는 사례로는 「문종이 몸소 근검·절약하고 불필요한 관원을 줄여 비용을 절감함에 대창의 곡식(대창지속大倉之粟)이 넘쳐나서 벌겋게 상하였다」는 기록을135) 들 수 있다. 국왕의 관심하에 나라의 중요 창고 가운데 하나인 대창에 쌓이게 되어 『고려사』 식화지 서문에까지 오르게 된 속粟은 조·좁쌀 만이 아니라 여러

---

133) 『稼亭文集』 권 2, 記 「義財記」.
134) 李正浩, 앞의 주 1) 저서 75 쪽.
135) 『고려사』 권 78, 志 32, 食貨 1, 序文.

곡물이었으리라 보는게 아무래도 합당할 듯 싶은 것이다. 또 현종조에
침입해온 거란군을 무찔러 커다란 공로를 세우고 전사한 양규의 처인
홍씨에게 왕이 담당 관서로 하여금 속粟'을 지급토록 명하고 있는데,
그 교서教書에서는 해당 '속粟'이 '도곡稻穀'으로 표현되어 있어136) 속
粟이 곧 도稻, 즉 미米이기도 했음을 보여주고 있는가 하면, 여말에 국
가의 재정에 보태기 위해 곡식(돈)을 받고 관직을 파는 이른바 육작제
鬻爵制가 생겨나는데 그 호칭을 납속보관ㅋ제納粟補官制 또는 입속보
관법入粟補官法이라 하여 '속粟'을 납부하는 것으로 되어 있지마는 실
제로 내는 것은 모두가 '미米'로 제시되어 있다.137) 여기에서도 속이
곧 미를 의미했음을 다시 확인할 수 있거니와, 기록 가운데에는 이들
처럼 속粟이 분명하게 일반 곡물까지를 지칭하고 있는 경우라고 단정
할 수는 없다 하더라도 의문의 여지가 있는 사례 역시 몇몇 눈에 띠는
데 더 이상의 자세한 논급은 하지 않기로 한다.

그런데 우리들이 속粟에 대해 살펴갈 때 유의해 두어야 할 부분이
하나가 더 있다. 역시 조로 알려진 량粱과의 관련이 그것이다. 비록 송
나라 사람이긴 하지만 고려에 사절의 한 사람으로 다녀간 서긍이 견문
록인『고려도경』에서 고려의 풍속에 대해 여러 기록은 남기고 있는데,
이미 소개한바(㉮-⑫, 20쪽) 그의 종예조種藝條(농업)에「그 (고려의)
토지는 황량黃粱·흑서黑黍·한속寒粟·호마胡麻·2맥二麥을 (재배하는
데) 알맞다」고 서술해 놓고 있다. 고려에서는 량·서·속이 각각 재배되
고 있었던 것이다. 오늘날에는 량을 조 또는 기장과 동일하게 여기기
도 하지만 당시의 량粱(조)은 서黍(기장)와는 말할 것 없고 같은 조로

---

136)『고려사』권 94, 열전 7, 楊規傳·『고려사절요』권 3, 顯宗 2년 夏4月.
137)『고려사』권 75, 志 29, 選擧 3, 銓注 鬻爵之制·같은 책 권 80, 志 34, 食貨 3, 賑恤
納粟補官之制.

불리는 속粟과도 차이가 나는 곡물이었던 것이다. 고대의 중국에서 량
은 '화禾(조)의 미대美大한 것'이었다 하며, 우리의 『계림유사』에는
「량이 가장 크다[량최대粱最大]」라 적고 있다. 이런 점들을 감안하여
현대의 한 연구자는 고려의 량粱을 '큰 조'를 의미하는 것이라 생각한
다고 기술하고 있다.138) 아직 적절한 용어가 없는 현실에서 필자 역시
'큰 조'라고 일시 썼지마는, 한 옥편에는 량粱을 「조 보다 알이 굵은 곡
식의 일종」이라 설명해 놓고도 있다.139)

　고려에서 량粱과 속粟은 모두가 이처럼 중요시되는 곡물이었는데,
그 중 속의 위상에 대해서는 위에서 잠시 언급한바와 같거니와 량의
경우도 그에 뒤떨어지는게 아니었다. 이점은 앞서 ㉮-⑪(20쪽)에 소개
한 길례대사吉禮大祀의 하나인 환구圜丘에 대한 친사의親祀儀 진설陳
設에, 「상제上帝에게는 보簠와 궤簋 각각 둘을 앞에 차리는데, 보에는
도稻·량粱을 담아 왼편에 두되, 량粱을 도稻 앞에 놓는다」고 하여140)
량(조)을 도(벼)와 함께 중요한 자리에 차려놓고 있는 것으로 보아 알
수 있다. 제례祭禮에서 이와 같이 도량稻粱을 함께 올리는 것은 이 이
외에도 여러 사례에서 더 찾아지지마는,141) 그럼에도 한편으로 량粱의
직접적인 경작·생산과 관련된 기사는 그리 많지가 않은 편이다. 무신
정권기에 재상까지 지내는 유승단兪升旦이 시詩에서 「추운 겨울 솜옷
을 모두 기다리는데, 흉년의 조(검세량儉歲粱)를 누가 나누어 줄소냐」
라고 읊고 있는 것과,142) 공민왕조에 사의대부司議大夫를 지내는 탁광

---

138) 이정호, 앞의 주 1) 저서 75·76 쪽.
139) 『大漢韓辭典』, 敎育社, 1998, 2430쪽.
140) 『고려사』 권 59, 志 13, 禮 1, 吉禮大祀, 圜丘, 親祀儀 陳設.
141) 『고려사』 권 59, 志 13, 禮 1, 吉禮大祀, 社稷, 奠玉帛.『고려사』 권 60, 志 14, 禮
　　2, 吉禮大祀,太廟, 禘祫親享儀, 晨祼.『고려사』 권 62, 志 16, 禮 4, 吉禮中祀, 籍田,
　　親享儀, 陳設. 유사한 기사는 몇몇이 더 눈에 띈다.

무탁光茂가 역시 시詩를 통해,「동산 안 세 이랑은 배추 가꾸고, 담 밑엔 백 구루 뽕나무 심어, 여종은 짜서 의복 만들어 주고, 남종은 밭을 가니 도량稻粱이 족하네」 라고 한 것143) 등이 눈에 들어오는 정도인 것이다. 고려시기에는 량粱의 위상에도 불구하고 역시 재배는 그리 활발하지 못했던게 아닐까 싶다.

이에 비하면 속粟의 경우는 여러 측면에서 많이 달랐다. 우선 그의 재배와 관련해서는 앞서 소개했듯(㉮-③, 14쪽), 이제현이 부역과 세금에다가 권세가들의 수탈을 「황새가 조(곡식)를 쪼아 먹는[황작탁속黃雀啄粟]」 것에 빗대어144) 노래의 가사를 짓고 있는 것을 들 수 있다. 여기에는 「밭 가운데의 벼·기장[전중화서田中禾黍]」 이라는 대목이 들어 있어 해당 속粟이 곡물 일반을 지칭했을 가능성도 없지 않아 보이는데, 속粟으로 표현된 이상 일단은 거기에 조·좁쌀의 존재 역시 포함될 수 있으므로 염두에 둘 필요는 있다는 생각이다. 그 후 조(속粟)의 재배를 일러주는 좀 더 구체적인 기사는 공양왕 3년 (1391) 3월에 중랑장 방사량房士良이 올린 상소를 지적할 수 있다. 즉,

㉮-㊵ 지금 도성(개경)의 4문 밖에는 한 나라의 대소 신료와 백성들 선조의 무덤이 자리잡고 있는데, 나뭇꾼이 초목을 베어내고, 사냥꾼이 불을 놓으며 혹은 턱밑에다가 채소밭을 만들거나 혹은 갈아엎어 조 밭(속전粟田)을 만들고 있습니다. 아! 효자와 어진 이가 이런 꼴을 보고 어찌 이마에서 땀이 흘러내리지 않겠습니까?145)

---

142) 『東文選』 권 9, 五言律詩 「次梐城公館壁上韻」.
143) 『東文選』 권 11, 五言排律 「遣悶」.
144) 『고려사』 권 71, 志 25, 樂 2, 俗樂 「沙里花」.
145) 『고려사』 권 85, 志 39, 刑法 2, 禁令 恭讓王 3년 3월.

라고 하여, 산소 부지로 되어 있는 수도인 개경 주변 땅의 초목을 베어
내거나, 불을 놓아 토지를 만들어 채소를 기르거나 조 밭으로 일구어
농사에 이용하고 있는 상황을 아뢰고 있는 것이다. 이것은 여말의 어
려운 식생활 여건에 따른 하나의 현상을 지적하고 있는 것이지마는,
농지로 이용하기에는 결코 좋다고 할 수 없는 산지를 개간하여 조 밭
(속전粟田)을 만들고 있다는 데서 조의 한 특성을 엿볼 수 있을 것도
같다. 이것이 수도 주변의 한 모습인데 비해 지방의 사정은 공민왕 때
에 출사하여 판전교시사判典校寺事(정3품)까지 지내기도 했던 이집李
集이 사직한 후 지방으로 내려가 독서로 세월을 보내던 우왕 5년
(1379) 가을 9월에 갑자기 내린 눈으로 농사를 망친 심정을 읊은 다음
의 시詩에서 살펴 볼 수 있다.

> ㉮-㊶ 이번 가을의 큰 눈 옴이 예전과는 다르도다
> 금년 들어 서리와 눈 어찌 그리 빠른고
> 지금까지도 보리(모맥麰麥) 파종 마치지 못하였고
> 콩(숙菽)과 조(속粟)가 밭두둑에 가득한데 어느 겨를에 다 거두
> 겠는가
> 현청 관원 조세 독촉 급하기도 하여라
> 삼년 동안 흉년들어 백성은 먹기조차 어려운데
> 또 다시 이러하니 참으로 애석하다.146)

여러 해 동안의 흉년으로 백성들이 잘 먹지도 못하는 어려운 처지에
나가 이미 지이 놓은 콩과 조는 미쳐 거두지 못하고 보리의 파종을 마

---

146) 『遁村遺稿』 권 1, 詩 「己未九月十六日雪中書懷」. 이것에 대해서는 윤성재, 『고려
    시대 식품의 생산과 소비』, 숙명여자대학교 대학원, 박사학위논문, 2009, 27·28
    쪽에 소개된바 있다.

치기도 전에 갑작스레 일찍 눈이 와서 한층 곤란하게 된 농촌의 상황을 애석해하는 글이다. 그럼에도 관청에서는 여전히 조세를 독촉하고 있지마는, 요컨대 보리·콩과 더불어 조가 농사를 짓는 중요 곡물의 하나였음을 거듭 확인시켜 주고 있다고 하겠다.

　속粟의 재배에 따라 얻어지는 조·좁쌀은 공·사 모두에게 있어 그의 위상 만큼이나 중시되는 식용 작물이었다. 나라에서 공식적으로 받아들이는 조세 이외에도 희종 4년(1208)에 개경의 큰 저자거리(대시大市)를 고쳐지으면서 많은 비용이 들게되자 5부五部 방리坊里의 양반들로부터 호별戶別로 미米와 속粟을 거두어 공역의 노임에 충당토록 한 것은[147] 공적인 추가 수취의 한 사례인데, 속이 미와 함께 그 대상이 되고 있다는 점에 눈길이 끌린다. 한편 개인적인 생활과 관련해서는 이규보가 지내기가 어려워져서 자신의 아끼는 겨울 옷인 갖옷(구裘)을 곡물과 바꾸려 했을 때 그것이 한말의 좁쌀(두속斗粟) 값어치도 되지 못함을 알고 너무 부끄러워 눈물이 턱에 흘려내렸다는 이야기가 전하며,[148] 창왕이 즉위하여 경복흥慶復興에게 올리는 제문에서 「아아, 경의 직위는 신하 가운데 으뜸이었는데도 수도 근방에 한 이랑의 밭도 없었고 집의 항아리에는 한 말의 좁쌀(두속斗粟)도 없었다」라고 추모하고 있다.[149] 그리고 요직을 두루 거친 배정지裵廷芝의 경우도 그가 세상을 떠난 뒤에 보니 대고리에는 두터운 갖옷(중구重裘)하나 없고 자루에는 조(속粟)도 남은 것이 없었으며 집안의 재산이라고는 10금(金)이 채 되지 않았다고 하거니와,[150] 요컨대 이들의 식량상 사정이

147) 『고려사』 권 21, 世家·『고려사절요』 권 14, 熙宗 4년 秋7月.
148) 『동국이상국전집』 권 12, 古律詩 「典衣有感 示崔君宗藩」.
149) 『고려사』 권 111, 列傳 24, 慶復興傳·『고려사절요』 권 34, 昌王 元年 9월.
150) 김용선편, 『高麗墓誌銘集成』, 444쪽 「裵廷芝墓誌銘」.

하나같이 보유하고 있는 속(조)의 정도로 표기되고 있는 것도 주목해
볼만한 사안이 아닐까. 역시 조(속)는 소미小米라고도 불렀듯이 당시
사람들의 식생활에 있어 차지하는 위상이 높았다고 생각된다. 이와 직
결되는 것은 아니지만 관비官婢인 선화라는 여인이 두속斗粟을 놓고
다퉈 임산부를 살해한 사건도 전해져151) 참고삼아 소개하여 둔다.

　뿐만 아니라 우리들은 미米의 경우에서와 유사하게 국정 운영과 관
련된 사항들에서 조(속)가 지니는 위상이나 용도 등을 좀더 넓고 다양
하게 살펴볼 수 있다. 그의 대표적인게 이미 첫머리에서 언급한바 녹
봉의 일부를 담당한다는 것이었지만, 그 외에도 여러 측면에 그 실상
이 드러나 있는 것이다. 이는 일찍이 최승로崔承老가 성종에게 시무책
時務策을 올리는 가운데 북방지역의 경계는 무술에 능한 그곳 출신들
을 선발하여 맡김으로써 경군京軍은 번갈아 수자리하는 노고를 면하
게 되고 마초와 군량(속粟)은 운반비용을 덜게 될 것이라는 상소에
서152) 찾을 수 있다. 그리고 명종조에 반기를 들고 봉기한 망이亡伊·
망소이亡所伊와 타협을 한 조정이 이들에게 창고의 곡식(속粟)을 내려
주고 있는 것153) 또한 그 하나이다.

　국가에 공로가 있거나 장려할 만한 일을 해낸 인원들에게 조(속粟)
을 하사하는 것도 그 일부에 해당한다. 현종조에 침략한 거란족을 무
찌르는데 양규와 함께 전공을 세우고 사망한 김숙흥金叔興의 어머니
에게 종신토록 매년 속粟 50석씩을 내리도록 한 것과154) 정종靖宗 3년
에 상주의 어떤 여인이 남자 세 쌍둥이를 낳자 속 30석을 하사하고 그

---

151) 『고려사절요』 권 11, 毅宗 16년 5월.
152) 『고려사절요』 권 2, 成宗 원년 6월·『고려사』 권 93, 열전 6 崔承老傳.
153) 『고려사』 권 19, 世家, 明宗 7년 春正月.
154) 『고려사』 권 94, 열전 7, 楊規傳.

것을 관례로 삼도록 했다는 것155) 역시 유사한 사례이다. 아울러 의종 10년(1156)의 과거에서 황문장黃文莊이 장원급제 하였는데, 그는 인종 24년(1146)에 장원급제한 황문부黃文富의 바로 동생이었다. 이에 왕이, 형제가 같이 괴과魁科(장원)에 오른 것은 옛날 이래로 드문 일이라 하여 세 아들이 등과登科한 예에 따라 그의 어머니에게 매해마다 속粟 20석씩을 내리도록 명하고 있지마는,156) 통상적으로 세 아들이 급제했을 때는 미(쌀)를 하사하도록 되어 있었는데 여기서는 속粟을 사여하고 있어 좀 달리 하고는 있다.

　미米의 경우도 그러하였지만 속粟 역시 재해를 비롯한 어려운 일이 발생했을 때 베푸는 사례가 비교적 많이 드러나 있다. 문종 6년(1052) 3월에 경성(개경)에 기근이 들자 담당 관청에 명하여 굶주린 백성 3만여명을 모이게 한 다음 쌀(미米)·조(속粟)·소금(염鹽)·메주(시豉)를 하사하여 진휼토록 하고,157) 이어서 4월에는 용문창龍門倉의 속粟 8천석을 염주와 백주로 옮겨 농민들에게 지급하고 있으며158) 왕 8년(1054) 4월에도 문주文州 등이 지난 해에 수재水災를 입었으므로 의창義倉을 열어 진휼토록 하고, 춘주春州 등 창고의 곡식(속粟)을 옮겨 종자와 양식으로 지급하도록 명하고도 있다.159) 그 후 숙종 6년(1101)에는, 장생고에 좁쌀(속)의 재고가 너무 많아 대출하여 이식을 받도록 했는데 그

---

155) 『고려사』 권 53, 志 7, 五行 1, 水行 人痾, 靖宗 3년 3월.
156) 『고려사』 권 74, 志 28, 選擧 2, 科目 2, 崇奬之典 毅宗 10년 6월.
157) 『고려사』 권 80, 志 34, 食貨 3, 賑恤 水旱疫癘賑貸之制·『고려사절요』 권 4, 文宗 6년 3월.
158) 『고려사』 권 80, 志 34, 食貨 3, 賑恤 水旱疫癘賑貸之制·『고려사절요』 권 4, 文宗 6년 4월.
159) 『고려사』 권 80, 志 34, 食貨 3, 賑恤 水旱疫癘賑貸之制·『고려사절요』 권 4, 文宗 8년 4월.

것들이 오래되어 썩어서 백성들이 그로 인해 머리를 앓고 있다 하므로 담당 관원들은 은과 베로 바꾸어 폐단을 없게 하라고[160] 지시하고 있는 사례가 보이며, 인종 9년(1131) 6월에는 「지난해 겨울에 궁궐을 짓느라고 3도道에서 벌목하였는데 거기에 동원된 많은 백성들이 사망하였은즉 마땅히 관아의 속粟(조·곡식)을 내어 그의 처자들에게 부조하라」고 명하는가[161] 하면, 「염주가 가뭄으로 기근이 들었으니 용문창의 속粟을 옮겨 진휼하도록」 조처하고도[162] 있다. 다음 공민왕 3년(1354) 6월의 경우 「흉년이 들었으므로 유비창有備倉의 속粟을 내어서 값을 낮추어 백성들에게 팔고, 또 진제색賑濟色을 연복사演福寺에 설치하고는 유비창의 미米 500석을 내어서 죽을 쑤어 굶주린 백성들을 구제하고 있기도 하다.[163] 거듭되는 이야기지마는 속粟(조·좁쌀)은 고려시기 사람들의 식생활은 말할 것도 없고 그 외의 여러 용도에 있어 크면서도 중요한 위치에 있는 곡물의 하나였음을 확인할 수 있다고 하겠다.

(4) 보리(맥·대맥大麥)와 밀(소맥小麥)

보리(맥)가 고려인들의 중요한 곡물중 하나였다 함은 앞에서 여러 차례 언급한 바와 같거니와, 그점을 잘 보여주는 것은 역시 보리가 미米(쌀)·속粟(조)과 함께 국가에서 지급하는 녹봉 물품의 하나가 되고 있다는(㉮-⑲, 29쪽) 점일 것 같다. 그 구체적인 사례로는 충렬왕 때에

---

160) 『고려사』 권 79, 志 33, 食貨 2 借貸·『고려사절요』 권 6, 肅宗 6년 5월.
161) 『고려사』 권 16, 世家 仁宗 9년 6월.
162) 『고려사절요』 권 9, 仁宗 9년 6월.
163) 『고려사』 권 80, 志 34, 食貨 3, 賑恤 水旱疫癘賑貸之制·같은 책 권 38, 世家 恭愍王 3년 6월.

국고가 비어서 잡권무들에게 지급하는 녹봉이 경미와 더불어 보리도 1석씩이었다고 전해져(㉮-㉘, 35쪽) 재삼 확인된다.

이 보리에 대해서는 고려의 풍물에 관한 여러 기록을 남기고 있는 서긍이 우리나라의 토지가 황량黃粱·흑서黑黍·한속寒粟 등과 함께 2맥二麥의 재배에 알맞다고 하여(㉮-⑫, 20쪽) 주목을 받고 있다. 그리하여 연구자들 중에는 이 2맥이 춘맥春麥과 추맥秋麥을 지칭하는 용어였으리라고 보는 입장도 없지 않으나 대체적으로는 대맥大麥 즉 일반 보리와, 소맥小麥 즉 밀(면麵)로 파악하고 있다.[164] 이 부분의 이해에는 우선 원종 13년(1272) 6월에 군량 조달 관계로 원나라에 보낸 표문 가운데 「현재 대소맥大小麥은 이미 수확하였고 벼는 익는 중이며 늦게 심은 벼도 8월을 넘기지 않아 익을 것이므로」 운운한 것이[165] 많은 참고가 된다. 6월 전후하여 대소맥, 즉 보리와 밀을 일시에 수확하고 있는 것이다. 또 우왕 9년(1383) 5월에는 경상도 진주에서 줄기 하나에 이삭 하나, 가지가 서넛이나 되는 대맥大麥이 나왔다고 보이는데[166] 이 대맥도 일반 보리로 생각된다.

대맥에 상대되는 소맥小麥에 대해서는 역시 서긍이 『고려도경』에서 「나라 안에는 맥이 적어서(국중소맥國中小麥) 모두 고려인(국인國人)들이 경동도京東道(산동山東지역)를 통해 사들이므로 면麵(밀) 가격이 자못 비싸서 큰 행사가 아니면 사용하지 않는다」고한 기록에[167] 눈길이 이끌린다. 그러나 이미 소개한바(㉮-㉔, 34쪽) 성종조에 수시중守侍中까지 지내고 경영에도 커다란 공로를 세웠던 최승로崔承老가 세상

---

164) 李正浩, 앞의 주 1) 저서 74·75 쪽.
165) 『고려사』 권 27, 世家 元宗 13년 6월.
166) 『고려사』 권 55, 志 9, 五行 3, 土行 禑王 9년.
167) 『고려도경』 권 22, 雜俗 1, 鄕飮.

을 떠나자 왕이 크게 애도하면서 여러 물품과 더불어 밀가루(면麪·麵)를 300석이나 부의하고 있고, 이규보가 쌓인 눈에 대해 읊으면서 「이것이 백염白鹽(흰 소금)과 밀가루(분면粉麪)라면, 자기 집 뜰의 것도 혼자 사용하기 어려우리」 라고 한 것을[168) 보면 위에 든 서긍의 기록은 좀 과장되었다는 생각이 들지만 소맥이 그리 넉넉지는 않았던 듯하다. 서긍은 위의 기록 이외에도 송나라 사신이 고려에 들어올 때 식사를 제공하는데 음식 10여종 가운데 국수(면식麪食)가 먼저 들어온다거나,[169) 쌀(미米)·밀(면麪)·땔나무·숯 같은 것들을 모두 초점草苫(가마니 또는 망태기)에 담는다고 하여[170) 관련 기사를 더 남기고 있다. 이 소맥과 같은 부류에 속하는 식품으로 교맥蕎麥·蹻麥이라 일컬어지는 모밀에 관한 기록도 몇몇 찾아지나 이미 ㉮-⑬[주 37], 20쪽과 ㉮-㉓[주72], 33쪽에 소개한바 있어 더 이상 논급치 않기로 한다.

보리(맥)라고 하면 저들 소맥류 보다는 대맥, 즉 일반 보리가 중심이었고, 따라서 전해지는 기록도 다수는 이들에 관한 것들이다. 우왕 8년(1382)의 일이긴 하지만 「보리 싹(맥묘麥苗)이 나지 않았다」고 한 것은[171) 더 말할 필요도 없이 재배를 시작할 때에 발생한 일이겠다. 시기적으로 그에 이어지는 몇몇 사례들을 더 보면,

> ㉮-㊶ (충렬왕) 22년(1296) 3월 무자일戊子日에 서리가 3일간이나 내려 마麻·맥麥이 죽었다.[172)
>
> ㉮-㊷ (충렬왕) 11년(1285) 4월 을유일乙酉日에 서리가 내려 마麻·맥

---

168) 『동국이상국집』 권 13, 古律詩「詠雪」.
169) 『고려도경』 권 33, 饌食.
170) 『고려도경』 권 32, 器皿, 草苫.
171) 『고려사』 권 134, 열전 47·같은 책 권 55, 志 9, 五行 3, 土 辛禑 8년 閏2月.
172) 『고려사』 권 53, 志 7, 五行 1, 水行 霜, 충렬왕 22년 3월.

麥이 죽었다.173)

㉮-㊸ 문종 18년(1064) 4월 갑술일에 해당 관청에서, 봄부터 가뭄이
심해 벼가 타고 보리가 상하므로(초화손맥焦禾損麥) 시장을 옮
기고 우산과 부채의 (사용을) 금할 것을 청하자 (왕이) 그에 좇
았다.174)

㉮-㊹ (명종 3년 여름 4월) 병자일에 무당을 모아 비를 빌게 하고 근
신을 나누어 보내 각 산천의 신령들에게 비를 빌게 했다. 당시
정월부터 비가 오지 않아 내와 우물이 모두 바닥을 드러내고
벼와 보리가 말랐으며, 전염병마져 발생해 굶주려 죽는 자가 많
았고 심지어 인육人肉을 매매하는 일까지 있었다.175)

라고 하여 3월과 4월에 서리가 내리거나 비가 오지 않아 보리 농사가
크게 어려움을 겪고 있음을 알 수 있다. 이같은 상황은 여말에 윤소종
尹紹宗이 올린 상소문에 한층 잘 드러나 있거니와,

㉮-㊺ 기해년(공민왕 8년)으로부터 지금까지 15년 사이에 물난리와
가뭄이 번갈아 이어져 굶어죽는 사람들이 줄을 지었으며……
전라도·경상도의 두 도에서는 해마다 큰 기근이 들었고 금년에
는 더욱 심했습니다. 3월의 큰 추위에다 4월에는 비가 오지 않
아 보리 이삭이 피지 못하고 볍씨를 심지도 못했으니 우리 백
성들이 장차 무엇으로 살아 가겠습니까.176)

라고 했듯이 3월의 추위와 4월의 가뭄으로 보리 농사 등이 제대로 이
루어지지 않아 백성들이 장차 어떻게 살아갈 것인지를 우려하고 있는

---

173) 『고려사』 권 53, 志 7, 五行 1, 水行 霜, 충렬왕 11년 4월.
174) 『고려사』 권 54, 志 8, 五行 2, 金(恒暘). ㉮-①, 13쪽에서 이미 소개한바 있다.
175) 『고려사』 권 19, 世家·『고려사절요』 권 12, 明宗 3년 夏4月.
176) 『고려사』 권 120, 열전 33 尹紹宗傳.

것이다.

임춘林椿이 「전가田家에 오디(심葚) 익으니 보리가 장차 빽빽해지겠네」라 읊고 있는 시구詩句에서 오디가 익는 5월의 보리가 성장하는 한 모습을, 그리고 우왕 3년 5월에 왜구들이 밀성密城에 들어와 노략질을 하는 가운데 보리를 거두어 배에 실었다는 데서도 5월의 보리 경작 상황을 볼 수 있다.[177] 이어서 918년 6월에 왕위에서 쫓겨난 궁예가 몰래 보리 이삭(맥수麥穗)을 따먹다가 부양釜壤 백성에게 해를 입었다고 한 것과[178] 예종 11년(1116) 6월 상주尙州에서 한 줄기에 네 이삭이 난 상서로운 보리를,[179] 12년 6월에는 두 가지에 네 이삭이 난 상서로운 보리를 국왕에게 올렸다고 한 것 등은[180] 5월과 6월의 보리 농사를 엿볼 수 있게 하는 사례들이다.

이상에서 소개한 기사는 2월부터 6월까지의 기간이 명시된 보리 농사와 관련된 것들로서 춘맥春麥에 해당한다. 그런데 한편으로 이미 언급한 일이 있는(㉮-㊶, 52쪽) 이집李集의 시詩에 보면, 「이번 가을의 큰 눈 옴이 예전과는 다르도다, 금년 들어 서리와 눈 어찌 그리 빠른고, 지금까지도 보리(모맥麰麥) 파종 마치지 못하였고」 라고 하여 가을이 되어서야 파종하는 보리도 있었음을 알 수 있다. 하지만 전반적인 상황으로 미루어 이같은 추맥秋麥의 경우는 상대적으로 그렇게 흔하지는 않았던 것 같다.

이 부분은 그렇다 하고, 어떻든 보리는 중요한 농작물의 하나였던

---

177) 『동문선』 권 19, 七言絶句 「暮春聞鶯」·『고려사』 권 133, 열전 46, 辛禑(禑王) 3년 5월.
178) 『고려사』 권 1, 世家 1 太祖 즉위년 6월.
179) 『고려사』 권 55, 志 9, 五行 3, 土 예종 11년 6월.
180) 『고려사』 권 55, 志 9, 五行 3, 土 예종 12년 6월·같은 책 권 14, 世家 예종 12년 6월.

만큼이나 다양한 여러 기록들이 전해지고 있다. 무신정권시기 한림翰
林의 한 사람이었던 김극기金克己가 「전가사시田家四時」라는 시詩의
하절夏節 대목에서 「새끼를 먹이느라 꿩은 여위고, 고치를 먹이느라
누에는 살찌네, 훈훈한 바람에 보리밭(맥롱麥隴)이 깜짝 놀라는듯」이
라 읊고 있고[181] 원종조와 충렬왕대에 걸쳐 충신으로서 요직을 두루
거친 김구金坵가 경자년(충렬왕 26년, 1300)에 몽고에 조회하고 서경
을 지나는 길에 「삼(마麻)과 보리(맥麥)가 조정朝庭과 저자길에 두루
났구나」라고 하여[182] 피폐해진 그곳에서도 보리가 자라는 한 모습을
전하고 있다.

그런가 하면 이규보는 10월에 큰 눈이 내리는 것을 보고, 「지금은 때
가 바야흐로 초겨울인데, 두 번째 내린 눈 송이 옥처럼 쌓였구료, 내년
에 보리 풍작(맥숙명년麥熟明年)은 틀림 없겠으나, 뽕나무 밭에만 내
리지 말아다오」라고 하여[183] 이듬해의 보리 풍작을 기대하고 있으며,
안축安軸은 강원도 운암현의 여행길에 산 밭의 보리가 반 정도 익은
것을 보고(산전맥반황山田麥半黃) 흉년 든 해에 백성들에게 진휼이 될
것을 기뻐하고도 있다.[184] 그리고 정목鄭穆이 태강 10년(선종 원년,
1084)에 가뭄으로 인해 몹시 어려운 처지에 놓인 영천현에 부임하여
몇 리 가량 되는 땅에 불을 놓아 잡초를 태우고는 보리와 벼(맥화麥禾)
를 심도록 하여 많은 수확을 거두게 한 것은[185] 관원이 직접 나서서
곡물의 획득에 많은 노력을 기울인 사례의 하나이고, 이보림李寶林이,

---

181) 『동문선』 권 9, 七言古詩 「田家四時」.
182) 『止浦集』 권 1, 詩 七言古詩 「過西京」·『동문선』 권 6, 七言古詩 「庚子歲朝蒙古過
     西京」.
183) 『동국이상국후집』 권 5, 古律詩 「十月八日五更大雪」.
184) 『謹齋集』 권 1, 詩 「遊雲巖縣亭」.
185) 김용선편, 「鄭穆墓誌銘」 『高麗墓誌銘集成』, 35쪽.

말을 내놓아 남의 보리싹(맥묘麥苗)을 먹도록한 것이 문제가 되자 자기 보리밭(맥전麥田)의 보리가 익으면 갚아주겠다고 약속해놓고 뒤에는 이치에 어긋나는 주장을 내세우며 보상하지 않으려는 마주馬主를 엄하게 다스리고 있는 것은[186] 보리의 경작을 둘러싸고 이웃간에 야기된 분쟁에 관한 기사이다. 아울러 기록 가운에는 '맥곡麥谷'이라는 표현도 눈에 띄는데[187] 이는 보리가 광범위하게 재배되는 지역을 뜻하는 것이라 짐작되어 눈여겨 볼 필요는 있지 않을까 한다.

보리 재배에 조정이나 민인民人 모두가 저처럼 많은 관심을 갖는 이유의 하나는 그 결과가 식량이 고갈된 시기를 극복해 나가는 수단으로 중요한 몫을 담당하기도 했다는데 있지 않았나 싶다. 이 점은

㉮-㊻ 숙종 6년(1101) 4월에 조서를 내려서, 백성들 가운데 빈곤하여 자활할 수 없는 사람들은 제위보濟危寶로 하여금 보리가 익을 때까지(한맥숙限麥熟) 진휼토록 하였다.[188]

고 한 것과,

㉮-㊼ (우왕 8년[1382]) 경상·강릉·전라 3도가 왜구 때문에 생업을 잃어 많은 백성들이 굶어죽었다. 최영이 저들 도에 시여장施與場을 설치하고 자비롭고 선량한 사람들을 선발해 주관케한 후 관청의 쌀을 내어서 미음과 죽을 쑤어 진휼토록 하고는 보리가 익은(맥숙麥熟) 뒤에야 그만두도록 했다.[189]

---

186) 『고려사』 권 110, 열전 23, 李齊賢 附 李寶林傳·『고려사절요』 권 32, 우왕 11년 秋7月.
187) 『고려사』 권 22, 世家, 高宗 4년 秋7月.
188) 『고려사』 권 80, 志 34, 食貨 3, 賑恤 水旱疫癘賑貸之制 숙종 6년 4월.
189) 『고려사』 권 113, 열전 26, 崔瑩傳.

고한 사례 등을 통해 살펴볼 수 있다. 고려시대 사람들의 식생활에 보리가 차지하는 비중은 매우 컸던게 틀림이 없는 것 같다.

그럼에도 보리가 직접 식용으로 쓰이는 모습은 최승로가 성종에게 시무책時務策을 올리는 가운데에서 「듣건데 성상께서 공덕재功德齋를 설치하기 위하여 혹은 친히 차를 맷돌에 갈기도 하고 혹은 친히 보리를 찧으신다(마맥磨麥)하니 신은 성체聖體가 근로하심을 깊이 애석하게 여깁니다」고[190] 하거나 최성지崔誠之와 이제현李齊賢이 원나라에 머물면서 유배된 충선왕을 위해 원나라 조정에 글을 올리는 가운데에서 그가 보리가루(맥초麥麨)를 먹는다고한 언급에[191] 보이는 정도이다. 그렇지만 이미 언급한대로 보리는 국가에서 지급하는 녹봉곡의 하나로서 광범하게 사용되는 이외에 고위직을 맡거나 전쟁 등에서 공로가 큰 인물들이 세상을 떠났을 때 나라에서 부의賻儀로 사여하는 사례는 꽤 여럿이 눈에 띤다. 성종 6년(987)에 내사령內史令인 최지몽崔知夢이 졸거卒去하자 미米 300석과 함께 맥麥 200석 등을 내리고 있고,[192] 또 목종 원년(998)에 내사령인 서희徐熙가 졸거하자 미 500석·포布 1,000필과 함께 맥麥(모맥麰麥) 300석 등을 부의하고 있으며,[193] 같은 왕 7년(1004)에 시중侍中인 한언공韓彦恭이 졸거하자 역시 미 500석·포布 1,200필과 함께 모맥麰麥(맥麥) 300석을 부의하고 있다.[194]

---

190) 『고려사』 권 93, 열전 6, 崔承老傳·『고려사절요』 권 2, 成宗 2년 6월.

191) 『고려사절요』 권 24, 忠肅王 10년 春正月.

192) 『고려사』 권 64, 志 18, 禮 6, 凶禮 諸臣喪·『고려사절요』 권 2, 成宗 6년 3월·『고려사』 권 92, 列傳 5, 崔知夢傳.

193) 『고려사』 권 64, 志 18, 禮 6, 凶禮 諸臣喪 穆宗 원년 7월·같은 책 권 94, 열전 7, 徐熙傳.

194) 『고려사』 권 64, 志 18, 禮 6, 凶禮 諸臣喪 穆宗 7년 6월·같은 책 권 93, 열전 6, 韓彦恭傳.

이어서 현종 7년(1016)에는 나라의 일로 사망한 장군 고연적高延迪의 집에 미 50석·포 100필과 함께 보리(맥麥) 30석을 부의하고 있고,[195] 같은 왕 10년(1019)에 통주도부서通州都府署의 유백부庾伯符 등 173인이 힘껏 싸우다가 전사했으므로 관직을 추증토록 하고 그들 집에 쌀과 보리(미맥米麥)를 차등을 두어 사여하고 있기도 하다.[196] 그뒤 다시 현종 15년(1024)에 문하시랑평장사門下侍郞平章事인 최항崔沆이 세상을 떠나자 왕이 크게 애도하며 명주(견絹) 300필·포 500단段 등과 함께 미米·맥麥을 각각 1,000석씩 내려주었으나 아들인 최유부崔有孚가 부친의 유명이라며 고사固辭하고 받지 않은 사례가 보이며,[197] 덕종德宗 6년(1040)에 형부상서·판어사대사인 이주좌李周佐가 졸거하자 미·맥米麥 400석을 사여하고 있고[198] 문종 원년(1047)에는 평장사인 황보영黃甫潁이 졸거하자 미 100석·포 400필과 함께 맥 50석 등을 내려주고 있기도 한 것이다.[199]

보리의 사여가 부의賻儀와 같은 행사에 치우쳐 있고 또 주로 고려전기 가운데서도 이른 시기에 있다는 부분은 앞으로 좀더 검토가 필요할 것 같다. 그러나 어떻든 보리는 거듭 말하지만 미米·속粟과 더불어 녹봉곡祿俸穀의 일부를 담당할만큼 위상이 높았을 뿐 아니라 특히 민인民人들이 식량상의 어려운 고비에 처했을 때 중요한 몫을 하는 등 고려시기 사람들의 식생활에 있어 매우 중요한 곡물의 하나였음은 틀림이 없다고 생각된다.

---

195) 『고려사』권 4, 世家·『고려사절요』권 3, 顯宗 7년 春正月.
196) 『고려사』권 4, 世家 顯宗 10년 3월.
197) 『고려사』권 64, 志 18, 禮 6, 凶禮 諸臣喪·『고려사절요』권 3, 顯宗 15년 6월·『고려사』권 93, 列傳 6, 崔沆傳.
198) 『고려사』권 94, 열전 7, 李周佐傳.
199) 『고려사』권 64, 志 18, 禮 6, 凶禮 諸臣喪 文宗 元年 10월.

(5) 콩(두豆·대두大豆·숙菽)과 팥(소두小豆)

고려시대 사람들의 식생활에 비중이 작지 않은 또다른 곡물의 하나로 콩이 있었다. 이것은 통상적으로 두豆 또는 대두大豆·숙菽으로 표기하였는데, 동일한 두류인 팥을 소두小豆라 하여 함께 취급되기도 하였다. 예컨대 문종 7년(1053)에 수도인 개경과 지방 각처에서 사용하는 곡斛의 길이·너비·높이의 규격을 정함에 즈음하여 미(쌀)를 되는 곡의 경우 각각 1척尺 2촌寸으로 하고 있는데 비해 대두大豆(태두太豆;콩)와 소두小豆(팥)를 되는 곡은 각각 1척尺 9푼分으로 하고 있는 경우를[200] 들 수 있다. 이 이외에 소두에 대해서는 이미 소개한 바와 같이, 「우왕 8년(1392) 2월 계해일에 곡식이 비처럼 쏟아졌는데 검은 기장(흑서黑黍)·팥(소두小豆)·모밀(교맥蕎麥)과 비슷하였다」고한 데서 찾아지지마는[201] 그 사례가 그리 흔하지는 않다.

하지만 콩(두·대두·숙)은 중요한 곡물의 하나인 그의 위상 만큼이나 여러 곳에서 관련 기록들을 대할 수 있다. 「공민왕 15년(1366) 8월 정묘일에 서리가 내려서 콩(숙菽)을 죽였다」거나[202] 같은 왕 「17년(1368) 윤7월 임술일에 서리가 내려 콩(숙菽)을 죽였다」고 한 것에서[203] 그것의 재배가 활발했음을 짐작해볼 수 있지 않을까 싶다. 그리고 여말에 이집李集이 가을인 9월에 갑자기 내린 눈을 보고, 「금년 들어 서리와 눈 어찌 그리 빠른고, 지금까지도 보리 파종 마치지 못하였고, 콩(숙菽)과 조(속粟)가 밭두둑에 가득한데 어느 겨를에 다 거두겠는가」라고

---

200)『고려사』권 84, 志 38, 刑法 1, 職制 文宗 7년 위.
201) ⑦-⑬, 20쪽·주 37), 20쪽.
202)『고려사』권 53, 志 7, 五行 1, 水行.
203)『고려사』권 53, 志 7, 五行 1, 水行·같은 책 권 41, 世家 恭愍王 17년 윤7월.

읊고 있는 시詩는204) 그 구체적인 모습을 잘 보여준다.

다음으로 콩을 직접 식용으로 쓰고 있는 사례로는, 왕건이 궁예 휘하에 있을 때 군사 3,000을 거느리고 후백제의 나주를 공격하러 나서게 되는데 당시 그곳은 기근이 들어서 「수자리 사는 군사들 모두가 콩이 반이나 섞인 식사(반숙半菽)를 하는 처지에 있는 것을 태조(왕건)가 정성껏 구휼하여 그 덕택에 전체가 살게 되었다」는 기록에서205) 살필 수 있다. 그리고 충렬왕 때의 청렴결백한 신료 윤해尹諧는 「집안이 가난하여 범벅 죽으로도 제대로 잇지 못하고 콩을 다려서(전두煎豆) 겨우 굶주림을 면할 뿐이었다」고 한206) 데서도 그 일면을 엿볼 수 있을 것 같다. 더구나 여기서 우리는 콩이 구황식량으로서의 의미를 지니고 있었던 듯싶은 생각도 하게 되거니와, 기록에 콩죽(두죽豆粥) 이야기가 심심찮게 눈에 띄는게207) 또한 이와 관련이 없지 않을 것 같다.

콩이라 하면 또 하나 쉽사리 머리에 떠오르는 식품으로 두부豆腐를 들 수 있겠는데, 오늘날까지도 그러하지만 고려시기에 역시 중시하는 먹거리의 하나였음이 확인된다. 이 또한 목은牧隱이 그의 시고詩藁에서 「대사구두부래향大舍求豆腐來餉」이라는 시詩를 남기고 있어 당대의 상황을 짐작하는데 도움을 받을 수 있다. 그 내용은

㉮-㊽ 나물국 오랫동안 먹어 맛을 못 느껴
　　　두부가 새로운 맛을 돋구어 주네(두부절방신豆腐截肪新)
　　　이(치齒) 없는 이 먹기 좋고

---

204) ㉮-㊶, 52쪽. 주 146), 53쪽에 이미 한번 소개한바 있다.
205) 『고려사』 권 1, 世家, 태조 총서, 건화 4년.
206) 『고려사』 권 106, 列傳 19, 尹諧傳·『高麗墓誌銘集成』 576쪽 尹澤墓誌銘.
207) 『牧隱集』, 「牧隱詩藁」 권 20 「豆粥」·권 24 「豆粥」·권 27 「冬至豆粥」·권33 「初八日 冬至也, 韓漬城送豆粥」.

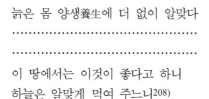

라고 읊고 있는 것이다. 『목은집牧隱集』에는 이 이외에도 「길창부곡성
시중래방 색승초여석 인기승사吉昌符曲城侍中來訪 穡承招與席 因記勝
事」[209] 등의 몇몇 시詩에서 두부豆腐에 대해 더 언급되고 있기도 하다.

콩이 쌀·조·보리에 미치지는 못했다 하더라도 중요 곡물의 하나임
에는 틀림이 없었으므로 저들과 유사하게 정치적·사회경제적인 측면
에서 일정한 기능을 담당하고 있었다. 한 예에 지나지 않지만 우왕 2
년(1376)에 마련되는 납속보관제納粟補官制에 보면 백신白身(무직자)
에서 오위伍尉에 보임받고자 하면 미米 10석과 함께 두豆 5석을 내도
록 하고, 검교檢校에서 8품에 보임받고자 하면 미 10석과 두 15석, 8품
에서 7품을 보임받고자 하면 미·두 각각 15석, 7품에서 6품을 보임받
고자 하면 미·두를 각각 20석씩 내도록 정하고 있다.[210] 콩이 쌀처럼
화폐의 구실을 담당하고 있는 것이다.

그런가하면 충목왕 4년(1348)에는 재추들이 상의하여 태사부太史府
창고의 미米 30석과 황두黃豆 50석 등을 진제색賑濟色에 지급하도록
청하고 있다.[211] 기근 등의 어려운 상황에 대처하기 위함이겠다. 한편

---

208) 『牧隱集』, 「牧隱詩藁」 권 33 「大舍求豆腐來餉」. 이 부분은 李聖雨 저, 『高麗以前의
   韓國食生活史研究』, 鄕文社, 1978, 397쪽에 소개된바 있다.
209) 『牧隱集』, 「牧隱詩藁」 권 9.
210) 『고려사』 권 80, 志 34, 食貨 3, 賑恤 納粟補官之制 辛禑 2년 12월.
211) 『고려사』 권 80, 志 34, 食貨 3, 賑恤 水旱疫癘賑貸之制 忠穆王 4년 3월.

우왕 4년(1378)에는 헌사憲司에서 상소하여, 여러 도道의 관청 창고에
저장된 미·두를 빈민들에게 다량 꾸어주었는데 그에 대한 이자가 없는
것을 틈타 여러 해 동안 납부하지 않고 있음을 논하고도 있다.[212] 평상
시에 어려운 빈민을 위해 국가 창고에 저장되어 있는 쌀과 콩을 이자
없이 다량 꾸어주기도 했던 것을 알 수 있다.

  이것들은 다시 말해서 다수의 민인民人들을 위한 국가의 정책적 차
원에 따른 조처였다고 할 수 있을 것 같거니와, 나라와 국왕에게 보탬
이 되거나 충성을 다한 인원들에게도 콩이 사여되고 있는 것이다. 차
라대가 지휘하는 몽고군이 침입하였을 때 섬(강화도)에 둔전屯田을 두
고 일면 경작, 일면 수비하는 전술을 펴는 것이 상책이라는 윤춘尹椿
의 건의를 타당하다고 받아들인 당시의 무신武臣 집정執政이던 최항
崔沆이 그에게 집 한 채, 미米 200곡穀과 함께 두豆 100곡을 급여하고
있는 것이[213] 그 한 사례이겠다. 그후 공민왕 때는 원나라에 의지하여
고려의 왕위를 빼앗으려 하던 덕흥군이 자기 편에 들도록 여러 모로
달램에도 불구하고 끝까지 절의를 지킨 이자송李子松과 홍순洪淳 등
에게 미·두를 각각 30석씩 내리고 있기도 하다.[214] 또 상황이 조금 다르
긴 하지만 고려의 사직을 끝까지 지키려다가 죽음을 당한 명장 최영崔
瑩에게도 도당都堂에서 미·두 150석을 부의로 내놓고 있으며,[215] 여말
의 정쟁에서 밀려나 일시 귀양을 갔던 정도전이 정몽주가 죽임을 당한
후 소환되어 오자 그에게 미·두 100석을 지급하고 있는 기사도[216] 눈에

---

212)『고려사』권 79, 志 33, 食貨 2, 借貸 辛禑 4년 12월.
213)『고려사』권 130, 列傳 43, 叛逆 4, 韓洪甫傳.
214)『고려사』권 111, 列傳 24, 李子松傳.
215)『고려사절요』권 33, 禑王 14년(昌王 즉위) 12월.
216)『고려사』권 119, 列傳 32, 鄭道傳傳.

띈다.

한편 이들과 성격이 좀 다른 경우 역시 얼마간 찾아진다. 광종이 개혁정책을 단행하면서 여러 사람들을 숙청한 사실에 대해 심적인 부담을 느껴 죄업罪業을 씻는다는 재회齋會를 열고 병이餠餌·미두米豆·시탄柴炭 등을 수도(개경)와 지방의 여러 도로에서 베풀고 있는 것을 통해[217] 일면을 엿볼 수 있다. 또 공민왕은 원나라에서 돌아온 장자온張子溫이, 일시 부정했던 원나라가 다시 왕의 복위를 명했다고 아뢰자 크게 기뻐하면서 그에게 구마廏馬·금대金帶 등과 함께 미·두 50석을 내리고 있고,[218] 우왕은 어린 자기를 정성을 다해 보살펴온 유모 장씨張氏에게 미·두 60석을 사여하고 있거니와[219] 공적인 측면과는 좀 거리가 느껴지는 사례들이다. 그리고 재임시에 간언諫言을 서슴치 않았던 이조년李兆年의 동생 연경延慶을 만난 충혜왕이 「그대 형이 나를 욕하였다」고 하자 연경이 「노망하여 그랬습니다」 라고 답변함에 왕이 기뻐하며 미·두 50석을 사여하였다는 경우와[220] 역시 충혜왕이 배우자와 사별한 황씨黃氏를 사간私奸하고 그에게 저포苧布 등과 함께 미·두를 각각 100석씩 하사한 경우[221] 등은 거기에서 한 걸음 더 벗어난 사례들이겠다.

일면, 이같은 콩(두)의 하사·사여와는 반대로 그것을 따로이 거두어 들이는 일도 있었다. 공민왕은 세금이 제대로 걷히지 않자 무단미無端米라는 명칭을 붙여 민인民人들에게 중세하였는데, 대호大戶는 미·두

---

217) 『고려사』 권 2, 世家 光宗 19년·같은 책 권 93, 열전 6, 崔承老傳·『고려사절요』
    권 2, 光宗 19년 夏5月·같은 책 권 2, 成宗 元年 6월.
218) 『고려사』 권 40, 世家 공민왕 13년 9월.
219) 『고려사』 권 133, 列傳 46, 禑王 3년 11월.
220) 『고려사』 권 109, 列傳 22, 李兆年傳·『고려사절요』 권 25, 忠惠王 後2年 12월.
221) 『고려사』 권 106, 列傳 19, 洪奎 附 洪戎傳·『고려사절요』 권 25, 忠惠 後卽位年 5월.

각각 1석, 중호中戶는 미·두 각각 10두斗, 소호小戶는 미·두 각각 5두斗 씩을 내도록 함으로써 백성들이 무척 괴로워하였다고 한다.[222] 이에 앞서 충렬왕 3년(1277)에는 방을 붙여서, 제왕(諸王; 여러 왕씨들)과 백관百官들로부터 서민에 이르는 모두에게 차등을 두고 미·두를 내도록하여 (홍)다구洪茶丘의 군대와 말의 식량에 충당케 하고 있으며,[223] 같은 왕 4년 2월에도 제왕諸王으로부터 권무관權務官에 이르는 인원들에게 추두蒭豆(꼴과 콩)를 내도록하여 흔도忻都와 (홍)다구의 군대 및 말에게 지급케하고 있기도 하다.[224] 이들 가운데 후자에 해당하는 사례들은 원나라 간섭하의 어려운 시기의 일인데다가 특히 여원연합군의 일본 원정과도 연관을 가지고 있다는 점에서 살펴보면 좀더 쉽사리 이해가 될 것 같다.

이상에서 콩을 대여하거나 하사·사여 등을 통해 그것들이 쓰이는 사례와 상황들을 대략 찾아 보았는데 그 과정에서 우리들은 한 가지 특징적인 점을 발견할 수 있다. 그것은 다름이 아니라 콩의 대여·하사·사여 때에는 한·두 차례의 예외가 있긴 하지만 대부분의 경우 쌀(미)과 함께 묶여서 조처가 이루어지고 있다는 것이다. 어떤 연유에서 그러 하였을까, 혹 콩이 쌀과 밀접하게 연결되어 쓰이는 일이 많았던 때문은 아닐까. 물론 두부의 예에서 보듯이 콩이 독자적인 식품으로 기능하는 일도 많았을 것이다. 그러면서도 한편으로는 다른 곡물보다도 쌀과 더욱 밀접한 관계를 가지고 이용되었던게 아닐까 추측해 본다.

콩은 이같은 측면 이외에 말·소의 사료로서 한 몫을 하여 눈길을 끌

---

222) 『고려사』 권 79, 志 33, 食貨 2, 科斂 恭愍王 11년 9월.『고려사절요』 권 27, 恭愍王 11년 9월.
223) 『고려사』 권 79, 志 33, 食貨 2, 貨幣 市估, 忠烈王 3년 2월.
224) 『고려사』 권 79, 志 33, 食貨 2, 科斂 忠烈王 4년 2월.

기도 한다. 그점은『고려사』권 82, 지志 36, 병兵 2의 마정조馬政條를 통해 이것들에게 실두實豆(껍데기를 벗긴 알맹이 콩) 또는 말두末豆 (쪼갠 콩 및 부수러기 콩) 등이 제공되고 있음을 알 수 있거니와,[225] 고려시대 사람들은 이와 같은 과정을 원용하여 소와 말을 직·간접으로 이용했던 것이라 하겠다. 콩 역시 여러 방면으로 두루 쓰이는 요긴한 곡물의 하나였다.

(6) 기장(서黍)과 피(패稗·직稷)

기장과 피도 고려시대 사람들이 두루 이용하던 곡물의 하나였지마는, 중국의 전통에 영향을 받아 제례에 올리는 대표적 물품의 일부로써 기능하여 또다른 특징을 지닌 곡물이기도 하였다.[226] 이중 후자의 모습을 보여주는 사례는『고려사』의 예지禮志에서 여럿을 찾아볼 수 있는데 길례대사吉禮大祀인 환구圜丘 친사의親祀儀 진설陳設에, 「상제上帝에게는 보簠와 궤簋 각각 둘을 앞에 차린다. 보에는 벼(도稻)와 조(량粱)를 담아 왼편에 두되 조를 벼 앞에 놓는다. 궤에는 기장(서黍)과 피(직稷)를 담아 오른편에 두되 피를 기장 앞에 놓는다」고 한 것이[227] 그 하나이다. 이 기사는 앞서 한번 소개한 바도 있거니와(㉮-⑪, 20쪽) 이와 동일한 기록이『고려사』권 59, 지志 13, 예禮 1, 길례대사 吉禮大祀 사직社稷 전옥백奠玉帛과『고려사』권 60, 지 14, 예 2, 길례

---

225) 실두나 말두 등에 대해서는 이기백·김용선 지음,『고려사 병지 역주』, 일조각, 2011, 294~299쪽 참조.
226) 윤성재, 주 24)의 글 29쪽.
227)『고려사』권 59, 志 13, 禮 1, 吉禮大祀, 圜丘 親祀儀 陳設.

대사 태묘太廟 체협친향의禘祫親享儀, 신관晨祼, 그리고『고려사』권 62, 지 16, 예 4, 길례중사吉禮中祀, 적전籍田, 친향의親享儀, 진설 등 등에 실려 있다. 뿐만 아니라 기장·피는 개인의 축문에서도 언급되기 일쑤여서, 정포鄭誧가 글에서「생뢰牲牢가 매우 크고, 기장과 피(서직黍稷)가 향기롭습니다. 때를 따라 제사를 거행하노니」라고 했거나[228]「벼와 조(도량稻粱), 기장과 피(서직黍稷)를 감히 먼저 맛볼 수 없어, 마름과 다북 쑥을 (함께) 바치어 효성스럽게 제사를 드리오니」라고 한[229] 것에서도 그같은 일면을 살필 수 있다.

제물로써의 기장(서黍)과 피(직稷)가 지니는 기능은 이로써 대략 납득할 수가 있다고 해도 좋을듯 싶은데, 다만 그 하나인 피(직稷)의 경우 기능이 아니라 표기의 측면에서는 얼마의 설명이 더 필요하다. 동일한『고려사』내에서만 하더라도 피가 직(稷)과 더불어 패(稗)로도 드러나 있기 때문이다. 문종 7년(1053)에 개경과 지방 각처에서 사용할 곡斛의 길이와 너비·높이의 규격을 정할 때에 피(패稗)·조租를 되는 곡의 규격도 따로이 마련하고 있는데 이때의 피를 위의 사례들에서와는 달리 직稷이 아닌 패稗로 표기하고 있는게[230] 그 한 경우이다. 뿐 아니라 의종 13년(1159)에는 전목사典牧司의 건의에 따라 각 목감장牧監場에서 기르는 여러 종류의 말과 계절에 따른 사료에 대하여 규정을 정하고 있지마는 이때에 제공되는 각각의 피들도 하나같이 패稗로 기록되어 있는 것이다.[231] 피를 뜻하는 글자로 직稷과 패稗가 아울러 사용되었던 것 같다.

---

228)『東文選』, 권 110, 祝文「秋享太廟祝」.
229)『東文選』, 권 110, 祝文「寢園薦黍稷粱米祝」.
230)『고려사』권 84, 志 38, 刑法 1, 職制 文宗 7년 判.
231)『고려사』권 82, 志 36, 兵 2, 馬政 毅宗 13년.

『역옹패설櫟翁稗說』의 저자인 이제현李齊賢은 그 서문에서 「패稗자에 비卑를 붙인 것은(패지종비稗之從卑) 역시 소리를 따른 것인데, 그것을 뜻으로 살펴보면 피(패稗)는 곡식(화禾) 중에 비천한 것이기 때문이다. 내가 젊어서는 글 읽을 줄 알았으나 장성하면서 그 배움을 폐지하였다. 지금은 늙었는데도 오히려 잡문雜文 쓰기를 좋아하여 그 부실한 것이 비천한게 마치 피(패稗)와 같다. 그러므로 그 기록한 것들을 패설稗說이라 하였다」고 기록하고 있다.232) 그는 나이가 들어 쓴 글들을 마치 피(패稗)가 곡식(화禾) 중에서 비천한 것처럼 별다른 가치가 없다고 말하고 있는 것이다. 또 조선후기의 정약용은 밭에 심을 수 있는 좋은 곡식류를 열거하는 가운데 열세 번째로 한피(한패旱稗)를 들면서, 밭에 심는 것으로 그 열매는 기장 같은데, 우리나라 사람은 잘못 직稷이라 부르며, 방언에서는 피稗라 하지만 좋은 곡식이다 라고 했다는 내용도 알려져 있다.233) 이로써 우리들은 피가 직稷 또는 패稗로 동시에 표기되었던 내막을 대략 짐작할 수 있을 것 같거니와, 동시에 정약용이 피를 '좋은 곡식'으로 평하였다는 기록에도 불구하고 곡물 중에서는 하급에 속했음을 파악할 수 있지 않나 싶다. 특히 이 후자 부분에 대해서는 실제 사례를 통해서도 확인이 가능하거니와, 선종연간에 가뭄으로 인해 몹시 어려운 처지에 놓인 곳에 부임한 지방관이 땅에 불을 놓아 잡초를 태우게하고는 그곳에 보리와 벼를 심어 무르익게 되었으나(맥화등숙麥禾登熟) 피(패稗) 역시 있었음에도 제대로 자라지 못하였다(유패부종有稗不種)고 한데서234) 쌀·보리와 피 사이의 간격을 찾아볼 수 있는 것이다. 또 이달충李達衷이 산촌山村의 초가집에서

---

232) 『櫟翁稗說』前集 一.

233) 이 내용이 윤성재, 주 24)의 글 31쪽에 실려 있다.

234) 김용선 편, 『高麗墓誌銘集成』 35쪽 「鄭穆墓誌銘」.

불우하게 지내면서 「보리에 피(패稗)를 섞어 밥을 지어 먹은」 것에서235) 식생활상의 어려움을 쉽사리 이해할 수 있을 것 같다. 더구나 이색 같은 이도 앞서 제시한바 있듯이(㉮-⑭, 20쪽) 「농상집요후서農桑輯要後序」에서 「고려의 풍속은……메벼(갱도秔稻)를 중하게 여기고 기장(서黍)과 피(직稷)는 가벼이 여긴다」고236) 언급하고 있어 피가 당시 사람들의 식용으로서는 그다지 중시되는 위치에 있지 않았음을 거듭 확인할 수가 있다.

한데 이색의 이 언급은 기장도 피와 유사한 위치에 있었던 듯이 이해하기 쉽게 되어 있으나 실 내용은 그렇지 아니한 일면도 있었음을 염두에 두어야 할 것 같다. 즉, 기장은 비록 미·속·맥 등과 비교할 때 그 위상이 좀 떨어진다고 할 수 있겠으나 하나의 곡물로서 그 나름의 중요성을 띄고 있었던 것이다. 지금까지의 각종 곡물에 대해 살펴오는 동안 기장이 제물로서 점하고 있던 높은 위치를 제외하더라도 그것이 각종 사항과 함께 자주 언급되고 있는 내용을 보면 이는 짐작이 가는 일이다. 사신史臣 권경중이 "소와 말을 벼와 기장 밭에 놓아 두고……뜯어먹는 것을 금하고자 한들 그것이 되겠는가" 라고 말하고 있는 것을[㉮-②, 13쪽·주 3), 13쪽] 비롯하여, 이제현이 「참새는 어디에서 왔다가 어디로 날아가는가……전답속의 벼와 기장을 다 먹어 없애네」 라고 지은 노래의 가사[㉮-③, 14쪽·주 4), 14쪽] 및 정도전이 유배지에 머물 때의 주변 상황으로 「벼와 기장 모두 무성도 하여 농사 일도 멀지 않아 끝이 나겠네」라고 적어놓은 글[㉮-②, 13쪽·주 5), 14쪽]과, 송나라 사람 서긍이 『고려도경』에 「고려의 토지는 메조(황량黃粱)·검은

---

235) 『東文選』, 권 11, 五言排律 「山村雜詠」.
236) 李穡, 『牧隱文藁』 권 9, 序 「農桑輯要後序」, 『동문선』 권 87, 序.

기장(흑서黑黍)……을 재배하는데 알맞다」고 기술해 놓고 있는 것[㉮-
⑫, 20쪽·주 36), 20쪽], 그리고 『고려사』와 『고려사절요』에 「곡식이 비
처럼 쏟아졌는데 검은 기장(흑서黑黍)·팥(소두小豆)……과 비슷하였
다」고 전하는 것[㉮-⑬, 20쪽·주 37), 20쪽] 등등이 그같은 점을 말해주
고 있는 것이다.

　이들 이외에도 기장이 재배나 식용과 관계된 기록은 얼마가 더 찾아
진다. 「성종 11년(992) 9월, 등주에 벼 이삭의 길이가 7촌寸, 기장 이삭
(서수黍穗)의 길이가 1척尺 4촌寸이나 되는게 나왔다」고 한 것[237]
그 하나이다. 그리고 왜적倭賊들이 울주에 쳐들어와 머물면서 벼와 기
장(도서稻黍)을 베어다가 식량으로 삼았다는 기사도[238] 보인다.

　이어지는 다음의 기록들은 기장이 식용으로 사용되는 상황을 전해
준다. 의종과 명종조에 활동한 『서하집』의 저자 임춘林椿은 「김선金璿
을 이별하며」 라는 시詩에서

　　㉮-㊾ 푸른 물결 몇 리里나 될까
　　　　아침에 출발하면 저물어야 강성江城에 닿겠지
　　　　이 가약 저버리지 말게나
　　　　닭과 기장 삶아 놓고 기다리겠네(계서오방팽鷄黍吾方烹)[239]

라고 읊고 있으며, 그 얼마 뒤인 무신정권기에 여러 방면에서 커다란
역할을 담당했던 이규보도 「6월 11일 황려黃驪를 떠나 상주尙州로 향
하면서 근곡촌根谷村(내 농토가 있는 곳)에서 자다」 라는 시에서

---

237) 『고려사』 권 55, 志 9, 五行 3, 祥瑞·『고려사절요』 권 2, 成宗 11년 9월.
238) 『고려사절요』 권 31, 禑王 5년 秋7月.
239) 『西河集』 권 2, 古律詩 「留別金璿」.

⑭-⑮ 산에 들어가니 숲 우거져 처음에는 길 몰랐는데
　　　마을 사람들 고개 넘어 서로 맞아주네
　　　……………………………………

　　　전가田家의 주인 장기에 모발이 노란데
　　　반가히 맞이하여 닭 잡고 기장 밥 해주네(구계서具鷄黍)[240]

라고 읊고 있는가 하면,「성황조聖皇朝가 태묘太廟에 향사享祀한데 대
한 송」에서는

⑭-⑮ 내 농사 내가 지어
　　　기장도 있고 벼도 있네(유서유도有黍有稌)
　　　누에를 쳐서 고치를 켜고
　　　………………………………………

　　　추위가 오거든 이것으로 옷해 입고
　　　주리거든 이것으로 밥해 먹으리[241]

라고 하여, 기장 밥에 닭죽, 또는 기장과 쌀로 지은 밥에 대해 언급하
고들 있는 것이다. 기장 역시 식 생활에 꽤 많이 이용되는 곡물의 하나
였다고 이해해도 좋을 것 같다.

---

240)『東國李相國集』권 6, 古律詩「六月十一日發黃驪 將向尙州出 宿根谷村(予田所在)」.
241)『東國李相國集』권 19, 雜著「聖皇朝享太廟頌幷序」.

3

고려시대 사람들의
고기 식품(육식[肉食])

(1) 고기 식품(육식肉食)의 분류

고기 식품, 즉 육식肉食이라 하면 그 범위가 좀 넓을 수가 있다. 거기에는 우리들이 쉽사리 생각할 수 있는 소고기·돼지고기 등 뿐 아니라 수산물에서 얻어지는 고기도 식품의 하나로써 포함됨에 틀림이 없기 때문이다. 그런데 사서史書 등의 기록들을 찾아보면 물고기의 경우는 거의 모두가 물고기 자체의 명칭이나 어魚·漁 또는 어육魚肉·어포魚脯·건어乾魚 등으로 표기되어 있어 그 실체를 어렵지 않게 파악할 수 있다. 하지만 한편으로는 이와 달리 육식肉食·식육食肉·육선肉膳 등으로만 표기된 기록이 위의 경우와는 비교가 되지 않을 정도로 다수가 눈에 띄는데, 여기에서 이곳의 육肉(고기)이 어떤 종류의 고기를 뜻했느냐 하는 문제가 제기될 수 있다. 종래의 연구자들은 연결되어 있는 기록과 상황 등을 검토하여 그것은 땅 위에 생존하는 동물들을 통해 얻을 수 있는 식품으로서의 고기를 의미한 것으로 파악하고들 있는 듯 싶거니와[1] 올바른 판단으로 이해된다.

이와 같이 고려시기의 고기 식품은 크게 보면 두 부류로 나뉘어져 있었다고 하겠는데 그 가운데에서 한층 더 큰 비중을 차지하는 것은

---

1) 李聖雨, 「高麗時代의 食生活史」 『高麗以前의 韓國食生活史研究』, 鄕文社, 1978.
   윤서석, 「식생활 구조의 확대기」 『우리나라 식생활 문화의 역사』, 신광출판사, 2001.
   尹瑞石, 「식생활-고기음식과 우유」 『한국사 21-고려 후기의 사상과 문화』, 국사편찬위원회, 1996.
   윤성재, 「육류肉類의 종류와 소비」 『숙명여대 박사학위논문』, 2009.

식육·육식 등으로 불리운 육지에 생존하는 동물들에서 얻는 식품들이
었다. 그리고 그들은 다시 사람들이 사육한 가축에서 얻는 것과 사냥
을 통하여 잡은 야생의 짐승들에서 얻는 것 등 두 종류로 나누어 볼
수가 있다. 우리들은 여말의 학자요 정치가인 목은 이색李穡(1328~
1396)이 쓴『농상집요후서農桑輯要後序』에서 그에 관한 좋은 설명을
들을 수 있다. 그 내용중에 우리가 지금 살피고 있는 식육·육식과 관
련이 많은 부분을 중심으로 뽑아 소개해 보면 다음과 같다.

　　㉯-① 고려의 풍속이 졸拙하고 어질다.……갱도秔稻(메벼)를 중히 여
　　　기고 기장이나 피(직稷)는 가볍게 여긴다.……
　　　　초상이나 제사에는 소식素食을 하고 고기(육肉)를 먹지 않으
　　　나, 연회燕會 때인즉 소를 잡고(추우槌牛) 말을 죽이며(살마殺
　　　馬) 야생의 동물動物로 만족을 취한다.
　　　………………………………
　　　　풍성하면서도 사치한데 이르지 않고 검소하면서도 누추한데
　　　이르지 않으며 인의仁義에 근본하여 도수度數를 만든 것은 성
　　　인聖人이 갖춰야 할 제도로서 인사의 아름다움이 된다. (한데)
　　　5계 2체(五鷄二彘 5마리 닭과 2마리 돼지)는 사람에게 사육만
　　　받으면서도 쓸데가 없는데 차마 이것을 죽이려 하지 않는다.
　　　(반면에) 소와 말은 인력人力을 대신하여 밭가는 수고로움이
　　　있고 혹 사지가 부러지고 목숨까지도 빼앗기는 수가 있지만 이
　　　것을 감히 무자비하게 죽이면서, 우리속에 가둔 짐승은 이것을
　　　감히 잡지 않는다.
　　　　그 경중을 알지 못하고 의리를 해롭히며 법도를 무너뜨려 그
　　　본심을 잃는 것이 이와 같으니, 이 어찌 백성의 죄이겠는가. 나
　　　는 이것을 깊이 슬퍼하는 바이다.2)

2)『牧隱文藁』권 9, 序·『東文選』권 87, 序「農桑輯要後序」.

이색은 곡물에 이어서 고려시기의 육식肉食 상황에 대해 언급하고 있지마는, 요점인즉 초상이 낫거나 제사를 지낼 때는 간소한 식음만으로 행하여 고기를 먹지 않았으나, 연회를 열었을 때에는 그와 달리 가장 중시하는 가축인 소와 말을 잡아서 사용하는가 하면, 야생의 동물 고기들까지 이용하여 만족할만한 행사를 치렀다고 전하고 있다. 결국 일상 생활에서는 고기 식품이 많이 이용되었다는 이야기이겠다. 그러면서 하필이면 농부들을 대신하여 밭가는 수고로움을 담당하는 소와 혹 전마戰馬들처럼 사지가 부러지거나 목숨을 빼앗길 수도 있으면서 전투에 임하는 말은 무자비하게 죽이면서, 하는 일 없이 사람들에게 사육만 받으며 지내는 닭이나 돼지를 감히 잡지 못하는 것은 무언가 잘못된, 본심을 잃은 처사라는 비판을 가하고도 있다.

이와 같은 이색의 주장을 전적으로 받아들이는 데는 다소 주저되는 부분도 없지 않다. 우선 이 글이 고려전기에 비해 육식 자체가 많이 진전되는 후·말기의 상황과를 어느 정도 고려에 넣은 것일까 하는 점과, 또 소와 말을 동일한 위치에 놓고 보거나, 소·말과 닭·돼지를 동물 그 자체의 성격에 따른 부분을 좀 도외시 함으로써 말미암은게 아닐까 하는 점에서이다. 하지만 그런 가운데서도 육식에 대해 합리적이면서 명료하게 분류했을 뿐아니라 그 내용의 중심을 이루는 구체적인 동물들까지 제시하여 우리들의 이해에 많은 도움을 주고 있다.

이 부분과 관련하여 고려를 다녀간 외국인인 서긍徐兢은

⑭-② 고려는 산을 의지하고 바다를 굽어보는데……소(우牛)·양羊을 기르는데 알맞으며 다양한 해산물(해물海物)이 좋다.3)

---

3) 『高麗圖經』 권 23, 雜俗 2, 土産.

고 기술해 놓고 있다. 동물 가운데에서는 소와 함께 자기네에게 좀더 익숙해 있는 양을 지목하고 있으며, 아울러 해산물에 대해서도 언급하고 있는 것이다. 하지만 이중 후자는 수산물 고기에 해당하므로 뒤에 따로이 살펴보는게 옳을 것 같고, 이번 대목에서는 위에서 논급된바 육식의 제공과 관련되어 있는 소·말과 돼지·닭 및 양羊과 개(견犬·구狗)를 비롯하여 각종 기록에서 찾아지는 이외의 동물들까지를 대상으로 삼아 좀더 자세하게 알아보는게 좋을 듯싶으므로 그 순서에 따르기로 한다.

(2) 소(우牛)와 말(마馬)

소와 말은 고려시대는 말할 것 없고 그 전후 사회에서도 당대인들이 생활을 영위하여가는 것과 밀접하게 연결되어 있는 가축 동물들이었다. 여말의 정치가인 이색은 그중 특히 소가 농부들을 대신하여 밭을 가는 어려운 일을 담당하고 있다는 점을 높이 평가하면서, 그럼에도 연회 때 등에 잡아서 그 고기를 식품으로 사용하는 것은 경중을 알지 못하는, 본심을 잃은 처사라고 비판하고 있다 함은(㉯-①, 80쪽) 위에서 소개한 바와 같다. 한데 유사한 견해는 그보다 훨씬 시기가 앞선 무신정권기에 크게 활동하는 이규보(1168~1241)에게서도 들을 수 있다. 즉 그는 「쇠고기를 끊다(단우육斷牛肉)」라는 시詩를 지으면서 먼저 병서幷序에서

㉯-③ 내가 왕년에 5신五辛을 끊고 나서 시詩 한 수를 지은 일이 있는데, 그 때에 아울러 쇠고기도 끊었으나(단우육斷牛肉) 그러나

마음으로만 끊었을 뿐이고 마침 눈으로 고기를 보고서는 즉시
안 먹을 수 없었기 때문에 그 시詩에서는 아울러 언급하지 못했
으나, 지금 그 고기를 보고도 먹지 않고 나서야 시詩로서 서술
한다.

라고 설명을 하고는

소는 능히 큰 밭을 갈아서
많은 곡식을 가꾸어 낸다네
곡식이 없으면 사람이 어떻게 살랴
사람의 목숨이 여기에 달렸다네

게다가 무거운 짐까지 운반하여
모자란 인력人力을 보충해 주느나
하지만 비록 이름이 소(우牛)라 하여
천한 가축으로 보아서는 안되네

어찌 차마 그 고기(육肉)를 먹어서
야자椰子의 배를 채우랴
가소롭다 두릉옹杜陵翁(두보杜甫)이
죽는 날 쇠고기(우육牛肉)를 배불리 먹었던 것이4)

라고 읊고 있다. 이 글은 다음의 세 가지를 우리에게 말해주고 있다고
이해된다. 하나는 그간 먹어온 쇠고기를 이제는 끊어야겠다고 마음 먹
고서도 정작 그 고기를 직접 대하고서는 안 먹을 수가 없었다. 둘째는,
그런데 소는 밭을 갈아 곡식을 가꾸어 냄으로써 우리가 생명을 유지해
갈 수 있도록 해주며, 또 무거운 물품을 운반하는데도 인력人力을 크

---

4)『東國李相國後集』권 6, 古律詩「斷牛肉」.

게 도와주는 만큼 천한 가축으로만 보아서는 안된다. 셋째로, 우리는
그러므로 그 고기를 먹어서 배를 채우는 파렴치한 행위를 하지 않아야
한다고 설득하고 있는 것이다.

그로부터 얼마의 시기가 지난 충렬왕 22년(1296) 5월에 수상에 해당
하는 중찬中贊 지위에 있는 홍자번洪子藩이 백성들을 편리하게 해 줄
방도를 조목별로 올리는 가운데에서,

> ㈏-④ 소(우牛)는 밭을 갈고, 말(마馬)은 (사람이) 타고 (짐을) 싣는 것
> 으로 민생民生에서 매우 긴요한 것입니다. (한데) 근래에 장사
> 꾼들이 소·말을 많이 끌고 국경 밖으로 나가고 있으며, 또 주현
> 으로 하여금 말을 내어 국신國贐에 쓰게 하고 있으니 금지하지
> 않을 수 없습니다.5)

라고 하여, 역시 백성들이 농사를 짓거나 출타를 하고 짐을 운반하는
데 긴요하게 쓰이는 소·말이 장사꾼 등에 의하여 다른 나라로 나가는
것을 막아야 한다고 왕에게 건의하고 있다. 그리고 여말인 공양왕 원
년(1389) 12월에 조준趙浚 등이 상소하는 가운데에도,

> ㈏-⑤ 먹는 것은 백성들에게 제일 소중한 것인데, 곡식은 소(우牛)로
> 인하여 생산되는 것입니다. 그러므로 우리나라에는 금살도감禁
> 殺都監을 두었으니 이는 농사를 중히 여기고 민생民生을 후하게
> 하기 위한 것입니다.
> 달단韃靼의 수척水尺은 소를 잡는 것(도우屠牛)으로써 농사를
> 짓는 것을 대신하니 서북면이 더욱 심하여 주·군의 각 참站마
> 다 모두 소를 잡아서 손님을 먹여도 이를 금하지 않습니다. 마
> 땅히 금살도감禁殺都監과 주·군의 수령으로 하여금 금령을 신

---

5) 『고려사』 권 84, 志 38, 刑法 1, 職制 忠烈王.

칙·시행하게 하되, 법을 위반하는 자를 잡아서 관에 알리는 자가 있으면 범인의 가산을 상으로 주고, 범한 자는 살인죄로 논하십시오.6)

라고 하여, 여전히 곡식의 생산에 중대한 역할을 하는 소를 잡는 것을 막기 위해 금살도감까지 설치하였음에도 특히 서북면 지방에서 손님의 접대를 구실삼아 함부로 잡고 있은즉 금살도감과 그곳의 수령에게 명하여 금령을 엄격하게 지키도록 할 것이며, 그럼에도 범하는 자가 있으면 살인죄로 처벌하도록 건의하고 있다.

요컨대 고려시기에 있어서의 소는 밭갈이 등의 농사와 물품의 운반에 이르기까지 여러 가지 일들을 담당하므로 보호 육성에 유의해야 할 존재로 인식되고 있음에도 불구하고 한편으로 상급의 고기식품으로서 여러 방면에서 쓰이고 있었다 하겠다. 그러므로 각종 자료에 드러나 있는 기사들도 이와 관련된 것들이다. 그중 먼저 전자에 해당하는 사례들부터 살펴 보면, 우선 우거牛車의 존재를 들 수 있다.7) 짐을 실어 나르기 위한 소가 끄는 수레가 있었던 것이다. 그리고 이규보가 「촌가3수村家三首」라는 시詩의 한 구절에서 「띄엄띄엄 연기 낀 속에 마을 방아소리, 깊은 거리 담은 없고 가시나무만 둘러있네, 온 산엔 말이고 온 들엔 흩어진 소, 모두가 태평시대의 얼굴이네」 라고 하여8) 시골의 한 촌가가 많은 숫자의 말·소를 기르는 모습을 보여주고 있으며, 무신정권 초기의 혼란스런 시기에 벼슬길로 나갔던 박인석이 어려움을 당하면서 지방으로 내려가 「논밭을 개간하고 채마밭을 가꾸며, 산에서

6) 『고려사절요』 권 34, 공양왕 원년(1389) 12월 大司憲趙浚等上疏·『고려사』 권 118, 열전 31, 조준전.
7) 『고려도경』 권 15, 牛車.
8) 『동국이상국전집』 권 2, 古律詩 「村家三首」.

땔감을 마련하고 이랑에서 호미로 김을 매며, 소와 말을 먹이는 일에 이르기까지 반드시 자신이 먼저 하였다」고⁹⁾ 떳떳하게 내세우고 있는 데서도 당시 상황의 일면을 느끼게 된다.

다음의 기사들은 국가에서 농경 때에 소를 원활하게 이용할 수 있도록 적극적으로 도와주고 있음을 보여준다.

> 나-⑥ (현종顯宗) 9년(1018) 2월에 도병마사에서 아뢰기를, "흥화진이 오랑캐의 침략을 당한 후 모든 민가에 소가 없어졌으니, 관청의 소(관우官牛)를 빌려주어 농경을 도와 주십시오" 하니 따랐다.¹⁰⁾
>
> 나-⑦ 왕(문종)이 봄부터 비가 오지 않으므로 정전을 피하고 조회를 폐지하며, 도살을 금하여 포와 젓갈만 쓰게 하고, 수도와 지방의 죄수를 심리하게 하였다.¹¹⁾

외침을 당하거나 오랜 동안 비가 오지않아 농경에서 소를 이용하기 어렵게 되자 국가가 나서서 문제를 해결하여 주고자 노력하고 있는 것이다. ⑦사례의 경우 소가 직접 언급되고 있지는 않으나 포와 젓갈에 대비되는 동물의 도살을 금하고 있는 것으로 미루어 해당 동물에 소를 포함시켜도 무난하지 않을까 싶은 생각이 많이 든다. 그리고 유사한 내용은 훨씬 뒤의 것이지만 다음의 기록들에서도 찾아볼 수 있다.

> 나-⑧ (충선왕 2년[1310]) 12월 무신일에 왕이 3년 기한으로 짐승을 포획하는 것과 술 잔치에 소를 잡는 것을 금지시켰다.¹²⁾
>
> 나-⑨ 충선왕 2년에 전지傳旨하여 이르기를, "순군부巡軍府는 본래 도

---

9) 김용선 편, 『高麗墓誌銘集成』 309쪽 「朴仁碩墓誌銘」.
10) 『고려사』 권 79, 志 33, 食貨 2, 農桑·『고려사절요』 권 3, 顯宗 9년 2월.
11) 『고려사절요』 권 4, 文宗 元年(1047) 夏4月.
12) 『고려사』 권 33, 世家 충선왕 2년 12월.

둑을 잡기 위해 설치한 것이나, 민간에서 벌어질 싸움이나 소·말을 도살한 사건 등도 맡아 처리할 수 있다. 그 나머지 토전土田과 노비 관련 사건은 맡지 말고 순찰과 경계를 임무로 삼도록 하라" 하였다.13)

국왕이 소의 보호에 각별히 유의하고 있음을 볼 수 있다. 이는 물론 원활한 농경으로 식량을 확보하려는 정책이 주된 요인이었을 것이다.

한데 이와 같은 일면에도 불구하고 소는 위에서 언급했듯이 상급의 식품이 되기도 했음으로 그로써 여러 방면으로 긴요하게 쓰였다. 그 하나로 국가의 제례에 희생犧牲으로 바쳐진 것을 들 수 있다. 구체적으로 길례대사吉禮大祀인 원구圓丘의 친사의親祀儀 진설陳設에서 상제에게 바칠 희생의 소인 창생蒼牲과 동방의 청제에게 바칠 소인 청생靑牲, 남방의 적제에게 바칠 희생의 소인 적생赤牲, 중앙의 황제에게 바칠 희생의 소인 황생黃牲, 서방의 백제에게 바칠 희생의 소인 백생白牲, 북방의 흑제에게 바칠 희생의 소인 현생玄牲14) 및 길례중사吉禮中祀인 적전藉田 친향의親享儀 진설에서 올리는 희생 소15) 등등이 그 같은 사례들이다. 아울러 내용에서는 차이가 있었지만 유사한 제사는 중앙과 함께 지방에서도 이루어지고 있었다. 그 사례로는 김영부金永夫가 「인종 22년(1144)에 지승천부사사知承天府事使로 부임했는데 당시 고을 사람들이 해마다 밭가는 소를 잡아 제사에 바침으로서 폐해가 컸던 것을 공이 와서 금하니 백성들이 기뻐하며 믿고 의지하였다」고 한 것과16) 임익돈이 「강종 1년(1212)에 안동대도호부판관安東大都護

---

13) 『고려사』 권 85, 志 39, 刑法 2, 盜賊 충선왕 2년.
14) 『고려사』 권 59, 志 13, 禮 1, 吉禮大祀, 圜丘, 親祀儀 陳設.
15) 『고려사』 권 62, 志 16, 禮 4, 吉禮中祀, 藉田, 親享儀 陳設.
16) 『高麗墓誌銘集成』 218쪽 「金永夫墓誌銘」.

府判官으로 부임하여 관내의 산촌山村에서 농사 짓는 소를 잡아 악묘岳廟에 제사하는 것을 금지시켰다」고 한 것에서[17] 찾아볼 수 있다. 비록 개별적인 제사에서는 소식을 하고 고기(육肉)를 먹지 않았다는 기록도 보이긴 하지만(㉯-①, 80쪽) 공적인 제례의 경우에는 소의 희생이 적지 않았으리라는 짐작을 할 수 있지 않을까 한다.

공적인 사례가 아니라 개별적으로 일어나는 사항에서도 소가 처하는 자리는 유사했던 것 같다. 고려 태조의 충실한 신하로「항상 채식을 하던 최웅崔凝이 병석에 눕자 왕이 동궁을 보내 문안하고 고기먹기(식육食肉)를 권하며, "단지 손수 살생하지 않으면 될 뿐인데, 고기 먹는 것이 무슨 해가 되겠소" 라고 하였으나 최웅이 굳이 사양하고 먹지 않자 태조가 친히 그의 집에 가서 말하기를, "경이 고기를 먹지 않으면 두 가지 손실이 있소. 그 몸을 보전하지 못하여 어머니를 끝까지 봉양할 수 없으니 불효요, 오래 살지 못하여 나로 하여금 일찍이 좋은 신하를 잃게 하니 불충이요" 라고 하였다. 최웅이 이에 비로소 고기를 먹으니 과연 건강이 회복되었다」고 한 사례가[18] 우선 눈에 들어오는데, 자기가 직접 잡은 고기만 아니라면 먹는데 아무런 꺼리낌을 가질 필요가 없다는 인식과 또 효도와 충성을 위한 것이라면 역시 고기를 먹어야 한다는 주장이 그대로 받아드려지고 있는 것이다. 왕권강화정책을 단행하면서 여러 사람을 숙청한 광종도 뒤에 죄업을 씻는다고 재회齋會를 열고 방생放生을 하는가 하면 도살屠殺을 금단하면서도 내선內膳에 쓸 고기는 시전市廛에서 사들여 올리도록 하였다는 것[19] 역시 맥락을 같이 한다.

---

17)『高麗墓誌銘集成』347쪽「任益惇墓誌銘」.
18)『고려사』권 92, 열전 崔凝傳.
19)『고려사절요』권 2, 光宗 19년 夏5月.

이러한 분위기에서 인종의 외조로서 국왕을 능가하는 권력을 휘두르며 많은 부정을 저질렀던 이자겸李資謙은 사방에서 많은 선물을 받아 썩어가는 고기만 해도 수만근이나 되었다는[20] 경우도 보인다. 하지만 이것은 예외적인 사례이고, 의종 22년(1168)에 참지정사(종2품)·판공부사까지 지내고 사직한 이공승李公升은 검소한 생활을 하면서 손님이나 자제들이 찾아오면 시와 술로 즐기되 고기 안주는 좋아하지 않았다(불회식육不喜食肉)고 전해지고 있다.[21] 인종초에 송나라 사신의 한 사람으로 고려를 다녀간 서긍이 그의 견문록에서 「고려는 봉록俸祿이 매우 박해서 (단지 소채류만 지급할 뿐이므로?) 평상시에는 역시 고기를 먹는 일이 드물다(한식육罕食肉)」고[22] 적어놓고 있다. 그의 기록에 문제가 되는 부분이 없지 않지만 고려인들이 평상시에 고기를 먹는 일이 드물다고 한 것은 합당하다는 생각이 많이 든다. 당시 소고기를 비롯한 육류는 귀중한 식품으로서 평상시에 소비자가 그리 많지 않은 상류층에 한정되었을 가능성이 높았다고 이해되는 것이다.

지금까지는 무신정권이 들어서기 이전인 고려전기를 중심으로 살펴 왔는데 이후는 상황이 좀 달라지는 것 같다. 상대적이긴 하지만 우牛 또는 마馬의 살생이 자주, 그리고 대량으로 이루어지고 있음이 확인되기 때문이다. 그같은 사태는 우선 주변 세력들과의 전투로 말미암은 것에서 찾아 볼 수 있다. 고종 3년(1216) 8월에 거란측에서 군량을 요구하다가 여의치 않자 압록강을 건너 쳐들어와 재물·곡식·축산을 빼앗아 가더니, 뒤에 다시 의주·정주·선덕진 등에 난입하였는데 모두가 산과 들을 채울 만큼의 많은 처자를 거느리고 와서는 곡식과 우·마를

---

20) 『고려도경』 권 8, 人物 「守太師尙書令李資謙」.
21) 『고려사』 권 99, 열전 12 李公升傳.
22) 『고려도경』 권 21, 房子.

멋대로 빼앗아 먹으면서 한달 동안이나 있다가 먹을게 떨어지자 돌아
간 것이[23] 그 하나이다. 이어서 고종 40년(1253) 9월에는 몽고병이 춘
주성春州城을 겹겹으로 둘러싸고 여러 날을 공격함에 따라 성중의 우
물(井泉)이 모두 말라버리자 소·말을 잡아 피를 마시는 등 사졸들의
곤함이 심했다 하며,[24] 공민왕 19년(1370) 11월에 요동지방으로 출동
했던 이성계와 지용수池龍壽가 요성遼城의 함락에 성공을 거두고 군
사를 되돌렸을 때 양식이 떨어져 군인들이 매우 굶주리게 되자(군중대
기軍中大飢) 우·마를 잡아 먹었다고[25] 보인다. 공민왕 23년(1374) 8월
에 최영이 탐라를 정벌하면서 노획한 금패金牌·은패銀牌 등은 만호萬
戶·성주星主 등에게 나누어주고, 말 1,000필을 여러 고을에 나누어주
어 기르게 하면서, 군졸들 가운데 말이나 소를 도살해 먹는 자가 있으
면 참수하거나 팔을 잘라서 조리돌렸다고도[26] 전하는 것이다.

　그런가 하면 충렬왕조에는 몇 차례에 걸쳐 원나라에 우육牛肉을 바
치고도 있다. 즉 왕 23년(1297) 춘정월에 낭장인 황서黃瑞를 원元에 보
내 들꿩(야치野雉) 등과 함께 탐라의 소고기(우육牛肉)를 바치고 있으
며,[27] 이듬해인 왕 24년(1298) 11월 초하루에는 장군 이백초를 보내 역
시 탐라의 우육을 바치고 있다.[28] 이어서 왕 26년(1300) 11월에도 또한
장군 이백초를 보내 인삼과 함께 우육을 바치고 있지마는,[29] 원나라에
서는 그것을 그다지 높게 평가하지 않았던듯 충선왕 원년(1309)에 환

23) 『고려사절요』 권 14, 高宗 3년 8월·『고려사』 권 103, 열전 16, 金就礪傳.
24) 『고려사절요』 권 17, 高宗 40년 9월·『고려사』 권 124, 열전 34, 忠義 曺孝立傳.
25) 『고려사절요』 권 29, 공민왕 19년 11월·『고려사』 권 114, 열전 27, 池龍壽傳.
26) 『고려사』 권 113, 열전 26, 崔瑩傳.
27) 『고려사절요』 권 21, 충렬왕 23년 春正月.
28) 『고려사』 권 31, 世家·『고려사절요』 권 22, 충렬왕 24년 11월.
29) 『고려사』 권 31, 世家 충렬왕 26년 11월.

관인 이삼진을 보내 탐라의 우육 바치는 것을 그만 두도록30) 조처하고 있다.

이상 소개한 몇몇 사례들은 고려 후기에 대외 세력과의 충돌이나 외교 관계에 따라 비교적 다수의 우·마가 식품으로 사용되는 상황을 살펴본 것이다. 그런데 당시에는 비단 이같은 별도의 상황뿐 아니라 일반적인 생활 가운데서도 규모에는 차이가 있었다 하더라도 일어나게 마련이었다. 앞서 좀 다른 주제를 다루면서 소개한바 「연회 때인즉 소를 잡고 말을 죽이며 야생의 동물로 만족을 취한다」고한 것이[㉯-①, 주 2) 80쪽] 그같은 점을 지적한 한 사례였다고 할 수 있다. 그리고 충선왕이 「3년 기한으로 짐승을 포획하는 것과 술 잔치에 소를 잡는 것을 금지시켰다」고 한 것[㉯-⑧, 주 12), 86쪽] 및 공양왕 때 조준이 상소를 올려 서북면 주·군의 각 참站에서 소를 잡아 손님을 먹여도 금하지 않고 있은즉 금살도감과 수령들은 금령禁令이 엄수되도록 힘쓸 것이며, 그럼에도 범하는 자가 있으면 살인죄로 처벌할 것을[㉯-⑤, 주 6) 85쪽] 건의하고 있는 데서도 유사한 상황을 엿볼 수 있었다.

고려 후말기의 양상은 이들 이외에도 몇몇 기록을 통해 더 살펴볼 수 있다. 그 하나는,

> ㉯-⑩ (충렬왕) 22년(1296) 정월에 감찰사에서 말하기를, "무뢰배들이 제멋대로 소·말을 도살하고, 때도 없이 산과 들에 불을 놓아 생명있는 것들을 태워죽이니 이는 (전하께서) 생명을 사랑하시는 덕성에 어긋나는 일입니다. 청컨대 금지토록 하십시오" 하니 그에 따랐다.31)

---

30) 『고려사』 권 33, 世家 충선왕 원년 秋7月.
31) 『고려사』 권 85, 志 39, 刑法 2, 禁令. 『고려사절요』 권 21, 충렬왕 22년 정월.

고 한 것으로, 무뢰한 무리들이라고 했으니 그 숫자가 적지 않았던 것
같고, 그들이 소와 말을 제멋대로 도살했다고 하였으니 아무런 제약도
받음 없이 적지 않은 숫자의 소·말을 도살했음을 짐작할 수 있다. 그
러므로 나라의 불법과 부정을 감시·감독하는 감찰사에서 나서서 국왕
에게 아뢰기까지 하고 그와 같은 상황을 바로잡으려 하고 있는 것이
다. 다음의 기사도 유사한 분위기를 말해준다. 즉,

> ⑭-⑪ (충숙왕) 12년(1325) 2월에 교서를 내려 말하기를, "근래에 기
> 강이 해이해져서 악소惡小(무뢰배)들이 무리를 이루어 남의 재
> 물을 약탈하고 남의 부녀에게 음행을 저지르며 소·말을 훔쳐
> 잡아먹으므로 사람들이 심히 원망하고들 있다. 바라건대 사헌
> 부司憲府에서는 상세히 조사하여 다스리도록 하라" 하였다.32)

고 했듯이, 악소(불량배)들이 무뢰한 행동을 일삼는데다가 소와 말을
훔쳐서 잡아먹어 민인民人들이 불안해하며 원망하자 역시 왕명으로
사법기관이 나서 철저히 조사해 형벌을 주도록 조처하고 있는 것이다.
또 우왕 8년(1382)에는 요망한 백성인 이금伊金이 자신을 미륵불이라
자칭하는가 하면 석가불을 강림하게 할 수도 있다고 하면서, 다른 귀
신에게 기도하고 제사 지내는 자 및 말·소의 고기를 먹는 자 등은 반
드시 죽을 것이라고 하자 우매한 백성들이 믿고 쌀·비단을 바치고 소
와 말이 죽어도 먹지 않았다33) 한다. 일반 백성들이 우·마를 식품으로
사용한 사실을 부분적으로나마 살펴볼 수 있다고 하겠다.

앞서 예외적인 사례로 인종조의 권신 이자겸이 사방에서 선물을 받

---

32) 『고려사』 권 85, 志 39, 刑法 2, 禁令 충숙왕 12년 2월.
33) 『고려사절요』 권 31, 禑王 8년 5월·『고려사』 권 107, 열전 20, 權㫜 附 權和傳.

아 썩어가는 고기만 해도 수만근이나 되었다는 경우를 든바 있지마는 그에 비견할만한 후기의 사례로는 어지러운 정사에다가 놀이를 즐기면서도 재리에 밝았던 충혜왕이 소를 잡아 그 고기를 하루에 15근씩 바치게 한(추우진육 일 15근 椎牛進肉 日十五斤) 경우를34) 꼽을 수 있을 것 같다. 또 양광도楊廣道 안렴사로서 탐욕스러운데다가 소 내장(우두牛肚)을 즐겨먹어 민인民人들로부터 「말이 소를 먹는다(마식우馬食牛)」는 빈정거림을 받았던 마계량馬季良의 경우도 역시 예외에 속한다 할 것이다.

소에 관한 상황은 대략 이상과 같았는데, 그러면 그와 유사한 위상에 있었던 말(마)의 경우는 어떠했을까. 누구나 알고 있듯이 말은 소와 유사한 위상에 있으면서도 소용되는 부분은 많이 달랐다. 그러므로 앞서 소개했듯이 당시의 지식인들 가운데 홍자번 같은 이는 「소는 밭을 갈고」라고 표현한데 비해 「말은 사람이 타고 짐을 싣는 것으로」라고 구분하면서, 양자는 모두 「민생民生에서 매우 긴요한 것」이라35) 언급하고 있으며, 이색도 소는 「인력人力을 대신하여 밭가는 수고로움이 있고」라고 한데 비해 말은 「혹 사지가 부러지고 목숨까지도 빼앗기는 수가 있지만」이라 표현하고 있거니와36) 마땅한 설명이라 하겠다. 그 실상은 전자의 경우 위에서 대략 살펴본 바와 같고, 후자의 경우 역시 설명에 합당한 것으로 드러나 있다.

그들의 구체적인 내용을 보면, 우선 승마용의 경우 타는 사람의 신분에 따라 구분한 것으로 국왕이 타는 '어마御馬'(왕마王馬)가 있고,37)

---

34) 『고려사』 권 36, 世家 忠惠王 後5年(1344) 春正月.
35) 佁-④, 주 5) 84쪽.
36) 佁-①, 주 2) 80쪽.
37) 『고려사』 권 82, 志 36, 兵 2, 馬政 의종 13년·『고려도경』 권 15, 王馬.

사절로 온 외국인이 타도록 하는 '사절마使節馬'의 호칭도 보인다.38)
이들 이외에 국관國官·대신大臣들이 타는 말의 존재와39) 함께 관마官
馬나40) 민마民馬 등의41) 칭호 역시 어렵지 않게 대할 수 있다. 충렬왕
9년(1283) 정월에 감찰사에서, "서인庶人이 말을 타면서 대관大官을
보고도 내리지 않는 자는 그 말을 빼앗아 전목사典牧司로 보내라"는
방을 붙이고 있거니와,42) 「인종 9년(1131) 5월에도…… 서인들이 도성
안에서 말을 타는 것을 금하였다」는43) 기사 등을 보면 하층민의 경우
말을 타는데 어느 정도의 제재가 없지는 않았던듯 싶지만 그것을 제외
하고는 거의 교통수단이 없던 당시에 상하를 막론하고 이용했다고 짐
작된다. 말은 이 방면에서 중요한 위치에 있었다고 하겠다.

그와 함께 말은 또 짐을 운반하는 데도 유용한 동물이었다. 고려에
는 산이 많고 길도 험하였으므로 자그마한 물품들을 운반하는 데는 주
로 말이 이용되게 마련이었고44) 좀더 무겁고 큰 것들은 '거마車馬'를
사용하였다.45) 고종 46년(1259)에 태자가 표표를 올리려 몽고로 갈 때
국신물國贐物을 실은 타마駄馬가 300여필이었다는 데서46) 그 한 사례
를 엿볼 수 있다. 또 이와는 성격이 좀 다르지만 한 지역과 다른 지역
사이의 원만한 소통을 위하여 역驛이 설치되었고, 거기에 배치된 말들

---

38) 『고려도경』 권 15, 使節馬.
39) 위와 같음.
40) 『고려사』 권 82, 志 36, 兵 2, 馬政 仁宗 23年判 등.
41) 『고려사』 권 79, 志 33, 食貨 2, 科斂 元宗 14년 2월·『고려사』 권 82, 志 36, 兵 2,
    馬政 元宗 14년 2월.
42) 『고려사』 권 85, 志 39, 刑法 2, 금령 충렬왕 9년 正月.
43) 『고려사』 권 85, 志 39, 刑法 2, 금령 인종 9년 5월.
44) 『고려도경』 권 15, 雜載.
45) 『고려도경』 권 15, 車馬.
46) 『고려사절요』 권 17, 高宗 46년 夏4月.

을 통해 서류나 작은 물품들이 빠른 시간 내에 전달되도록 운영하는 제도도 있어서 역마驛馬의 기록 역시 여러 곳에서47) 찾아볼 수 있다.

그러나 고려시기에 있어서 - 전·후 시기도 비슷했겠지만- 어느 것 못지않게 중요한 말의 용도는 군마軍馬·전마戰馬로서의 역할이었을 것 같다. 생존과 얽힌 문제이었을테니 말이다. 몇몇 사례만 하더라도 우선 궁예를 축출하고 왕건을 국왕으로 옹립하는데 중신이 된 홍유·배현경·신숭겸·복지겸이 모두 기장騎將(기병장騎兵將)들이었다.48) 이들이 그만큼 유력한 위치에 있었다는 이야기겠다. 또 태조 19년(936)에 왕건이 일리천에서 후백제의 신검神劍이 거느린 군대와 자웅을 결하는 전투를 할 때 동원한 군사는 기록상 마군馬軍이 4만여명으로 보군步軍 보다도 많은 숫자로 나타나며,49) 대략 성종 14년(995)에 일단락된 것으로 보이는 경군京軍인 2군軍 6위衛의 군사들 45,000명 가운데서도 상당수가 마군이 아니었을까 보고 있다.50) 숙종 9년(1104)에 이르러 여진족의 도발을 좌시할 수 없었던 고려에서 윤관으로 하여금 징벌케 하였으나 저들의 기병으로 인해 실패하고 돌아오자 우리도 기병인 신기군神騎軍을 주축으로 하는 별무반別武班이라는 군사조직을 편성하여51) 뒤에 저들을 물리치고 9성을 쌓은 것은 다들 아는 이야기이다. 사서史書에서 전마戰馬52) 또는 기병마騎兵馬라는53) 용어를 비교적 자

47) 『고려사』 권 85, 志 39, 刑法 2, 禁令 顯宗 19년 2월·앞의 책 권 92, 열전 5 朴英規傳·앞의 책 권 82, 志 36, 兵 2, 站驛 충렬왕 2년 3월·앞의 책 권 85, 志 39, 刑法 2, 禁令 충렬왕 14년 4월·앞의 책 권 82, 지 36, 兵 2, 站驛 충숙왕 12년 10월 등.
48) 『고려사』 권 1, 世家 太祖卽位年 6월.
49) 『고려사』 권 2, 世家 태조 19년 秋9월.
50) 李基白, 「高麗京軍考」『이병도화갑기념논총』, 1956;『高麗兵制史研究』, 일조각, 1968.
51) 李基白, 「高麗別武班考」『김재원회갑기념논총』, 을유문화사, 1969.
52) 『고려사』 권 82, 志 36, 兵 2, 馬政 毅宗 13년·同 忠烈王 13년 5월·同 공민왕 10년 10월·同 공민왕 10년 11월·同 공민왕 11년 10월·同 辛禑 元年 9월.

주 대할 수 있지마는 이들을 통해서도 말의 이 방면에 대한 쓰임새를 짐작하기 어렵지 않다.

말은 이처럼 여러 방면으로 유용하게 쓰이는 한편으로 지금 우리들이 살피고 있는 식품으로 이용되기도 하였다. 그 수량이나 빈도는 소고기와는 말할 것 없고 다른 식용동물과도 비교할 것은 아니지만 식육으로서도 한몫을 하였던 것이다. 한데 말은 소와 한짝을 이루는 동물이어서 그런지 그들 고기에 대해서도 많은 경우 동시에 언급되어, 위에서 살핀 소고기 부분에는 말에 관련된 내용 역시 대부분 기술되어 있다. 중복되지만 그 부분들을 뽑아 다시 간략하게 정리하면 다음과 같다.

> ㈏-⑫-① 고종 3년 (1216)에 거란족이 의주·청주 등에 쳐들어와 곡식과 함께 우·마를 멋대로 빼앗아 먹은 것.[54]
>
> ㈏-⑫-② 고종 40년(1253)에 몽고병이 침입하여 춘추성을 둘러싸고 공격함에 성중의 우물이 모두 말라버려서 소·말을 잡아 피를 마신 것.[55]
>
> ㈏-⑫-③ 충렬왕 22년(1296)에 감찰사에서 무뢰배들이 제멋대로 소·말을 도살하고 있는 것을 금지시키도록 청하고 있는 것.[56]
>
> ㈏-⑫-④ 충선왕이 즉위 2년(1310)에 순군부가 소·말을 도살한 사건 등도 맡아 처리하도록 명하고 있는 것.[57]
>
> ㈏-⑫-⑤ 충숙왕이 12년(1325)에 사헌부와 순군에게 악소(무뢰배)들이 무리를 지어 소·말을 훔쳐 잡아먹는 것을 조사하여 다스리도록 명하고 있는 것.[58]

---

53) 『고려도경』 권 15, 騎兵馬.

54) 주 23), 90쪽과 같음.

55) 주 24), 90쪽과 같음.

56) 주 31), 92쪽과 같음.

57) 주 13), 87쪽과 같음.

㉯-⑫-⑥ 공민왕 10년(1361)에 홍건적이 쳐들어와 개경이 함락되면서, 저들에 의해 우·마가 거의 전부 살해되었으므로 그들이 물러간 이듬해에 도살을 금지하기 위해 금살도감禁殺都監을 설치했다는 것.59)

㉯-⑫-⑦ 공민왕 19년(1370)에 요동지방에 출동했던 군사들이 되돌아오는 길에 양식이 떨어져 굶주리게 되자 우·마를 잡아먹었다는 것.60)

㉯-⑫-⑧ 공민왕 23년(1374) 탐라 정벌에 나섰던 최영이 말이나 소를 도살해 먹은 군졸들을 참수했다는 것.61)

㉯-⑫-⑨ 우왕 8년(1382)에 요망한 백성인 이금伊金이 자신을 미륵불이라 속이면서 말·소의 고기를 먹는 자는 반드시 죽을 것이라고 하자 우매한 백성들이 소와 말이 죽어도 버리고 먹지 않았다고 한 것.62)

㉯-⑫-⑩ 여말의 학자요 정치가인 이색이 초상이나 제사에서는 고기가 없이 간소한 식음만으로 행했으나, 연회 때에는 소와 말을 잡아서 사용했다고 말하고 있는 것.63)

기록에 한계가 있긴 하겠지만 현재 우리들이 쉽게 접할 수 있는 것들을 가지고 보면 외적들이 쳐들어와 저들 멋대로 소·말을 잡아 먹은 것이 2건(①·⑥), 전쟁 중에 어쩔 수 없거나 혼란한 틈에 우리쪽에서 희생시킨 것이 3건(②·⑦·⑧), 나머지 5건은 국내의 여러 여건이나 상황에 따라 복수에 해당하는 소·말을 도살하는 것과 관련된 내용들이다. 이들 이외에 더 추가한다면 여전히 예외라고 해야 할 공민왕 때의

---

58) 주 32), 92쪽과 같음.
59) 『고려사』 권 77, 志 28, 百官 2, 諸司都監各色 —禁殺都監.
60) 주 25), 90쪽과 같음.
61) 주 26), 90쪽과 같음.
62) 주 33), 92쪽과 같음.
63) 주 2), 8쪽과 같음.

인물 신돈에 관한 것으로 「그는 사냥개를 무서워하고 사냥을 싫어하면
서도 방종하고 음탕하여 양기를 돕는답시고 늘상 검은 닭과 흰말(백마
白馬)을 잡아 먹어 당시 사람들은 신돈을 늙은 여우가 둔갑한 것」이라
하였다는64) 사례를 들 수 있다. 요컨대 고려 후·말기에는 소뿐만 아니
라 새로이 말까지도 식품으로 적지 않게 이용되었음을 확인할 수 있다
고 하겠다. 그에 따라 육식은 전기에 비해 훨씬 늘어나게 마련이었다.

　앞서 고려전기에는 「평상시에 고기를 먹는 일이 드물었다」고(주 22),
89쪽) 소개한바 있다. 그같은 상황이 후·말기에 들어와 많이 확장되는
방향으로 바뀌었음을 살펴본 것인데, 그 전후의 상황을 이해하는 데는
다음의 기사에서 많은 시사를 받을 수 있다.

　　　㉯-⑬ 고려의 정치는 매우 어질어서 부처를 좋아하고 살생을 경계한
　　　　　다. 때문에 국왕이나 재신(상신相臣)이 아니면 양羊과 돼지(돈
　　　　　豚) 고기를 먹지 못한다.65)

　우선 여기서는 육식의 대상자를 국왕이나 상신으로 대표되는 제한
된 상류층을 중심으로 언급되고 있는데, 그런대로 납득이 가는 면이
많다. 그러나 이후 100년 동안의 무신정권기와 오랜 동안의 몽고간섭
기에 초래되는 사회적·경제적 변천을 감안할 때 상황은 크게 달라질
수 있다. 그리고 고기를 제공하는 대표적인 동물로 양과 돼지를 지적
하고 있는 부분도 역시 별다른 문제는 없다. 하지만 양을 첫번째로 꼽
은 것은 이글의 저자인 서긍이 자기나라인 송宋을 염두에 둔 것으로
서, 그 스스로가 한때 고려는 소와 양을 기르는데 알맞다고 말한바 있

---

64)『고려사』권 132, 列傳 45, 叛逆 6, 辛旽·같은 책 권 112, 열전 25, 李達衷傳.
65)『고려도경』권 23, 雜俗 2, 屠宰.

듯이[㉯-②, 주 3) 81쪽] 소가 으뜸의 위치에 있었음에도 전후기를 막론하고 변함이 없었다.

이와 함께 그간 논란이 많았던 부분으로 말하자면, 고려는 불교를 존중하는 나라로서 어진 정치에다 살생을 경계하는 분위기여서 육식에 걸림돌 역할을 하였다는 점이었다.[66] 하지만 이 방면에서도 이미 소개한바 태조가 최응에게 고기 먹기를 권하면서 "단지 손수 살생하지 않으면 될 뿐인데, 고기 먹는 것이 무슨 해가 되겠소" 라고 말한 것과[67] 광종이 죄업을 씻는다고 도살을 금단하면서도 내선內膳에 쓸 고기는 시전에서 사들여 올리도록 하였다는[68] 것과 같은 인식이 있음도 지적되었다. 그리고 실제로 육식 금지나 도살 금지·살생 금지 등은 가뭄이 오래들거나 국가적인 어려움이 발생했을 때 또는 개인이 근신해야 될 일이 있을 때 등등이었다는 사실을 들어 불교가 육식의 금기에 일정한 역할을 한 것은 사실이지만 그 기능이 그렇게 큰 것은 아이었다는 견해 또한 제기되어 있다.[69]

그리고 한 가지 더 간과하기 어려운 부분은 고려가 몽고 등 북방민족과 밀접한 관계에 놓이게 되면서 저들의 습속에 영향을 받아 육식이 많아지게 되었다는 점이다. 그 하나의 예로 위에 제시한바 고종 3년에 침입한 거란족이 소와 함께 말을 대량으로 잡아 먹은 것[㉯-⑫-①, 주 54) 96쪽]과 공민왕 10년에 침입하여 개경까지 함락한 홍건적이 역시 거의 모든 소와 함께 말을 잡아 먹은 것[㉯-⑫-⑥, 주 59) 97쪽] 등이 우리에게 영향을 미쳤을 것이라는 생각인데, 특히 말의 경우에 있어서

---

66) 유애령, 「몽고가 고려의 육류 식용에 미친 영향」 『國史館論叢』 제87집, 1999, 222쪽.
67) 주 18), 88쪽.
68) 주 19), 88쪽.
69) 윤성재, 「육식과 육식금기」 『숙명여대 박사학위 논문』, 2009, 109~118쪽.

는 더욱 그러하다. 뒤에 살펴 보겠지만 양의 경우도 이와 유사한 범주에 속하는 사안이 아닐까 싶다. 그것들이 어느 정도의 수준이었을까는 가늠하기 어려운데, 어떻든 여러 요인이 작용하여 고려 후·말기에는 전기에 비해 육식이 많아진 것은 사실이었다고 이해된다.

(3) 돼지(돈豚·저猪·시豕)와 닭(계鷄·雞)

돼지와 닭은 다들 아는 바와 같이 쓰임새가 소·말과는 좀 달리 주로 식용을 위한 가축 동물들이었다. 그리하여 고려시기에도 이들은 꽤 많은 숫자가 양육된 것으로 짐작되거니와, 돼지와 닭 가운데에서 한층 중요한 위치에 있으면서 용도가 많았던 것은 전자이었다.

그러면 먼저 돼지의 존재에 대한 기록부터 찾아보기로 하겠는데, 그 하나로 우선 고려 태조 왕건의 할아버지가 되는 작제건作帝建이 자기의 부인인 용녀龍女의 아버지로부터 돼지(돈豚)를 받아가지고 돌아와 그것이 지적하는 송악 남쪽 기슭에 자리잡게 되는 이야기를70) 들 수 있다. 이 이야기는 설화의 성격을 내포하는 것이므로 감안하고 보아야 할 부분이 있지만 돼지의 위상을 이해하는데 도움을 받을 수 있을 것 같다. 그밖에 국가나 민인들이 각각의 필요에 따라 사육한 흔적을 엿볼 수 있게 하는 구체적인 자료도 몇몇 전해 오지마는, 다음의 기록이 그것들이다.

㉔-⑭ 태조 12년(929) 5월에 서경西京의 백성(민民)인 웅배의 집(가家)

---

70) 『고려사』 첫머리 「高麗世系」.

돼지(저猪)가 새끼를 낳았는데 머리 하나에 몸통이 둘이었다.71)

㉯-⑮ 현종 9년(1018) 4월 병자일에 죽주竹州의 백성 집(민가民家)에
서 돼지(저猪)가 새끼를 낳았는데 머리 하나에 몸통이 둘, 귀
넷에 발은 여덟개였다.72)

㉯-⑯ 숙종 3년(1098) 2월 계묘일에 군인인 경연의 집(가家)에서 돼지
(저猪)가 다리 셋 달린 새끼를 낳았는데 앞 다리가 둘, 뒷 다리
가 하나였다.73)

㉯-⑰ 충정왕 3년(1351) 11월 기유일에 세 마리의 돼지(저猪)가 성城
에 들어왔다.74)

⑰의 경우는 좀 다를지도 모르겠으나 나머지 세 사례는 각지의 민가
나 군인의 집에서 돼지를 사육하였음을 분명하게 말해주고 있다. 이들
은 새로 태어난 새끼 돼지들의 형체가 일반적인 모습과는 다른 경우여
서 사서史書의 5행지五行志 수행水行편에 시화豕禍의 사례로 실려 특
별히 전해지고 있지마는, 그렇지 않고 정상적인 모습으로 태어난 사례
는 이들과 비교를 할 수 없을 정도로 다수였으리라는 짐작은 이로써도
가능한게 아닐까 싶다. 아울러 충숙왕 15년(1328) 가을 7월에 호승胡僧
인 지공指空의 설계를 들은 계림사록鷄林司錄 이관순이 고을 백성(주
민州民)들에게 제례 때 고기를 못쓰게 함과 동시에 돼지 기르는 것(축
돈畜豚)을 엄중하게 금하자 주민들이 기르던 돼지를 하루 동안에 모두

---

71) 『고려사』권 53, 志 7, 五行 1, 水行 豕禍.
72) 『고려사』권 53, 志 7, 五行 1, 水行 豕禍.
73) 『고려사』권 53, 志 7, 五行 1, 水行 豕禍.
74) 『고려사』권 53, 志 7, 五行 1, 水行 豕禍. 이것과 약간 차이가 나는 것으로, 공민왕
7년(1358) 3월 무신일에 산돼지(산저山猪)가 성안에 들어왔다는 기록과, 우왕 7년
(1381) 10월 을해일에도 산돼지가 당시 왕이 거처하던 궁궐 남쪽가에 들어왔으
며, 또 11년(1385) 12월 신해일에는 들돼지(야시野豕)가 성에 들어왔다는 기사가
보인다.

죽였다고 한 것과75) 고종 15년(1228) 6월에, 제향 때 바칠 희생에 관한
일을 맡아보던 국가 기구인 장생서掌牲署의 서리가 그곳의 죄수로 있
는 자색이 아름다운 한 여자를 간음한 후 돼지우리(저구猪廐)에 가두
어서 그 여자가 여러 돼지들에게 물려 죽음을 당하였다는 기록76) 등을
통해서도 시사를 얻을 수 있다.

돼지의 사육은 이들 사례에 드러나 있듯이 다방면으로 있어 왔지마
는, 그것들의 용도 가운데 하나는 제례 때에 희생으로 쓰이는 것이었
다. 그점은 위의 장생서와 그곳 소속의 돼지우리 등에 이미 드러나 있
거니와, 구체적인 사례도 국가의 중요 제례에서 다수가 보인다. 길례대
사吉礼大祀인 원구圜丘의 유사섭사의有司攝事儀 진설陳設에서 희생
7마리 가운데 양羊(양생羊牲) 두 마리와 함께 돼지(시생豕牲) 7마리가
바쳐지고 있는 것과77) 길례중사吉禮中祀인 선잠先蠶에서 희생으로 돼
지(시豕) 한 마리를 바치고 있는 것78) 및 길례소사吉禮小祀인 풍사風
師에서 희생으로 역시 돼지(시豕) 한 마리를 바치고 있는 것79) 등등 하나
하나를 모두 열거 할 수 없을 정도로 많은 숫자가 눈에 띄는 것이다.

돼지는 이처럼 제수용으로 한 몫을 담당하였는데, 그러나 본질적인
용도는 앞서도 언급했듯이 식용으로써였다. 한데 외국인인 서긍이 보
기에 고려에서는 「국왕이나 재신(상신相臣)이 아니면 양羊과 돼지(시
豕) 고기를 먹지 못하였다」거나80) 「국속國俗에 양과 돼지가 있지만 왕
공王公·귀인貴人이 아니면 먹지 못하였다」고도81) 말하고 있듯이 돼지

---

75)『고려사절요』권 24, 충숙왕 15년 秋7月.

76)『고려사절요』권 15, 高宗 15년 6월.

77)『고려사』권 59, 志 13, 禮 1, 吉禮大祀, 圜丘, 有司攝事儀, 陳設.

78)『고려사』권 62, 志 16, 禮 4, 吉禮中祀, 先蠶.

79)『고려사』권 63, 志 17, 禮 5, 吉禮小祀, 風師.

80) ㉯-⑬, 주 65), 98쪽.

고기의 섭취가 최상급의 극히 일부층에 한정된 것으로 이해하고 있다. 유사한 이야기는 이전에도 언급한바 있어서[82] 필자로서는 얼마간의 재고가 필요하다는 지적을 한 일이 있지마는, 이곳의 상황도 비슷한 것 같다. 위에 제시한 민가民家의 돼지 사육 사례들을 보아도 그러하지만 다음과 같은 기록들을 보면 얼마간의 고기 소비는 짐작이 되는 것이다. 무신정권기에 고위직을 지내는 이규보가 「성황조聖皇朝가 태묘太廟에 향사享祀한데 대한 송頌」에서

㉯-⑱ ······················
　　우리 부모를 모시고
　　우리 아이를 기르며
　　복랍伏臘 (명절에는) 술 빚고
　　돼지 잡고 양 삶는다(재돈팽고宰豚烹羔)[83]

라고 말하고 있는 것과, 또 「슬견설虱犬說」에서는,

㉯-⑲ 「어떤 손(객客)이 나에게 말하기를, "어제 저녁에 한 불량자가 큰 몽둥이로 돌아다니는 개(견犬)를 쳐 죽이는 것을 보았는데, 그 형세가 심히 비참하여 아픈 마음을 금할 수 없었네. 그래서 이제부터는 맹세코 개와 돼지고기(견시지육犬豕之肉)를 먹지 않을 것이네" 라고 하였다.」[84]

는 이야기를 전하고 있거니와, 돼지고기를 식용으로 삼고 있는 상황을

81) 『고려도경』 권 23, 雜俗 2, 漁.
82) 주 22), 89쪽 참조.
83) 『東國李相國全集』 권 19, 雜著 「聖皇朝享太廟頌」.
84) 『東國李相國集』 권 21, 說序 「虱犬說」.

어렵지 않게 찾아볼 수가 있다.

그 뒤 충렬왕 6년(1280) 10월에 비록 원나라 행중서성行中書省에서 고려에 설치된 정동군사征東軍事에 보낸 공문의 일부이긴 하지만,

> 나-⑳ 관군관원管軍官員들은 (다음과 같은 일들을) 엄격하게 금지시키라. 관할하는 부대의 주둔지나 출정할 때 통과하는 지역에서 ··········백성의 가옥에서(어백성지가於百姓之家) 술과 음식을 빼앗거나 돼지(저猪)·닭(계鷄)·거위·오리를 도살하고, 백성들의 물품을 약탈하는 일이 없도록 하라.85)

고 하여 민가民家에서 사육하는 돼지와 닭 등이 외국 군인들에 의해 도살되는 일이 많았던 듯, 그것을 금지시키려는 공문이 보내지고 있다. 그런가 하면 여말의 학자인 이색이 연회 때에 소·말은 잡아먹으면서도 우리에서 사육하는 5계2체五鷄二彘 즉 다섯 마리의 닭과 2마리의 돼지는 그렇지 않다는 사실을 비판하고 있음도86) 살펴본바 있었다. 돼지와 닭고기는 고려시기 사람들에게 전용식품으로서는 으뜸으로 꼽는 고기가 아니었나 싶은 생각도 든다.

이후의 기록을 찾아보더라도 취지는 유사함을 확인할 수 있다. 즉, 충숙왕 12년(1325) 2월에 왕 자신이 교서를 내려 이르기를,

> 나-㉑ "닭과 돼지를 기르지 않고(불축계돈不畜鷄豚) 소와 말을 도축하는 것은 아주 어질지 못한(불인不仁) 짓이즉, 지금부터는 닭·돼지·거위·오리를 길러서 손님 접대와 제사에 쓰게 하고, 소와 말을 도축하는 자는 죄를 주도록 하라"87)

---

85) 『고려사』 권 29, 世家 충렬왕 6년 冬10월 戊戌.
86) 나-①, 주 2) 80쪽.

고 하여 소·말을 도축하는 것은 불인不仁에 해당하는 일이므로 손님
을 접대하거나 제사와 같은 긴요한 일에는 그것들 대신 닭·돼지 등을
길러 이용하도록 당부하고 있는 것이다. 이어서 공양왕 원년(1389)에
대사헌 조준趙浚 등이 올린 상소에서도 유사한 내용을 찾아 볼 수 있
거니와, 그 줄거리는 다음과 같은 것이었다.

> ㉯-㉒ 주州·군郡에서는 삭선朔膳(매달 초하루 왕에게 올리는 밥상)과
> 사객使客에 대한 접대를 위해 비록 한창 농사철임에도 농민들
> 을 끌어 모아 가시나무 덤불 속으로 몰고 다니면서 열흘이나
> 한 달 동안 사냥을 합니다. 농사의 때를 놓쳐 백성들이 먹을게
> 부족한 것은 그 때문입니다. 만약에 닭(계鷄)과 돼지(돈豚)를 기
> 른다면 우리 속에서 얻을 수 있으므로 백성들을 괴롭히지 않게
> 될 것입니다. 바라옵건대 지금부터는 경기 지역에 계돈장鷄豚場
> 두 곳을 지어, 하나는 전구서典廐署가 주관하면서 종묘宗廟 제
> 사의 쓰임새를 받들게 하고, (다른) 하나는 사재시司宰寺가 주관
> 하면서 궁궐 주방과 빈객에 대한 용도를 공급하게 하십시오.
> 주·군의 각 역驛에 이르기까지 가축을 길러 아끼고 함부러 잡
> 지 않으며 새끼나 알을 해치지 않는다면 몇 년 지나지 않아서
> 공상供上과 제사, 빈객의 대접 등이 충실해지고 우리 백성들의
> 먹거리도 넉넉해질 것이며 사냥 때문에 농사를 망치는 근심은
> 없어질 것입니다.88)

구체적으로 수도가 있는 경기지역에 계돈장을 두고 그의 관할기구
를 설치하여 돼지와 닭을 기르게한 후 국가 제사나 왕실 및 빈객 접대
등을 위해 필요로 할 때 물품을 공급토록 한다. 동시에 각 지방에서도

---

87) 『고려사』 권 85, 志 39, 刑法 2, 禁令 충숙왕 12년 2월.
88) 『고려사』 권 118, 列傳 31, 趙浚傳. 동일한 내용이 『고려사절요』 권 34, 공양왕 원
년 12월에도 있다.

저들 가축을 힘써 기르도록 함으로써 역시 공상供上과 제사, 빈객의 접대 등에 도움이 되도록 하고 나아가서는 백성들의 생활도 향상이 되게 하자고 건의하고 있는 것이다.

이들 자료를 대하면서 우리는 다음의 몇가지 사실을 확인할 수 있지 않나 싶은데, 그 하나는 고려인들이 식품으로서의 고기로 일반적이요 우선시한 것은 돼지와 닭 고기였다는 점이다. 그리고 다른 하나는 그럼에도 이들 고기를 자주 대한 것은 상급층이었으며 하류층은 그렇지 못했던 것 같다. 하지만 시기적으로 보아서는 고려 전기에 비해 중후기에 이르면서 모두가 좀더 자주 접할 수 있게 되지 않았나 짐작된다.

방금 고려시기 사람들이 요긴하게 이용한 고기 식품은 돼지와 함께 닭고기였다고 하였는데 후자의 존재는 우선 다음의 기록들을 통해 엿볼 수 있다.

> ㉯-㉓ 태조 15년(932) 4월에 서경의 백성인 장견의 집 암탉(자계雌鷄)이 수탉으로 변했는데 3개월 만에 죽었다.[89]
> ㉯-㉔ 현종 8년(1017) 4월에 상승국尙乘局의 암탉이 길게 울었다.[90]
> ㉯-㉕ 명종 17년(1187)에 경성京城의 닭들이 울었는데 날개는 치지 않았다.[91]
> ㉯-㉖ 충렬왕 3년(1277)에 승평군의 임내任內에 (속하는) 별랑부곡의 장長인 대충大冲의 집 암탉이 수탉으로 변했는데, 깃털·꼬리·뒷발톱은 모두 같았으나 오직 볏만은 그리 높지 않았다.[92]

계화鷄禍에 해당한다고 하여 『고려사』에 실린 사례들만을 소개한 것

---

89) 『고려사』 권 54, 志 8, 五行 2, 木行 鷄禍 태조 15년.
90) 『고려사』 권 54, 志 8, 五行 2, 木行 鷄禍 현종 8년.
91) 『고려사』 권 54, 志 8, 五行 2, 木行 鷄禍 명종 17년.
92) 『고려사』 권 54, 志 8, 五行 2, 木行 鷄禍 충렬왕 3년.

이므로 그 숫자가 몇몇에 지나지 않지만 전국 각지의 민가나 국가 기구에서 닭을 사육한 사실은 대략 짐작할 수 있을 것 같다. 한데 우리들은 문집 등에서 보다 구체적인 닭 사육의 사례들도 접할 수 있어 그 내용에 한층 가까이 다가설 수 있다.

　　④-㉗ 추운 겨울에 땅 기운이 폐장되었으니
　　　　　눈이 내려야할 때에 비가 내리누나
　　　　　닭(계鷄)은 움추려 둥우리를 떠나지 못하고.93)
　　④-㉘ 숲이 성그니 절로 바람소리 나고
　　　　　빗줄기 가느니 진흙땅 되지 않네
　　　　　참새는 깃을 접은 채 둥지를 다투고
　　　　　닭(계鷄)은 목을 추켜세우고 지붕에서 운다.94)
　　④-㉙ 집에 있는 여러 닭들(중계衆鷄)이 집안을 에워싸고 벌레를 쪼아
　　　　　먹으므로 나는 그것이 미워서 쫓아내고 이 시를 지었다.95)

　이것들은 모두가 무신정권기에 많은 활동을 하는 이규보가 지은 글인데, 집에서 기르는 닭들의 거동을 묘사하고 있다. 그리고 이것들보다 얼마 뒤의 사례로서는 충렬왕 6년(1280)에 원나라에서 고려에 주둔중인 군인들에게 「백성의 가옥에서 술과 음식을 빼앗거나 돼지·닭·거위·오리를 도살하는 일이 없도록 하라」고 한 것과[④-⑳, 주 85) 104쪽], 여말의 학자요 정치가인 이색이 『농상집요후서』에서 「5계2체=다섯 마리 닭과 두 마리 돼지)가 사람들에게 사육만 받고 있다」고[④-①, 주 2) 80쪽] 언급하고 있는 것인데, 이 두 사례는 이미 소·말과 돼지에 대해 살피는 과정에서 이미 소개한 바와 같다. 이외에도 정도전이 그의

93) 『東國李相國全集』 권 6, 古律詩 「十月十九日有所訪 以雨未果偶成」.
94) 『東國李相國全集』 권 10, 古律詩 「又次絶句六首韻」.
95) 『東國李相國後集』 권 4, 古律詩 「家有衆鷄………」.

「동정에게 올리다」라는 그의 시詩에서

> ㈏-㉚ 이역에 막혀있는 오랜 나그네
> 떨어진 옷에 헌 솜이 뭉쳤다네
> 새벽 닭(신계晨鷄)이 좀처럼 울지 않으니
> 밤 새도록 부질없이 슬퍼만 하네.96)

라고 읊고 있는 것에 보이는 울지 않는 새벽 닭의 사례도 그 하나라
할 수 있겠다.

이처럼 사육되는 닭들은 혹 세밑에 행하는 나례儺禮에서 역귀를 몰
아낸다는 구실로 잡는 5마리에 포함되어 죽임을 당하는 경우도 있었으
나 이는 생명을 중시하는 국왕의 지시로 한번으로 그친다.97) 그리고
충혜왕 후4년(1343) 추7월의 밤에 승신의 집에 행차하여 술자리에 참
여한 왕이 닭(계鷄)의 울음소리를 듣고 그 닭을 죽여버린 사례와98) 공
민왕 때의 승려 신돈이 양기를 돕는답시고 검은 닭(오계烏鷄)을 잡아
먹었다는 경우[주 64), 98쪽] 역시 좀 의외적인 사례들이다.

그러나 이들과는 달리 닭들은 사육의 취지대로 필요에 따라 식품으
로 사용되는게 일반적이었는데, 의종과 명종조에 활동한 임춘이 「김선
을 이별하며」라는 시詩에서, 「아침에 출발하면 저물어야 강성江城에
닿겠지, 이 기약 저버리지 말게나, 닭과 기장 삶아 놓고 기다리겠네」
라고[㉮-㊾, 주 239) 75쪽] 읊고 있는 것이 그점을 보여주는 한 사례이
다. 그리고 무신정권기에 크게 활동하는 이규보가 「6월 11일 황려를 떠
나 상주로 향하면서 근곡촌에서 자다」라는 시에서, 「전가田家의 주인

---

96) 『삼봉집』권 1, 五言古詩 「奉寄東亭」.
97) 『고려사』권 64, 志 18, 禮 6, 軍禮 冬季大儺儀 靖宗 6년 11월.
98) 『고려사』권 36, 世家 충혜왕 後4年 秋7月.

장기에 모발이 노란데, 반가히 맞이하여 닭 잡고 기장밥 해주네」라고
[㉮-㊿, 주 240) 76쪽] 읊고 있는 것도 마찬가지이거니와, 이 두 사례는
앞서 기장에 대해 설명하는 가운데서도 소개한바 있다. 다음의 이색이
지은 시詩 또한 유사한 내용을 담고 있는 것이다.

> ㉯-㉛ 바닷문(해문海門)은 끝이 없고 푸른 하늘은 나직한데,
> 돛 그림자 날아오고 해는 서쪽에 있다.
> 산 밑의 집집마다 흰 술(백주白酒)을 빚나니
> 파(총葱)를 베어 오고 회膾를 치며 둥우리에 닭(계鷄) 들기만
> 기다려라.99)

필자 스스로 생각하더라도 검토가 철저하지 못하여 비슷한 다수의
사례가 누락되었으리라는 것은 의문의 여지가 없다. 더구나 닭은 돼지
와 달리 사육에 어려움이 적고 처리도 비교적 단순하여 숫자상으로도
많았을 것이 예상되는만큼 더욱 그러했겠는데, 그럼에도 전체의 수요
에 비하면 부족했던 것 같다. 앞서 소개했듯이 충숙왕이 즉위 12년
(1325)에 소와 말을 도축하지 말고 닭·돼지 등을 길러서 손님 접대와
제사에 쓰게 하라고 명하고 있는 것에서[㉯-㉑, 주 87) 104쪽] 그같은
상황을 엿볼 수 있다. 여기서 닭은 손님 접대에 해당하는 것으로 그 품
질은 상급일 것을 필요로 한다는 의미도 내포하고 있는 듯하다. 그후
공양왕 원년(1389)에 대사헌 조준이 올린 상소도 유사한 내용을 담고
있다. 즉, 그는 수도가 위치하고 있는 경기 지역에 계돈장鷄豚場을 설
치하고 각 주·군의 역驛에서도 가축을 기르는데 유의하도록 하여 제
사와 공상供上(궁궐 주방의 용도) 및 빈객의 접대 등이 충실해질 수 있

---

99)『동문선』권 22, 七言絶句「喬桐」.

게 하자고 건의하고 있는 것이다.[㉴-㉒, 주 88) 105쪽].

고려 후말기의 닭들은 이와 같은 분위기에 따른 사육과 더불어 몽고와의 관계가 긴밀해지는 충렬왕조와 정치기강이 극도로 문란해지는 우왕 때에는 남다른 어려움에 봉착하기도 한다. 충렬왕의 총애를 받는 가운데, 원나라에서 요구하는가 하면 고려 국왕들이 사냥에 필요로 하는 매를 사육·공급하는 기구인 응방鷹坊을 맡은 이후 제멋대로 권세를 부리던 윤수尹秀와 그의 몇몇 동료들이 부하를 각 도로 보내자 이르는 곳마다 살아있는 짐승을 잡아 매를 먹이는 통에 민간의 닭과 개(계견鷄犬)가 거의 씨가 마를 정도였다는게100) 그 한 모습이다. 또 같은 시기의 이병은 기마와 궁술에 능하여 장군의 직위에 이르렀으나 매사냥을 일삼으면서 참새를 잡아 입으로 씹어 매에게 먹이거나 생닭을 갈라서 반 마리를 매에 먹였다 하며, 장공과 이평 같은 사람들도 매와 개를 바쳐 총애를 받았는데 민간이 가지고 있는 닭과 개(계구鷄狗)를 셀 수 없이 많이 죽였다고101) 전한다.

우왕 때도 유사하였다. 왕 6년(1380) 8월에 자신이 골목에 나가 놀면서 개(구狗)를 쏘았고, 이후부터 닭·개(계견鷄犬)를 쏘아 죽이는 것을 일상으로 삼았으므로 성 안의 닭과 개가 거의 다 없어졌다 한다.102) 그후 왕 8년(1382) 윤2월에는 환관·내승內乘·악소배惡少輩들과 민가에서 말을 달리며 닭·계(계견鷄犬)를 때려죽이고 남의 안장달린 말을 빼앗았으며,103) 또 왕 10년(1384) 7월에도 궁녀와 환관들을 거느리고 동네 거리를 마구다니며 노는 사태에 즈음하여, 노예 가운데의 악소惡少

---

100) 『고려사』 권 124, 列傳 37, 嬖幸 2, 尹秀傳.
101) 『고려사』 권 124, 列傳 37, 嬖幸 2, 李貞 附 李玭.
102) 『고려사』 권 134, 列傳 47. 『고려사절요』 권 31, 禑王 6년 8월.
103) 『고려사』 권 134 列傳 47 禑王 8년 閏2月.

들이 그것을 본따 왕을 사칭하며 밤에 동네를 돌아다니면서 닭·개(계구鷄狗)를 죽이고 혹 협박에다 약탈키도 하다가 일이 발각되어 처형을 당하기도 하는[104] 상황이 벌어졌던 것이다.

바로 위에서 소개한바 충숙왕이 닭·돼지의 사육을 명하고 있는 것과 조준이 경기 지역에 계돈장을 설치하고 주·군의 각 역驛에서도 가축을 기르는데 유의하도록 독려하자는 상소는 혹 이와 같은 상황과도 관련이 있지 않을까 싶다. 어떻든 고려시기의 육식 생활에 있어 돼지와 닭이 중요한 위치에 있었던 것은 분명하다고 이해된다.

(4) 양羊과 개(견犬·구狗)

고려시대 사람들의 육식 생활과 관련이 많은 또다른 동물로 양羊과 개(견犬·구狗)가 있었다. 그중 사서史書에 전해지는 양羊에 대한 처음의 기록은 성종 12년(993)에 대군을 이끌고 침입해온 거란(요)의 장수 소손녕蕭遜寧에게 서희徐熙가 당당하게 맞서 조리있는 변론으로 물러가게 하는 과정에서 나온 것이었다. 두 나라 사이에 무사히 화의가 이루어지자 소손녕은 두 나라의 대신이 만났는데 서로 즐기는 잔치가 없을 수 없다고 하여 연회를 베풀었으며 돌아오려는 서희에게 낙타 10마리와 말 100필에 양 1,000두(마리) 등을 선물로 주고 있는 것이다.[105] 그뒤 현종 9년(1018) 2월 기축일에는 개경 중심의 목장인 경목감京牧監에서 키우는 양羊이 새끼를 낳았는데 머리 하나에 몸통은 둘이었다

---

104) 『고려사』 권 135, 列傳 48, 『고려절요』 권 22, 禑王 10년 秋7月.
105) 『고려사』 권 31, 世家 31, 충렬왕 20년.

고 하여106) 특별히 전해지고 있다. 이로써 보건대 당시에는 이미 국가
가 관장하는 목장에서 양을 사육했음이 분명하며, 또 혹 민가에서도
기르지 않았나 싶다.

이후 숙종조에 이르면 여진(금)과 국경 주변에서 다툼이 시작되지마
는, 예종 2년(1107)에는 윤관을 원수, 오연총을 부원수로 하는 고려군
이 저들의 정벌에 나서 이듬해(1108)에는 상당한 성과를 거두기도 한
다. 그 사실이 보고되자 왕은 크게 기뻐하며 윤관과 군인들에게 양羊
과 술 등을 보내주고 있다.107) 양을 왕이 격려하는 물품으로 하사하였
다는 것으로 미루어 그것에 대한 사육의 범위가 꽤 넓어졌다고 볼 수
있는게 아닐까. 왕 11년(1116)에는 요나라의 유민流民 남녀 20여명이
투항해 와서 양 200여 마리를 바쳤다는 기록도 눈에 띤다.108) 이들과
함께 국가의 중요 제례로서 길례대사吉禮大祀인 원구園丘의 유사섭사
의有司攝事儀 진설陳設에 돼지와 함께 양 두 마리가 희생으로 바쳐지
고 있으며,109) 또 길례중사吉禮中祀 적전藉田에서도 소·돼지와 함께
양이 바쳐지고 있는110) 등 여러 사례에 접할 수 있다. 원래 양은 중국=
송宋·원元과 주변의 거란·여진 등에서 매우 중시하는 동물이었는데,
고려에서도 이미 상당한 비중을 차지하는 위치에 올라 있었던 것 같다.

인종仁宗 원년(1123)에 송나라 사절의 한 사람으로 다녀간 서긍徐兢
이 고려에서 보고 들은 내용을 기록으로 남긴 것이 다들 아는대로『선
화봉사고려도경宣和奉使高麗圖經=약칭 고려도경』인데, 여기에서 양에

---

106)『고려사』권 53, 志 7, 五行 1, 火行 羊禍.
107)『고려사』권 96, 열전 9 尹瓘傳.
108)『고려사』권 14, 世家 睿宗 11년 夏4月.
109)『고려사』권 59, 志 13, 禮 1, 吉禮大祀, 園丘, 有司攝事儀, 陳設. 앞서 주 77), 102
　　쪽에서 소개한 바 있다.
110)『고려사』권 62, 志 16, 禮 4, 吉禮中祀 藉田.

대해서도 여러 기록을 남기고 있다. 그것들은 이미 대부분을 소개한바 있거니와, 고려는 「소와 양을 기르는데 알맞다」거나[111] 「왕공王公과 귀인貴人 또는 국왕과 상신相臣이 아니면 양羊과 돼지(시豕) 고기를 먹지 못한다」고[112] 적어놓고 있는가 하면, 「연음燕飮의 의례儀禮에 사용되는 안주로 양·돼지(양시羊豕)가 있으나 해산물이 더 좋다」고도[113] 언급하고 있는 것이다. 이와 같은 서긍의 기록 가운데는 자신의 나라인 송을 비롯한 중국 일원의 국가들에서 높은 위상을 차지하고 있는 양을 좀 지나치게 강조한 면이 있다고 앞서 지적한 일이 있거니와, 그럼에도 이 시기에 이르면 고려에서 양이 돼지에 비견될 정도로 위상이 높아져 있었다는 점만은 거듭 확인이 된다 하겠다.

이같은 상황은 그후 여러 방면에서 그대로 드러나고 있다. 놀이를 좋아하는 의종이 그의 즉위 20년(1166) 11월 계묘일 밤에 청녕재에서 연회를 베풀려고 하자 총애하는 환관이 금수錦繡·금은화金銀花를 끌어모으고 무소뿔·말·노새와 함께 고양羔羊(새끼 양) 등의 진기한 물품들을 좌우에 진열한후 왕을 맞이하고 있으며,[114] 왕 23년(1169)에는 금나라로부터 양 2,000마리를 예물로 받는 행사도 있었다.[115] 이어서 명종 16년(1186) 6월 갑자일에 양을 문·무 참관叅官 이상(6품 이상) 및 근신近臣들에게 차등을 두어 하사하고 있는데,[116] 이때가 무신정권이 들어선 초기로서 혼란이 거듭되던 시기에 6품 이상의 상급 관원과 근신 등의 다수 요원들에게 두루 양을 사여하고 있는 것은 그 의미가 예

---

111) ㉯-②, 주 3) 81쪽.
112) 주 81) 103쪽·㉯-⑬, 주 65) 98쪽.
113) 『고려도경』 권 26, 燕儀.
114) 『고려사』 권 18, 世家 毅宗 20년 11월 癸卯.
115) 『고려사절요』 권 11, 毅宗 23년 秋7月.
116) 『고려사』 권 20, 世家 明宗 16년 6월 甲子.

사롭지 않다는 생각이 많이 든다.

무신정권기에 많은 활동을 하는 인물로서 양에 대한 글을 남긴 사람은 역시 이규보로서「복랍伏臘 명절에는 술 빚고, 돼지 잡고 양 삶는다(팽고烹羖)」고한 언급에 대해서는 앞서 소개한 바와 같다.117) 이어서 그는 최종번崔宗藩이 말린 양고기(양파羊杷)를 보내주어 병든 어머니에게 드릴 수 있었던 것을 사례하는 시詩에서

    ㉯-㉜ 부리나게 사방으로 찾아 보았으나
       창졸간에 양고기(염주부羘主簿) 구하기 어려웠네
       원방元放(도술 부리는 사람)을 불러 급히 잡아오게 하려 했으나
       무릎 꿇은 늙은 양(노저老羝) 차마 어이 보랴118)

라고 읊고 있는가 하면, 또「송림현을 지나면서」라는 시詩에서는

    ㉯-㉝ 노적가리 높이 쌓였으니 새들 모여들고
       베다가 빠뜨린 이삭은 소·양(우양牛羊)에게 맡겼네.119)

라고 읊고 있기도 하다. 양의 사육과 양고기의 쓰임새에 대한 면면을 엿볼 수 있을 것 같다. 이들보다 훨씬 뒤인 공민왕 18년(1369·기유년己酉年)에 시행된 과거科擧에 고시관인 지공거知貢擧로 참여했던 이인복李仁復이 시험장의 모습을 그려,「높은 당 위에서 내려다 보니 연못의 고기처럼 백포白袍(응시자)들이 줄지어 섰네……태관太官(음식을 공급하는 관청)에 양육羊肉 없고 오직 두부 반찬이다」라고 한데

---

117) ㉯-⑱, 주 83), 103쪽.
118) 『東國李相國全集』권 11, 古律詩「謝崔天院宗藩惠羊杷饋病母」.
119) 『東國李相國全集』권 11, 古律詩「過松林縣」.

서120) 양고기에 대한 또다른 생각을 해보게 된다.

양에 대한 기록은 무신정권기를 지나 몽고와 긴밀한 관계로 접어드는 충렬왕 때부터 비교적 자주 대하게 된다. 그것은 앞서도 언급했듯이 양와 양고기를 매우 중시했던 저들의 풍습과 관련이 되는 것으로 짐작되거니와, 충렬왕 20년(1294) 춘정월에 원나라 세조가 세상을 떠나자 왕과 공주가 양 10마리와 말 한 필로 빈전에서 제사를 지내고 있는게121) 그 하나이다. 그후 24년(1298) 10월에는 원나라 심주의 달로화적達魯花赤(다루가치)인 도리대闍里大가 사람을 보내 양과 말을 바치며 왕의 복위를 하례하고 있는가 하면,122) 26년(1230) 6월에는 왕이 양 200마리와 술 200통을 황제에게 올리면서 만수무강을 기원하고도 있다.123) 그후 충숙왕 7년(1230)에 영왕寧王이 양 100마리를 보내주고 있으며,124) 다시 왕 후7년(後七年) 추7월秋七月에는 원나라 사절로 온 실리미失理迷가 왕이 출타중이라 하여 성내城內로 들어오지 않자 양과 술을 접대함에도 불구하고 받지 않는125) 사태도 발생하고 있다. 이어서 공민왕 11년(1362) 12월에는 고가노高家奴가 사절을 보내·양 4마리를 바치며 처녀를 요청하자 이전에 중랑장을 지낸 김광철의 딸을 보내는 일이 있었고,126) 또 18년(1369) 5월에는 명나라 사절로 온 설사偰斯가 왕에게 2마리의 양을 바치고도 있는 것이다.127) 당시 양의 용도와 위상을 이들 사례가 잘 대변하고 있는 셈이다.

---

120) 『동문선』 권 7, 七言古詩「己酉五月十二日入試院作」, 李仁復.
121) 『고려사』 권 31, 世家 31, 충렬왕 20년.
122) 『고려사절요』 권 22, 충렬왕 24년 冬10월.
123) 『고려사』 권 31, 世家 충렬왕 26년 6월.
124) 『고려사』 권 35, 世家 충숙왕 7년 12월 癸酉.
125) 『고려사절요』 권 25, 충숙왕 후7년 추7월.
126) 『고려사』 권 40, 世家 공민왕 11년 12월.
127) 『고려사』 권 41, 世家 공민왕 18년 5월.

이들 양에 비하면 개(견犬·구狗)는 비중이 낮았던 것 같으며, 그 때 문인지 기록도 상대적으로 그리 많지 않은 편이다. 실제 상황이 그러 했다고는 생각되지 않지마는『고려사절요』와 같은 사서에 그의 존재가 처음으로 보이는 것은 명종 13년(1183)에 이르러서의 일인 것이다. 즉, 이 해 2월에「국가에서 백견白犬을 기르는 것을 금하며 명령에 따르지 않는 자는 벤다」는 소문이 퍼져서 사육하던 백견을 모두 죽이거나 강 물에 던져버리기도 하고, 또 혹 죽이지 않고자 하는 사람들은 그 털에 검은 빛 물을 들이기도 하였다는게[128] 그것이다. 아마 이들 흰빛의 개 들은 정치적·경제적으로 여유있는 사람들의 애견이었던 모양이다. 그 얼마 뒤인 희종 7년(1211)에는 대궐 안의 응명문 남쪽에서 개짖는 소 리가 들리기에 수색에 나섰으나 찾지 못하였다는[129] 기록도 보인다. 그리고 이규보는 지방에서 빈우賓友들과 술자리를 같이 하면서 듣고 본 것으로「먼 마을에서는 개 짖는 소리가 들리고, 오래된 벽에는 주린 박쥐가 매달려 있네」라고[130] 적고 있는가 하면, 국령國令으로 농민들 에게 쌀밥을 먹지 못하게 한다는 소식을 듣고는, 장안의 부호집에서는 말이나 개에게도 쌀밥을 먹이는데 정작 애써 노력하여 생산한 농민들 에게 먹지 못하게 하는 것은 그 국령 자체가 혹 잘못된 것이 아니냐는 비판을 하고 있거니와,[131] 여기에서 개의 사육에 관한 일면을 엿볼 수 있을 것 같다.

그러면 고려시기 사람들이 그처럼 개를 기르는 주된 목적은 어디에 있었을까. 그 하나는 우선 사냥에 필요하다는 점이 언급되고 있는 데

---

128)『고려사절요』권 12, 명종 13년 2월.
129)『고려사』권 54, 志 8, 五行 2, 金行 犬禍 熙宗 7년 2월 甲子.
130)『東國李相國全集』권 6, 古律詩「馬巖會賓友大醉 夜歸記所見 贈鄕校諸君」.
131)『東國李相國後集』권 1, 古律詩「聞國令禁農餉淸酒白飯」.

서 찾을 수 있다. 김극기金克己가 「전가사시田家四時」에서 「한겨울에 북쪽 봉창 흙으로 막는 것은 바람과 눈을 막고자 함이려니, 그럼에도 추위에 겁내지 않고 매(응鷹)와 개(견犬)를 데리고 사냥 나가네」 라고 한[132) 구절이 그 한 사례이다. 그리고 충렬왕 9년(1283) 당시에 세자로 있는 충선왕의 관상을 본 사람이 "인자한 눈을 가지고 계시니 매와 개 (사냥개)를 좋아하지 않을 것입니다" 라고 하자 왕이 곁에 있는 박의朴 義를 돌아보면서, "우리 부왕께서 늘 매와 개를 놓아 사냥하도록 아부한 놈이 바로 이 늙은 개(노구老狗)다" 라고 하자 박의가 부끄러워 얼굴이 벌개지며 물러갔다는 것[133) 또한 유사한 경우이겠다. 그후 공민왕 때에 일시 권력을 잡았던 신돈은 「성격이 사냥 개(전견畋犬)를 두려워하고 사냥도 싫어했다」 하며,[134) 또 우왕禑王이 사냥을 나가려 함에 이인임과 최영이 말리자 왕이 "나는 본시 매·개(응견)를 좋아하지 않는데 실상은 여러 재상들이 인도한 것이다. 또 경들은 사냥을 즐기면서 곡식 밭을 밟지 않고 능히 날아다닐 수 있는가" 라고 했다는 것에서도[135) 유사한 내용을 살필 수 있다.

유사한 내용을 담고 있는 기사는 얼마가 더 찾아지지마는, 요컨대 개는 매와 더불어 사냥에 필요한 동물로서 큰 몫을 담당하였던 것이라 하겠다. 그렇다면 그로써 얻어지는 동물은 더 말할 필요도 없이 개 주인의 소유물이 되었을 것이다. 개는 이처럼 결국 육식을 마련함에 있어 한 몫을 하는 동물이라는 점에서 의미를 부여할 수 있겠는데, 그러면서도 한편으로 언젠가는 그 스스로가 육식의 대상이 되는 경우가 많

---

132)『동문선』권 4, 五言古詩「田家四時」.
133)『고려사』권 33, 世家 충선왕 총서, 충렬왕 9년.
134)『고려사』권 122, 列傳 45, 叛逆 6 辛旽·같은 책 권 112, 열전 25, 李達衷傳.
135)『고려사절요』권 31, 禑王 6년 秋7月.

았을 것이다. 혹 개의 사육을 취향으로 하는 경우가 없지 않았겠으나 대체적으로는 육식의 마련과 관련이 있지 않았을까 짐작된다.

사냥을 염두에 둔 개의 사육도 이처럼 육식과 관련이 많았다고 볼 때 그렇지 않은 경우는 더 말할 나위가 없었을 것이다. 현실적으로 개 사육의 주된 목적이 후자에 있었다고 보는게 오히려 타당하지 않을까 싶다. 이 부분을 이해하는데 도움을 주는 사례가 이규보의 글에 실려 있다. 즉, 그에게 어떤 사람이 와서, 불량자가 몽둥이로 개를 쳐죽이는 것을 보고 다시는 개고기를 먹지 않을 것이라 맹세했다고 말하더라는 것이다.136) 결국 이 사람도 그전에는 개고기를 줄곧 먹어 왔다는 이야기이다. 또 충렬왕의 총애를 받아 뒤에 높은 자리에까지 오르는 이정 李貞은 본래 천예 출신으로 평소 개 잡는 일로 생업을 삼았다 하며,137) 역시 충렬왕 때에 군부판서까지 지내는 김문비金文庇는 개를 불로 태운 뒤에 털을 긁어내고 고기를 먹었다는138) 사례도 전한다.

본래 기사화된 기록들이 중요 사항이거나 좀 특이하여 후대에 전해 주는 것이 옳겠다는 취지에서 쓰여진 것들인 만큼 내용에 얼마간의 무리가 있어 보인다. 다음에 소개하는 글들도 유사한 경우들이다. 즉, 우왕禑王이 그의 즉위 6년(1380) 8월에 「골목에 나가 놀면서 개(구狗)를 쏘았으며, 이로부터 닭·개(계견鷄犬)를 쏘아 죽이는 것을 일상으로 삼으니 성안의 닭·개가 거의 다 없어졌다」고 한 것을139) 비롯하여, 8년(1382) 윤2월에는 악소배惡少輩 등과 민가에서 말을 달리며 개·닭을 때려죽이고도 있다.140) 이어서 9년(1383) 3월에는 수하들을 거느리고

---

136) ㉯-⑲, 주 84) 103쪽.
137) 『고려사』 권 124, 列傳 37, 嬖幸 2, 李貞傳.
138) 『고려사』 권 124, 列傳 37, 嬖幸 2, 李貞 付 金文庇.
139) 주 102), 110쪽.

노영수의 집에 가서 말을 달리며 개(구狗)를 쏘고 있고,[141] 10년(1384)
7월에도 왕의 놀이를 본딴 노예 가운데의 악소들이 동네를 돌아다니며
개·닭을 죽이고 약탈까지 하다가 발각되어 처형을 당하는 사태도[142]
발생하고 있다. 이들 사례는 앞서 닭의 경우를 다루면서 이미 대부분
소개한 것들이지마는, 개들은 사냥의 담당만이 아니라 때에 따라서는
사냥을 당하는 형세에 놓이기도 했음을 알 수 있다.

요컨대 개는 사육자의 취향을 돕는 경우도 없지는 않았던 것 같으나
실 내용인즉 사냥을 담당하는 역할에도 불구하고 그렇지 않은 경우의
개들과 마찬가지로 육식을 위한 가축으로서-특히 소나 돼지·양 등의
고기를 취하기 어려운 사람들에게 요긴하게 이용되지 않았을까 생각
된다.

(5) 거위(아鵝)와 오리(압鴨), 기타의 사육 동물

위에서 소개한 동물들에 비견될 만큼은 아니라 하더라도 당시 사람
들이 사육해 이용하는 동물은 몇몇이 더 있었다. 거위(아鵝)와 오리(압
鴨)는 그들중 하나였다. 이것들의 처음 쓰임새에 대해서는 일찍이 정
종靖宗 4년(1038) 12월 계미일에 내사문하성內史門下省에서 올린 다
음의 건의문을 통해 살펴볼 수 있다. 즉,

㉯-㉞ "(대궐) 동지東池에 (기르는) 백학白鶴과 거위(아鵝)·오리(압鴨)·

---

140) 주 103), 110쪽.
141) 『고려사』 권 135, 列傳 48, 禑王 9년 3월.
142) 주 104), 111쪽.

산양山羊들에게 매일 먹이는 벼·기장에 드는 비용이 과다합니
다. 옛 경전에 이르기를, '개와 말은 그 지역 토성에 맞지 않으
면 기르지 말며, 진기한 금수禽獸는 나라에서 사육하지 않는다'
하였고, 또 이르기를 '조수鳥獸와 곤충은 각기 그 본성대로 살
게해야 한다'고 하였으니, 이는 그것들을 완호물玩好物로 삼아
그 본성을 상하게 하지 말라는 것입니다. 바라건대 바다의 섬에
놓아 주십시오."143)

하니 왕이 그 의견에 따랐다 한다. 요컨대 거위와 오리는 백학·산양과
함께 궁궐내의 애완동물로 길렀던 것인데 이는 비용이 많이 들뿐 아니
라 그것들이 살아가는 본성에도 맞지 않으므로 놓아주는 것이 좋겠다
는 신료臣僚들의 건의에 좇고있는 것이다. 그러나 생각해 보면 이처럼
동물들이 본성에 맞게 살아가야 한다는 논리는 경전에서 말하는 원리
적인 이야기이거나 종교·개인적인 사상 등에서 주장할 수 있는 부분이
고 현실적인 실제 생활에서 그렇지 않다는 것은 다들 쉽사리 이해할
수 있는 문제이다. 아마 정종 4년 당시 신료들의 건의는 적성 부분보
다 사육에 따르는 과다한 비용문제에 더 중점을 둔 것인지도 모르겠다
는 의문조차 든다. 어떻든 거위와 오리는 이를 계기로 사육 동물에서
벗어나고 있지마는, 그전부터 이것들이 길러지고 있었다는 점만은 확
인이 된다고 하겠다. 그리고 또 이보다 훨씬 뒤의 일이긴 하지만 의종
毅宗이 그의 즉위 20년(1166) 11월 계묘일 밤에 청녕재淸寧齋에서 연
회를 열려고 하자 총신寵臣이 금은화金銀花·무소뿔 등과 함께 새끼양
(고양羔羊)·물오리(부鳧)·기러기 등의 진기한 물품을 좌우에 진열하고
어가(대가大駕)를 맞이했다는 것을144) 보면 그간에 거위와 오리 등의

---

143)『고려사』권 6, 世家 靖宗 4년 12월.
144)『고려사』권 18, 世家 毅宗 20년 11월 癸卯.

사육에 대한 금지가 얼마나, 또는 어느 정도로 이루어졌는지도 의문이다.

고려 후기에 거위와 오리를 백성들이 널리 사육하거나 국가에서도 그것을 장려하고 있는 것을 전기의 사정과 완전히 분리하여 생각해도 좋은 것일까. 후기에 있어서의 전자 사례는 이미 소개한 바도 있듯이 [⑭-⑳, 주 85) 104쪽] 충렬왕 6년(1280)에 원나라에서 고려에 주둔시킨 군인들에게 백성들 가옥에서 돼지·닭과 함께 거위·오리를 도살하는 일이 없게 해야할 것이라는 지시로서 이는 고려인들이 그들 동물을 널리 사육하여 육식에 이용하고 있음을 바탕으로 하는 것이겠다. 그리고 후자는 충숙왕이 그의 즉위 12년(1325)에 소와 말 대신 닭·돼지와 함께 거위와 오리를 길러서 손님 접대와 제사에 쓰도록 하라는 명령으로써[⑭-㉑, 주 87, 105쪽] 거위·오리를 닭·돼지와 유사한 식품으로 사용할 것임을 언급하고 있어 주목된다. 이같은 고려 후기의 상황을 대하면서 거위와 오리가 비록 자료상의 한계가 있다 하더라도 고려 전기라 해서 단순히 애완동물의 위치에서 그친게 아니라 역시 육식과 관련이 있었다고 보는게 옳지않을까 한다.

다음은 토끼(土兎)로서, 이것에 대해서는 「현종 2년(1011) 5월 계미일에 서경西京 사람이 머리는 하나인데 몸통이 둘인 토끼를 바쳤다」고 한데서[145] 찾아볼 수 있다. 뒤에 다시 언급하겠지마는, 토끼는 주로 사냥을 통해 잡아서 육식에 보태는 동물이었다. 그러나 일부 사람들에 의해 사육도 되었는데, 위의 사례는 바로 서경에 사는 사람이 그 과정에서 형태가 특이한 새끼를 얻었으므로 국가에 헌납하고 있는 것이다.

꿩(치雉)의 경우도 유사한 상황에 있는 동물이었다. 이것 역시 「정종定宗 7년(?)에 임진현에서 백치白雉(흰 꿩)를 바쳤다」고한[146] 것에서

---

145) 『고려사』 권 54, 志 8, 五行 2, 金行 毛蟲之孼, 顯宗 2년 5월.

그 존재가 확인된다. 꿩 역시 오래전부터 중요한 사냥의 대상 가운데 하나였는데, 아마 이번 경우의 백치는 사육을 한 날짐승의 하나이었던 것 같다. 이것 이외에 강직 청렴했던 유응규庾應圭가 남경의 수령으로 부임하였을 때에 처가 아이를 낳고 병이 들었음에도 나물국만 마시고 있자 어떤 서리가 남들이 모르게 꿩 한 마리를 바쳤는데, 이에 처가 이르기를, "바깥 어른이 평소 한 번도 남의 선물을 받은 일이 없는데 어찌 내가 먹는 것으로 남편의 깨끗한 덕행에 누를 끼치리오" 하니 서리가 부끄러워하며 물러갔다는[147] 이야기가 전하며, 또 명종 12년(1182)에는 왕족의 일원인 왕공王珙이 가노家奴들을 시켜 부당한 짓을 함부로 하던중에 추밀부사(정3품)인 조원정의 가노들이 시장에서 파는 죽은 꿩 2마리를 탈취함으로써 분쟁이 야기된 사건도[148] 눈에 띈다. 하지만 후2자에 보이는 꿩들의 경우 사육에 의한 것인듯 싶기는 하나 사냥에서 얻은 것이 아니라는 확증도 없으므로 잘라 말하기는 좀 조심스럽다.

참고로 사육하는 동물을 더 들라면 여럿이겠지마는 그중에서도 비둘기와 매가 자주 보이는 것들이다. 예컨대 「고종 14년 12월에 어사대가 동리에서 집비둘기(발합鵓鴿)와 매(응전鷹鸇)의 사육을 금하였다. 유직자有職者는 공무를 폐廢하고 무직자는 쟁송爭訟을 일으키기 때문이다」라고한 것이[149] 그 하나이다. 또 「충렬왕이 민간의 집비둘기(가합家鴿)를 궁중에 들이도록 하자 이지저가 차득규와 함께 불가하다고

---

146) 『고려사』 권 54, 志 8, 五行 2, 金行 白眚白祥 定宗 7년. 정종은 4년간(946~ 949) 재임에 그쳤으므로 이곳의 7년은 오류이다.
147) 『고려사절요』 권 12, 명종 5년(1175) 9월·『고려사』 권 99, 열전 12, 庾應圭傳.
148) 『고려사절요』 권 12, 명종 12년 12월.
149) 『고려사』 권 84, 志 38, 刑法 1, 職制 高宗 14년 12월.

하여 마침내 돌려주게 하였다」고한 것과,150) 공민왕이 「궁중 수백개소
에서 비둘기(구鳩)를 기르면서 둥지를 만드는데 드는 비용이 포布 1천
필이고, 사료는 매달 곡식이 12곡斛이었다」고한151) 사례 등도 찾아진
다. 매에 대해서는 앞에서 이미 여러 차례 언급된바 있거니와 충렬왕
때에 이르러 이것의 사육을 위해 국가기구로 응방鷹坊까지 설치하였
다152) 함은 다들 알고 있는 내용이다. 하지만 방금 언급한 비둘기·매
등은 비록 사육하는 동물들이기는 하나 우리가 주제로 삼고있는 육식
과는 물론 직접적인 관련이 없는 것들이다.

(6) 사슴(녹鹿)·노루(장獐)·꿩(치雉)·토끼(토兎)·여우(호狐)· 고니(곡鵠)·멧돼지(산저山猪·야시野豕) 등 사냥 동물

  사육 동물들과 더불어 야생의 집승들 또한 우리에게 고기식품을 제
공하는 한 종류가 된다 함은 앞서 언급한 일이 있지마는, 그것은 다시
말할 필요도 없이 사냥의 방식을 통해서였다. 이제 그 대표적인 동물
의 하나를 들면 사슴(녹鹿)이 아닐까 한다. 이는 이규보李奎報가 밤에
돌아와 본 것을 기록하여 향교鄕校의 제군諸君에게 준 글에서, 「사냥
꾼은 사슴으로 조(조세)를 대신하네(전사록작조畋師鹿作租)」라153) 읊고
있는 것을 통해 유추해 볼 수 있다. 그 밖에 『고려사』에는 공양왕 4년
6월 병진일에 사슴(녹鹿)이 경성(개경)에 들어왔다는 기록도 보이

---

150) 『고려사』 권 123, 열전 36, 嬖幸 1, 李之氐傳.
151) 『고려사』 권 41, 世家·『고려사절요』 권 28, 恭愍王 17년 9월.
152) 『고려사』 권 77, 志 31, 百官 2, 諸司都監各色 鷹坊.
153) 『東國李相國全集』 권 6, 古律詩 「馬巖會賓友大醉 夜歸記所見 贈鄕校諸君」.

며,154) 좀더 구체적인 사례로는 이색李穡이 멀리 떨어진 안주에서 사슴고기를 보내준 박원수朴元帥에게 답하는 시詩와,155) 서해西海의 안렴사按廉使로 있는 김진양金震陽이 보내준 사슴포(건록乾鹿)를 받고 지은 시詩156) 등이 눈에 들어온다.

다음 노루(장獐)의 존재에 대한 기록은 우선『고려사』에서 찾아볼 수 있다. 현종 3년(1012) 윤10월 임신일에 그것이 궁궐내의 구정毬庭에 들어왔다고한 것이157) 그 하나이다. 이어서 공양왕 2년(1390) 3월 갑신일에도 노루가 궁성 안으로 들어왔으며, 4년(1392) 5월 정해일에 역시 효사관孝思觀에 들어왔다고 보인다.158) 그리고 좀더 구체적인 사례로는 이색의 문생門生인 평장사平章事 안인기安鱗起에게서 말린 노루(건장乾獐)를 받은 것과,159) 염흥방廉興邦(동정東亭)이 보내준 노루 고기(장육獐肉)160) 등을 대할 수 있다.

꿩(치雉)에 대해서는 사육 동물을 다루는 자리에서 언급한바 있지만 그보다는 대부분이 야생이었다. 그리고 시기면에서 일찍부터 비교적 번성하였던 것 같고, 그런 때문인지 고려의 공공 기록에도 자주 등장하는 편이다. 예컨대 현종 6년(1015) 정월에 꿩들이 수창궁의 함복문에 둥지를 튼 것을 비롯하여 같은 왕 7년 2월과 12년 2월 및 3월에 많은 숫자가 모여들었고161) 명종 9년(1174) 12월 경인일에는 태정문에 모여들어 2일간이나 있었는가 하면, 13년(1178) 10월 병신일에는 선경전에

---

154)『고려사』권 54, 志 8, 五行 2, 金行 毛蟲之孽, 공양왕 4년 6월.
155)『牧隱詩藁』권 13, 詩「答安州朴元帥」.
156)『牧隱詩藁』권 24, 詩「得西海按廉金震陽書 云送乾鹿……」.
157)『고려사』권 54, 志 8, 五行 2, 金行 毛蟲之孽, 현종 3년 閏10月.
158)『고려사』권 54, 志 8, 五行 2, 金行 毛蟲之孽, 공양왕 2년 3월과 4년 5월.
159)『牧隱詩藁』권 25, 詩「得門生平章安集池鱗起書 云送乾獐 因索崖蜜」.
160)『牧隱詩藁』권 30, 詩「廉東亭送獐肉曰 分亭兩老人故甚小……」.
161)『고려사』권 53, 志 7, 五行 1, 火行 羽蟲孽, 顯宗.

올라가니 식자識者들이, 꿩은 화火에 속한즉 궁전에 필시 화재가 다시 날 것이라 말했다고도[162] 전하고 있다. 그후 고종 6년(1219) 12월 갑자일에는 꿩이 강안전에 들어왔고,[163] 원종 8년(1267) 8월 병인일에는 침전寢殿에까지 들어왔으며,[164] 또 충렬왕 23년(1297) 춘정월에 낭장인 황서를 원나라에 파견하면서 금화자기 등과 함께 들꿩(야치野雉)을 보내고도 있다.[165] 뿐만 아니라 이규보는 산성에서 쏘아 잡은 꿩을 받고는 집 사람(실인室人)과 함께 기뻐하고 있으며,[166] 또 고부의 태수가 천침薦枕(기녀妓女)과 미주美酒·산꿩(생치生雉)에다가 겸하여 시 두 수를 보내온데 대해 차운次韻하여 사례하는 시詩로 남긴 것이[167] 보이는가 하면, 이색도 염흥방이 가져온 들꿩(야치野雉)과 동해의 생선(동해어東海魚)을 안주로 술을 마신 기록도[168] 대할 수가 있다.[169]

다음의 토끼(토兎) 역시 앞서 사육 동물의 하나로 소개한 일이 있지만 대체적으로는 사냥의 대상이었다, 그에 비하면 여우(호狐)는 전적인 사냥 대상의 동물로서, 현종 6년(1015년) 3월에 우창右倉 곳집 위에 올라가 사람들을 향해 울부짖었다고[170] 보이며, 공양왕 2년(1390) 정월 신미일에는 수창궁 서문에서 나와 사친관思親觀 서쪽 언덕으로 달려 들어갔다는[171] 기록도 전한다. 이것들에 관한 기사는 얼마 더 찾아지

---

162) 『고려사』 권 53, 志 7, 五行 1, 火行 羽蟲孼, 明宗.
163) 『고려사』 권 53, 志 7, 五行 1, 火行 羽蟲孼, 高宗 6년.
164) 『고려사』 권 53, 志 7, 五行 1, 火行 羽蟲孼, 元宗 8년.
165) 『고려사절요』 권 21, 충렬왕 23년 春正月.
166) 『東國李相國後集』 권 2, 古律詩「又謝雉」.
167) 『東國李相國全集』 권 17, 古律詩「次韻謝古阜太守送薦枕及美酒生雉兼詩二」.
168) 『牧隱詩藁』 권 19, 詩「柳巷樓上 與廉東亭飮 東亭取野雉東海魚……」.
169) 여기에서 소개한 몇몇 실례들은 윤성재,「육류肉類의 종류와 소비—노루와 사슴·꿩」『숙명여대 박사학위 논문』, 2009, 97~99쪽에 언급된 내용들이다.
170) 『고려사』 권 54, 志 8, 五行 2, 金行 毛蟲之孼, 현종 6년.
171) 『고려사』 권 54, 志 8, 五行 2, 金行 毛蟲之孼, 공양왕 2년.

지마는 그렇게 흔한 편은 아닌데 다만 앞서 소개한바 김극기金克己가
「전가사시田家四時」라는 시詩에서 추위를 겁내지 않고 매(응鷹)와 개
(견犬)를 데리고 사냥을 나간다고 한 것에[주132) 117쪽] 잇대어 「여우
(호狐)와 토끼(토兎)」를 좇아 달릴 때, 짧은 옷(단의短衣)에는 흐르는
피(유혈流血)가 묻었네, 집에 돌아오자 온 이웃이 기뻐하고, 모여 앉아
실컷 먹네, 날고기 먹는 것(여모筎毛) 무엇이 이상하랴」고 읊고 있는
데서172) 여우와 토끼에 대한 사냥의 상황과 결과 등을 쉽사리 이해할
수 있을 것 같다.

  이어서 살펴볼 고니(곡鵠)는 원나라에서 중시하던 동물이어서 그런
지 우리의 기록에도 저들과 관계가 밀접해지는 충렬왕조에 주로 드러
나 있다. 충렬왕 15년(1289) 12월 경인일에 궁전배弓箭陪인 중원후中
原侯 (왕王)온晶이 원나라에 가는데 대장군 박의가 따라가 고니 고기
(곡육鵠肉)를 바쳤다고 한 것이173) 첫 기록인 것이다. 그후 왕 20년
(1294) 12월 무술일에는 낭장인 백견白堅을 역시 원나라에 보내 고니
고기를 바치게 하고 있지마는, 그 고기가 하양(경북 경산)과 영주(경북
영천) 지역에서 많이 나기 때문에 매해마다 사자를 보내 포획하는 바
람에 그 일대가 소란해서 백성들이 큰 고통을 겪기도 하였다.174) 그런
가 하면 왕 23년(1297) 2월 경신일에는 태후가 왕의 생일을 맞아 양 40
마리와 함께 고니(곡鵠) 10마리를 보내주고 있으며,175) 다시 왕 25년
(1299) 12월 초하루인 무신일에는 장군 이백초를 원나라에 보내 인삼
과 함께 고니고기(곡육鵠肉)를 바치고 있기도 하다.176)

---

172) 『동문선』 권 4, 五言古詩 「田家四時」.
173) 『고려사』 권 30, 世家・『고려사절요』 권 21, 忠烈王 15년 12월.
174) 『고려사』 권 31, 世家 忠烈王 20년 12월.
175) 『고려사』 권 31, 世家 忠烈王 23년 2월.

　　다음으로 돼지(돈豚·저猪·시豕)가 사육 동물로서 중요한 위치에 있었다 함은 앞서 소개한 바와 같은데, 이들과는 좀 달리 산돼지(산저山豬) 또는 들돼지(야시野豕)라 불리는 야생의 돼지도 얼마 있었다. 공민왕 7년(1358) 3월 무신일에 산돼지(산저山豬)가 도성 안에 들어왔다거나[177] 우왕禑王 7년(1381) 10월 을해일에 산돼지(산저山豬)가 당시 왕이 거처하던 궁궐 남쪽 가에 들어왔으며, 11년(1385) 12월 신해일에도 들돼지(야시野豕)가 성안에 들어왔다는 기사[178] 등을 통해 그같은 사실을 확인할 수 있다. 다만 이들 사례만을 가지고 산돼지·들돼지가 식품화 되었다고 잘라서 말하기는 어렵지만 그러했을 가능성은 충분히 유추해볼 수 있다고 생각된다.

---

176) 『고려사』 권 31, 世家 忠烈王 25년 12월.
177) 『고려사』 권 53, 志 7, 五行 1, 水行 豕禍, 공민왕 7년 3월.
178) 『고려사』 권 53, 志 7, 五行 1, 水行 豕禍, 우왕 7년 10월 및 11년 12월.

4

고려시대 사람들의
수산물 식품

(1) 수산물에 대한 인식과 이용

1) 수산물에 대한 인식

수산물이 중요 식품의 하나라는 생각은 어느 시기, 누구나 그러하였듯이 고려시대 사람들도 마찬가지였다. 이 점은 새삼스레 강조할 필요도 없는 것이지마는 당시의 상황을 확인한다는 의미에서 굳이 사족蛇足을 소개하면 이미 여러 차례 언급한 일이 있는 무신정권기의 인물 이규보의 다음과 같은 시구詩句를 들 수 있다.

> ㉯-① 바늘 낚시 하나가 쟁기와 호미 대신하니
> 　　 풍년은 오직 바다의 풍요로운 고기잡이에 있네
> 　　 천 이랑 농경에도 오히려 먹고 살기 어려운데
> 　　 강가 집 살림살이 언제나 묵은 양식 남았다오
> 　　 한 평생을 낚시터에 맡겼어라
> 　　 강촌江村의 저문 날에 술 취해 돌아오네
> 　　 내 말이 술 있는데 어찌 안주 투정하리
> 　　 여울에 있는 고기들(군어群魚) 회膾하면 된다 하네[1]

물가에서 고기잡이를 하는 어부를 대상으로한 시詩이기는 하지만 특별한 재해가 없는 일상의 경우 어렵을 통해 상당한 수량의 농경 종사자 보다도 오히려 나은 살림에다가 고기회를 곁들인 술도 마시는 여유가 있음을 읊고 있다. 물론 이같은 어부와 농부간의 상황이 일반적

---

1) 『東國李相國全集』 권 14, 古律詩「漁父四首」.

인게 아님은 더 말할 나위가 없겠는데, 그럼에도 당시 어부들의 입장
을 이해하는데 다소나마 도움이 될 것 같다.

한편 이규보보다 훨씬 뒤인 여말의 학자요 정치가인 이색李穡은「농
상집요후서農桑輯要後序」에서,

　　㉱-② 고려의 풍속은 졸졸拙하고 또 어질며, 치생治生(이생理生)하는 데
　　　　는 박약하다. …… 자기 몸을 위하는 것은(자봉自奉) 매우 절약
　　　　하며(심약甚約) 귀천貴賤과 노소(노유老幼)를 가릴 것 없이 채소
　　　　(소채蔬菜)·건어乾魚(숙鱐)·포脯(육포肉脯) 등에 지나지 않는다.2)

고 하여 고려인들이 귀천이나 노소 할 것 없이 채소와 함께 건어·육포
를 널리 먹었음을 한 습성으로 지적하고 있기도 하다.

이와 같은 고려인들의 수산물에 대한 폭넓은 이용은 외국인의 관심
도 끌었던 것 같다. 이미 여러 차례 소개한바 송나라 사절의 한 사람으
로 인종 1년(1123)에 우리나라를 다녀가 기록을 남긴 서긍이「왕공王
公과 귀인貴人들이」양羊과 돼지고기를 먹는 것에 대비하여「일반 백
성(세민細民)들은 해산물(해품海品)을 많이 먹는다」고3) 적어놓고 있으
며, 또「고려는 산을 의지하고 바다를 굽어보는데…… 소·양을 기르기
에 알맞고, 다양한 해산물(해물海物)도 좋다」고4) 언급하는가 하면,「연
음燕飮의 의례儀禮에 사용되는 안주로 양·돼지가 있으나 여러 종류의
해산물(해착海錯)이 더 좋다」는5) 기록을 남기고도 있다. 고려를 비롯
하여 주변 나라들에서도 수산물이 중요 식품의 하나로 인식되고 있음

---

　2)『牧隱文藁』권 9, 序「農桑輯要後序」.
　3)『고려도경』권 23, 雜俗 2, 어漁.
　4)『고려도경』권 23, 雜俗 2, 土産. ㉱-②, 주 3), 132쪽에 이미 기술한바 있다.
　5)『고려도경』권 26, 燕儀, 이 역시 주 113), 113쪽에 소개한바 있다.

을 말해주는 중좌가 아닐까 생각된다.

2) 수산물의 획득과 이용

수산물은 더 말할 것도 없이 냇가나 강가, 그리고 바다에서 그물이나 어망 그리고 낚시 등의 간단한 도구를 이용하기도 하고 또 직접 손으로 따는 등 여러 가지 방법으로 획득하였다. 그와 같은 모습의 일면을 우리들은 당시의 관료요 문인이기도 했던 인물들의 시구詩句에서 몇몇을 찾아볼 수 있다. 이규보의 「배 안에서 또 읊다」라는 다음의 시가 그 하나이다. 즉,

> 㐌-③ 붉은 고기(홍린紅鱗) 여울(탄류灘流)에서 잡아오고
> 　　　백주白酒(막걸리)는 모랫가 집에서 사왔네
> 　　　이 몸이 점점 어옹漁翁과 가까워져서
> 　　　연기 자욱한 강江 밤비에 취하여 누웠네6)

라고 하여 강가에 앉아 여울에서 잡아온 물고기를 안주로 하여 백주를 마시고 있는 것이다. 다음의 「어느 사람에게 주다」라는 민사평閔思平의 시에서도 역시 유사한 모습이 보인다.

> 㐌-④ 집으로 돌아온지 몇해 째 나날이 한가해도
> 　　　벼슬 바다(환해宦海)에 물결 센 것 아직도 놀라네
> 　　　고기를 낚으러(조어釣魚) 고요히 울타리 돌에 앉고
> 　　　날 개면 고사리 캐러 집 뒷산에 오르네7)

---

6)『東國李相國全集』권 6, 古律詩「舟中又吟」.
7)『동문선』권 16, 七言律詩「有贈」.

벼슬에서 떠나 집으로 돌아온 그가 조용히 울타리 돌(이변석籬辺石)
에 앉아 고기(어魚)를 낚고 있는 것이다. 또 김극기金克己도 「전가사시
田家四時」에서 「풀밭(초박草苩) 아래 고기들이 뛰놀고(유어략遊魚躍)」
라는 시구詩句를 남기고도 있거니와8) 면면을 살필 수 있는 기록은 얼
마 더 눈에 띈다.

한편 이들의 경우와는 좀 달리 북방의 인주麟州·정주靜州 백성들이
7·8천보 거리에 있는 섬을 왕래하면서 농사 짓고 고기를 잡는(경어耕
漁) 일 등을 하여 왔다는 것은9) 생계를 위한 어업의 한 사례이다. 그리
고 횡천의 백성 요가대尿加大가 아들 아홉·사위 한명과 같이 산골에
살면서 어렵漁獵으로 생계를 꾸려 갔다는 것10) 또한 유사한 경우이다.
그런가하면 우왕이 양주楊州에서 고기 잡는 것(타어打魚)을 관람했다
거나11) 자신이 동강東江에서 환관 등과 함께 물가를 뛰어다니며 고기
잡이를 하는 것을 일상으로 삼았다는 사례는12) 좀 또 다른 경우에 해
당한다.

도구를 가지고 고기잡이를 한 경우로는 통발(호滬)을 이용한 사례를
들 수 있다. 이것은 정종靖宗 9년(1043) 5월에 가뭄이 계속되자 왕이
상식국尙食局에 명하여 매 사냥 군인을 해산시킴과 동시에 통발로 고
기 잡이(포어捕魚)를 하는 것을 금하고 있는데서13) 살펴볼 수 있는 것
이다.

다음으로 주목되는 것은 어량소魚梁所의 존재이다. 어량은 물길이

---

8)『동문선』권 9, 五言律詩「田家四時」.
9)『고려사』권 101, 열전 14 金光中傳·『고려사절요』권 11, 의종 19년 3월.
10)『고려사』권 26, 世家 元宗 5년 5월.
11)『고려사』권 135, 열전 48, 禑王 9년 2월.
12)『고려사』권 136, 열전 49, 禑王 12년 5월.
13)『고려사』권 6, 世家·『고려사절요』권 4, 靖宗 9년 5월.

한 곳으로 흐르도록 하고 대나무 등으로 만든 어구漁具를 설치하여 고기를 잡던 곳으로,[14] 소所는 그것이 있던 지역의 특수한 호칭이다. 구체적인 그들 사례로는 우선 현종 7년(1016) 5월에 궁인宮人 김씨가 왕자를 낳자 왕흠이라는 이름을 내림과 동시에 연경원에 금은그릇·전장田庄·노비 등과 함께 어량을 사여한 조처에서[15] 볼 수 있다. 그후 궁인 김씨(뒤의 원성태후)는 이 어량을 통해 적지 않은 물고기를 확보할수 있었을 것이다. 또 문종 12년(1058) 7월에는 경창원 소속의 어량과 배(주즙舟楫)·노비를 관부官府로 되돌리려다가 문하성門下省의 건의로 그만두고 있는 기사에서[16] 새로운 경우도 대하게 된다. 그런가하면 성종조에 최승로가 시무책時務策을 올리는 가운데에서, 부처에서 재를 올리는 날에 신지新池와 혈구穴口(인천시 강화군)·마리산摩利山 등의 어량魚梁을 물고기를 놓아주는 방생소放生所로 이용하고 있다는 기록이 눈에 띠며,[17] 또 무신정권기에 집정이 된 최항崔沆이 환심을 사기 위해 마포麻布 등에 대한 별공別貢과 함께 금주金州(경남 김해)·홍주洪州 등지의 어량세魚梁稅와 선세船稅를 감면해주고 있는 기사도[18] 보인다. 당시에는 어량에도 일정한 세금을 부과했던 모양이다.

이같은 어량세·선세의 존재와 더불어 어촌에서는 고기를 세로 내고있다는(어위세魚爲稅) 기록도[19] 찾아진다. 그런가 하면 그 이전인 문종 21년(1067) 부터는 여러 주·현에서 공물貢物로 받던 어포魚脯(말린고기)를 바치지 말라고 명하고도 있거니와[20] 시기와 지역·물품에 따라

14) 이정신, 「高麗時代의 漁業 實態와 魚梁所」『韓國史學報』 3·4, 1998.
15) 『고려사』 권 4, 世家 顯宗 7년 5월.
16) 『고려사절요』 권 5, 文宗 12년 秋7월.
17) 『고려사절요』 권 2, 성종 원년 6월·『고려사』 권 93, 열전 6, 崔承老傳.
18) 『고려사』 권 129, 열전 42, 叛逆 3, 崔忠獻 附 崔沆.
19) 『고려사』 권 33, 世家 충선왕 2년 12월.

얼마간씩의 차이는 있었지만 수산물의 획득에도 역시 국가에 납부하는 일정량의 부담이 뒤따랐음을 알 수 있다.

이와 직결되는 사항은 아니지마는 수산물의 획득과 소비에는 국가에서 여러 모로 관여하기도 했다. 문종 원년(1047) 4월에 왕이 봄부터 비가 오지 않자 정전을 피하고 일상하던 조회를 철회함과 동시에 도살도 금하고 말린고기(포脯)와 젓갈만을 사용토록 하고 있다.[21] 또 명종 22년(1192) 5월에는, 옛날의 밝은 임금은 천하를 교화할적에 절약 검소를 숭상하고 사치를 물리쳐 풍속을 후하게 하였었는데 지금의 상황은 그렇지 않다고 지적하면서 잔치함에 있어서도 직위별로 반찬의 가지수를 줄이되 부득이한 경우에는 포脯와 젓갈을 번갈아 들이도록 명하고 있다.[22] 상하를 막론하고 상황에 따라 수산물의 수급에 신중할 것을 독려하고 있는 것이겠다.

다음의 기사도 표현은 좀 다르지만 내용에 있어서는 유사한 면을 지닌 것이라 할 수 있을 듯하다. 즉 우왕 14년(1388) 8월에 「헌사憲司에서 상소하여 "여러 섬의 어염魚鹽에 대한 이익과 목축의 번성 및 해산海産의 풍요는 국가가 힘써야 할 것입니다"」라고 하여[23] 여러 섬에서 얻을 수 있는 물고기와 해산물 등에 국가가 많은 관심을 가져야 한다는 것인데, 그만큼 수산물의 획득을 강조하고 있는 것이라 하겠다. 한편으로 이와 같은 조처와는 좀 달리 현종 12년(1021) 9월에 황주의 세장지世長池와 용림록龍林麓에서 물고기를 잡거나 나무하는 것(어초漁樵)을 금하고 있으며,[24] 문종 30년(1076) 11월에는, 양기가 처음으로

---

20) 『고려사』 권 8, 世家 文宗 21년 2월 庚午.
21) 『고려사』 권 54, 지 8, 五行 2, 金行 恒暘·『고려사절요』 권 4, 文宗 원년 4월 癸亥.
22) 『고려사절요』 권 13, 明宗 22년 5월.
23) 『고려사』 권 82, 지 36, 兵 2, 屯田 辛禑 14년 8월.

발동하여 만물이 생기를 품는 때에 각기 자연의 본성을 이룰수 있도록
해야 하는 만큼 주·부·군·현은 사람들이 물고기를 잡고 짐승을 사냥
하는 것(어렵漁獵)을 금하고 어기는 자는 죄를 주라는 왕명을 내리고
있는가 하면,25) 공민왕 5년(1356) 12월에도 중앙과 지방을 막론하고 어
렵을 금하도록26) 조처하고 있다. 방법상에는 차이가 있었다 하더라도
이들 역시 수산물의 보호와 관리라는 측면에 따른 것으로서 앞서의 조
처와 상통하는 방향이 아니었나 짐작된다.

이상에서 살펴본 바와 같은 여러 가지 방식과 과정을 통해 획득된
수산물은 다방면으로 쓰였다. 그 하나로 공적인 용도였다고 할 것은
국가의 제례에 바쳐진 것으로서, 공양왕 2년(1390) 2월에 정해진 대부
大夫·사士·서인庶人 제례에 의하면 직급에 좀 차이가 있기는 해도
밥·국·과일 채소와 함께 생선과 고기(어육魚肉)가 포함되고 있는 것이
다.27) 또 충선왕 2년(1310)에 원나라에 사절을 보내 황태후에게 미역
(해채海菜)과 건어乾魚·건포乾脯 등을 바친 사례28) 역시 이 부분에 해
당하는 경우였다고 이해된다.

이와는 달리 뒤에 병부상서까지 역임한 이영진李泳搢은 그 이전에
는 생선을 팔아(판어販魚) 생계를 꾸려갔다고 한 예로29) 미루어 수산
물의 사적인 매매가 적지 않았음을 짐작할 수 있다. 그리고 의종 24년
(1170)에는 이복기가 왕에게 사사로이 옷과 장신구 및 술·고기(주육酒
肉)와 건포·과일(포과脯果)을 바치고 있으며30) 명종의 신임을 얻은 최

---

24) 『고려사』 권 85, 志 39, 형법 2, 禁令 顯宗 12년 9월.
25) 『고려사절요』 권 5, 文宗 30년 11월.
26) 『고려사』 권 85, 志 39, 형법 2, 禁令 공민왕 5년 12월.
27) 『고려사』 권 63, 志 17, 禮 5, 吉禮小祀, 大夫士庶人祭禮, 공양왕 2년 2월判.
28) 『고려사』 권 33, 世家 충선왕 2년 12월.
29) 『고려사』 권 13, 世家 明宗 21년 冬10月.

여해가 나주의 수령이 되자 좋은 과일과 해포海脯를 넉넉히 구하여 바치고도 있지마는,[31] 이 두 사례의 경우 좀 특수한 경우여서 사적에 실려 여기서 소개가 되고 있으나 유사한 사례가 다수였으리라는 점은 충분히 짐작이 가는 일이다.

수산물 획득의 과정이 이처럼 다양하였음에도 불구하고 그것의 주된 최종 목적은 더 말할 나위도 없이 식품으로서의 이용에 있었다. 그리하여 우리들은 그의 구체적인 사례를 현재까지도 몇몇을 대할 수 있다. 그 하나로 이규보가,

> ㉱-⑤ 내가 흰 머리 드리운 홀어머니 모시고 있는데
>   아침 저녁 맛있는 음식 오히려 봉양하기 어려웠네
>   병들어 누워 계신지 거의 일년인데
>   병중에 즐기는 것 하루에도 천 여 가지네
>   생선 국(선갱鮮羹) 날고기 회(성회腥膾) 어찌 이루 헤아리랴
>   수저도 놓기 전에 곧 토하려 하였네[32]

라고 하여, 병든 어머니를 위해 어려움을 무릅쓰고 생선 국과 생선회를 드려 보았으나 뜻대로 되지 않았음을 아쉬워하는 시를 남기고 있으며, 충렬왕 때에 고위직까지 지낸 추적秋適이 늘상,

> ㉱-⑥ 손님을 대접할 때는 다만 백립白粒으로 잘 지은 밥과 생선을 썰어 국이나 끓이면(할선작갱割鮮作羹) 되었지 무엇하러 많은 돈을 드려 산해진미를 차릴 필요가 있겠는가.[33]

---

30) 『고려사』권 19, 世家 의종 24년 秋7月.
31) 『고려사』권 101, 열전 14, 崔汝諧傳.
32) 『東國李相國全集』권 11, 古律詩「謝崔天院宗藩 惠羊肥饋病母」.
33) 『櫟翁稗說』前集 2, 露堂・『고려사』권 106, 열전 19, 秋適傳. 이 부분은 주 80), 36쪽

라고 했다는 데서도 살펴볼 수 있다. 심지어 이 생선을 넣어 만든 국에 대한 호평은 이웃 나라에까지 알려져서 일본 원정 때 공로가 컸던 김방경이 원나라를 방문함에 즈음하여 「황제가 따뜻한 말로 위로하고, 승상의 다음 자리에 앉게한 다음 진기한 반찬을 하사하고 다시 백반白飯과 생선국(어갱魚羹)을 내려주면서 "고려 사람들은 이것을 좋아한다지" 라고 하였다는[34] 내용도 전해오고 있는 것이다.

아울러 물고기는 음주와 관련이 많은데다가 시문詩文을 즐기는 사람들의 글에 오르내리기도 쉬워서 그에 따른 사례 역시 얼마가 눈에 들어 온다. 위에서 여러 차례 소개한 송나라 사신 서긍이 「고려의 풍속은 술과 단술(주례酒醴)을 귀하게 여긴다.……지금 고려인은 평상 위에 소반을 놓고 구리 그릇에 어포鯆(수)·육포(석腊)·생선(어魚)·채소를 섞어서 내놓지만 풍성하지 않고 술 마시는 법도에도 절도가 없다」고[35] 자신 나름의 견문을 써놓고 있는 데서 그 일면을 살필 수 있다. 또 이규보도 「남헌에서 우연히 읊다」 라는 시에서,

> ㉣-㉠ 남헌장로는 해 높이 뜨도록 잠자다가
> 이불 둘러쓰고 헤진 털방석에 앉았네
> 붉은 생선(홍린紅鱗) 회처서(膾切) 안주를 삼고
> 반 병술 기울이자 벌써 취해 쓰러졌네.[36]

라고 기술하고 있으며, 김극기金克己는 「전가사시田家四時」 가을 부분에서,

에서 이미 소개한바 있다.
34) 『고려사』 권 104, 열전 17, 金方慶傳. 이 내용은 주 114), 41쪽에서 이미 소개한바 있다.
35) 『고려도경』 권 22, 雜俗 1, 鄕飮.
36) 『東國李相國後集』 권 2, 古律詩 「南軒偶吟」.

> 타-⑧ 자주빛 밤(紫栗)은 붉은 나무잎 사이에서 떨어지고
> 붉은 비늘고기(주린朱鱗)는 푸른 물(벽류碧流)에서 낚네
> 흰 병의 집에서 빚은 술을 따르며
> 손을 맞아 서로서로 주고 받나니[37]

라고 읊고 있다. 그런가 하면 이달충李達衷 역시 「산촌잡영山村雜詠」에서,

> 타-⑨ 산촌은 참으로 쓸쓸한 벽지
> ....
> 도롱이 입은 이가 문을 자주 두드리기도
> 질 뚝배기(도앵陶罌)에 들고 오는 허연 막걸리(백염白醶)
> 버들 마구니(유비柳篚)에 담아오는 시뻘건 생선(홍성紅鯹)[38]

이라 읊고 있기도 하다. 서긍의 경우는 좀 다르지만 후3자는 산촌에 머물면서 그곳에서 얻을 수 있는 물고기를 안주로 하여 우인들과 함께 술을 나누며 자신들의 마음과 느낌을 시로 남기고 있는 것이다. 그런데 여기에서 지금 우리들의 관심을 두고 있는 물고기 부분을 보면 모두가 회로 소비되고 있다는 점이 주목되는데, 이는 아마 사용처와 더불어 그것을 즐겨 먹기도 했던 때문이 아닐까 싶기도 하다. 생산자와 소비자가 떨어져 있을 경우 건어乾魚로 이용되는 경우가 많다는 점도 이 부분을 이해하는데 도움이 될 것 같다. 그러면 이어서 개별적인 명칭이 확인되는 수산물 각각에 대하여 좀더 살펴보기로 하자.

---

37) 『동문선』 권 4, 五言古詩 「田家四時」.
38) 『동문선』 권 16, 五言排律 「山村雜詠」.

(2) 수산물의 종류

1) 물고기류 - 방어魴魚·잉어(이어鯉魚)·농어(노어鱸魚)·연어年魚·청어
   青魚·조기(석수어石首魚)·붕어(부어鮒魚)·은어銀魚 등

위에서 지적했듯이 수산물에 대해 살펴 보느라 하였지만 그것들의
거의 전부가 공식적인 명칭과 성격이 생략된 상태에서 였다. 그러므로
지금부터는 몇 분야로 구분하여 알아보려는 것인데, 먼저 물고기류를
대상으로 하는게 옳을 것 같다. 많은 방어魴魚와 잉어(이어鯉魚)로서
무신정권기에 많은 활동을 하는 이규보가 지은「탄협가彈鋏歌」라는 시
에 그것들이 언급되고 있다. 그 내용을 보면,

> 마-⑩ 식탁에 고기(어魚) 없구나 식탁에 고기 없어
>   칼 두드리며 부르는 서글픈 노랫소리 격절도 하네
>   가을 배추와 나물로 겨우 뱃속 채우니
>   가시 많은 송사리도 얻을 수 없네
>   깊은 강물에 어찌 방어(방魴)와 잉어(이鯉)가 없을까
>   옥척玉尺과 은도銀刀 같은 빛으로 무수히 뛰지 않을까
>   슬프도다 꼭 비린 회(성회腥膾)를 좋아해서가 아니라
>   고기먹는 귀인에 참여할 계제 없음이 한이로다.[39]

라고 하여, 일정한 직위에 있는 이규보조차 방어나 잉어를 접할 수 없
는 당시의 어려운 상황을 한탄하는 시를 남기고 있는 것이다. 그런가
하면 그는 이후에 자기와 인연이 있는 함자진이 찾아왔을 때 우연히
얻은 한 자(척尺)짜리 농어(노鱸)를 술안주로 대접하려한 글도 보여[40]

---

[39]『東國李相國全集』권 9, 古律詩「彈鋏歌」.
[40]『東國李相國全集』권 13, 古律詩「草堂邀咸子眞以詩先之」.

흥미롭다.

충렬왕 때에 여러 직위를 거치면서도 가사가 넉넉지 못했던 오한경
吳漢卿이 경상도 안렴사 유호劉顥(유안부)로부터 연어年魚를 선물로
받고, 「금주金州에서 유안부劉按部가 연어年魚를 선사함에 사례하며」
라는 시에서 「평생에 구복口腹의 계책 서투른 나, 고마운 공公의 덕분
에 흠뻑 한 번 먹었네」라 읊고 있는41) 글은 또다른 분위기를 보여준
다. 이 연어는 그 후에도 개경에 있는 이색에게 지인들이 선물로 보내
주고 있는 몇 사례가 눈에 띄거니와, 그가 「동북면순문사 장자온이 연
어를 보내준데 답한다」는 내용의 글을42) 남기고 있는 것과, 멀리 동해
안에서 보내준 사람에게도 「화녕윤和寧尹 박영공朴令公께서 연어를
보내주어(송연어送年魚) 감사하다」는 취지의 글43) 등이 전하는게 그것
들이다. 연어는 다들 아는대로 하천에서 부화하여 바다로 나가 살다가
다시 자기가 살았던 하천으로 돌아와 산란하는 고기로, 그간에 잡혀서
관료들 사이의 선물로 이용되는 경우가 꽤 있었던 모양이다.

물고기와 관련하여 이색은 이들 이외에도 여러 편의 글을 더 쓴바
있어 쉽사리 찾아볼 수 있다. 그 하나가 「청어부靑魚賦」로서,

> ㉰-⑪ 쌀 한 말(두미斗米)에 청어 20여靑魚二十餘
> 삶아 내니 주발의 흰 색이 나물 소반을 비춘다
> 인간세상 맛 좋은 것 응당 많을테지만
> 산같이 흰 물결이 대허大虛를 친다.44)

---

41) 『동문선』 권 14, 七言律詩 「在金州謝劉按部顥惠年魚」.
42) 『牧隱詩藁』 권 33, 詩 「答張子溫東北面巡問使送年魚」.
43) 『牧隱詩藁』 권 30, 詩 「謝和寧尹朴令公 送年魚」.
44) 『牧隱詩藁』 권 14, 詩 「賦靑魚」.

고 하였듯이 쌀 한 말을 가지고 청어 20여 마리를 구할 수 있었던 것을 보면 그것은 비교적 흔했던 듯싶으며, 그런데다가 매우 맛이 좋은 물고기였다고 이해된다. 이런 가운데에서 이색은 서해에서 많이 나는 청어를 낮추보고(서해청어천西海靑魚賤) 동해 바다에서 적게 나는 붉은 게를 중시하면서도(동명자해희東溟紫蟹稀),[45] 한편으로 청어가 조반의 입맛을 돋우고 뱃속에 원기를 불어넣어주는 좋은 생선이라는 점 등에 대해서도 언급하고 있다.[46]

다음의 조기(석수어石首魚) 역시 이색의 글에서 찾아진다. 자복子復(민안인閔安仁)이 법주法酒와 말린 조기(건석수어乾石首魚)를 보내준데 대해 그가,

> ㉣-⑫ 잔 비늘 물고기는 백수(어)(百首魚)라 하는데
> 아름다운 술(미주美酒) 춘심春心을 채워주네
> 거품 뜬 술은 향기가 막 풍기고
> 말린 고기(건어乾魚)는 맛이 절로 깊구나[47]

운운하여 고마움을 표하고 있는 것이다. 아울러 서해西海의 안렴사인 김진양金震陽이 말린 사슴고기(건록乾鹿)를 보낸다고 했음에도 실은 염주의 붕어(부어鮒魚)였지마는, 그럼에도 또 원하는 사람이 있으므로 사실을 전하는 글을 보내고 있는 데서 붕어의 존재도[48] 확인되고 있다.

그리고 정도전은 촌에 사는 친구로부터 은어銀魚를 받고 소회를 남

---

45) 『牧隱詩藁』 권 28, 詩 「殘生一首」.
46) 『牧隱詩藁』 권 31, 詩 「金恭立以曆日相送 且饋靑魚」.
47) 『牧隱詩藁』 권 22, 詩 「謝子復以法酒乾石首魚 見饋」.
48) 『牧隱詩藁』 권 24, 詩 「得西海岸廉金震陽書云 送乾鹿 然鹽州鮒魚 又所欲者 因賦一首 以寄」.

겨 전해지고 있다. 그 글의 일부를 살펴보면 다음과 같다.

    ㉺-⑬ 영호루라 그 아래 은어銀魚가 있어
            천리 길에 보내온 벗님의 편지49)

   이상에서 살펴본 것들 이외에도 여러 명칭의 물고기들이 더 눈에 띈
다. 병어(편어鯿魚)·대구어大口魚·뱅어(백어白魚)·메기(점어鮎魚) 등
등이 그것들인데 이 자리에서 일일이 더 언급하지 않도록 하겠다.50)
요컨대 고려시기에도 방어나 잉어·청어 등의 다양한 물고기들이 상급
의 식품으로서 널리 이용되어온 것으로 생각된다.

   2) 조개류 – 전복(복鰒·포鮑)·굴(여방蠣房) 및 갑각류甲殼類 – 게(해蟹)·새
     우(하蝦)·문어文魚와 해초류海草類 – 미역(해조海藻·곽藿)·다시마(곤포
     昆布)·김(해의海衣) 등

   수산물 가운데 위에서 살펴본 물고기류를 제외한 나머지 물품은 대
략 조개류와 갑각류甲殼類 및 해초류海草類로 구분하는게 일반적인
것 같다. 이 부분을 비교적 포괄성 있게 다룬 사람은 외국인이면서도
고려의 풍습에 관심이 많은데다가 고려인 동료의 도움까지 받은듯 싶
은 『고려도경』의 저자 서긍으로서, 그 내용은 다음과 같았다. 즉,

    ㉺-⑭ (고려의) 어려운 백성들(세민細民)은 해산물을 많이 먹었던만큼
          거기에는 미꾸라지(추鰌)·전복(복鰒)·조개(방蚌)·진주조개(주모

---

49) 『삼봉집』권 2, 七言絕句 「村居友送銀魚 書懷謝呈」.
50) 이곳의 「물고기류」 항목에 대한 논급은 윤성재, 「수산물의 종류와 소비—생선종
    류」『고려시대 식품의 생산과 소비』, 숙명여대 박사학위 논문, 2010에서 이미 대
    부분을 검토한바 있어 많은 도움을 받았다.

珠母)·왕새우(하왕鰕王)·무명조개(문합文蛤)·붉은게(자해紫蟹)·
굴(여방蠣房)·거북다리(구각龜脚)가 있고, 미역(해조海藻)·다시
마(곤포昆布)까지도 귀천 없이 즐겨 먹는데, 구미는 돋구어주지
만 냄새가 나고 짜므로 오래 먹으면 싫증난다.

어부(해인海人)들은 썰물이 질 때마다 배를 섬에 대고 고기를
잡는다. 그러나 그물은 잘 만들지 못하여…… 많이 잡지는
못한다. 다만 굴(여蠣)과 대합(합蛤)들은 조수가 빠져도 나가지
못하므로 사람들이 주워 모으는데 힘껏 거두어들여도 없어지
지 않는다.51)

라고 기술하고 있거니와, 각각의 부류에 해당하는 물품들을 그다지 어
렵지 않게 살펴볼 수 있다.

관련 기록은 이들 이외에도 고려시기를 다룬 몇몇 서적에서 얼마가
더 찾아진다. 먼저 조개류에 해당하는 전복(복鰒·포鮑)의 경우 이색이
하안부河按部와 경상도 안렴사인 전총랑全摠郎으로부터 각각 포鮑와
생포生鮑를 받고 고마워하는 사례를52) 들 수 있다. 그리고 충숙왕 5년
(1318) 5월에는 원나라 황제에게 올리는 새우(하蝦)와 조개(합蛤)를 관
장하는 담당자가 부정을 저지른게 발각되어 그를 처벌하는 사건을53)
통해 합蛤·방蚌의 존재를 새삼 느끼게 된다. 또 문종 7년(1053) 2월에
는 탐라국의 왕자인 수운나殊雲那가 그의 아들로 배융교위인 고물 등
을 보내 우황牛黃·우각牛角 등과 함께 나육螺肉(소라고동의 살) 및 해
조海藻(미역) 등의 물품을 바치고 있다.54) 여기서 우리는 새로이 소라

---

51) 『고려도경』권 23, 雜俗 2, 漁.
52) 『牧隱詩藁』권 17, 詩 「奉謝河按部寄茶鮑」.
　　『牧隱詩藁』권 26, 詩 「謝慶尙按廉全摠郎生鮑紅柹之惠」.
53) 『고려사』권 84, 志 38, 형법 1, 職制 충숙왕 5년 5월.
54) 『고려사』권 7, 世家 文宗 7년 2월.

를 대하게 되지마는, 왕은 탐라왕자에게 중호장군中虎將軍이라는 벼
슬을 주고 공복公服·은대銀帶 등도 하사한다.

　다음 갑각류인 게(해蟹)에 대해서는 우선 이규보의 「찐 게를 먹으며
(식증해食蒸蟹)」라는 제목의 다음과 같은 시詩를 들 수 있다.

　　㉤-⑮ 강 마을 아이들이 살찐 게(유모蝤蛑: 민물 게) 보내왔는데
　　　　 큰 딱지 둥근 배가 모두 암컷이로구나
　　　　 ···
　　　　 평생 글을 읽었기에 쓰르라미 방게는 분변하나니
　　　　 옛날에 사도司徒가 삶은 것은 아니로다
　　　　 삶아서 단단한 붉은 껍질 깨어보니
　　　　 노란 자위와 푸른 진액이 반쯤 들었도다
　　　　 진흙탕에 뛰어다니기 너는 좋아하지만
　　　　 왕 윤(옛적의 조왕 윤)의 분풀이를 받았었지
　　　　 차라리 나의 왼 손에 들어와서
　　　　 날마다 마시는 술에 안주됨만 같으랴55)

　　강가 마을의 아이들로부터 민물 게를 기증받아 게살과 그 속의 게장
을 안주로 삼아 술을 마시는 즐거움을 시詩로 읊고 있거니와, 거기에
이어서 그는 「손앓이에 대하여 쓰다手病有作」라는 글에서

　　㉤-⑯ 평생에 큰 붓을 휘두르기 좋아하여
　　　　 풍월 희롱함을 그친 적이 없었다.
　　　　 또 장차 조물아造物兒에 다 부치려 했더니
　　　　 조물이 약아서 미리 알았구료
　　　　 갑자기 오른 손에 부스럼을 나게 하여

---
55)『東國李相國全集』권 7, 古律詩「食蒸蟹」.

··························
붓을 찍고 먹 가는 일이 모두 어렵나니
뱃속의 쌓인 글을 어떻게 써낼까
··························
달고 살찐 게(해오蟹鰲)를 하얗게 쪼개놓으니
다행이 왼손이 성하여 집을 수 있구나
술에 취해 잠들면 아픈 줄 모르나니
나의 의원은 쑥찜도 침도 아니로다56)

라고 하여, 아픈 오른 손 대신에 왼손이 성하여 달고 살찐 게를 아픈 줄도 모르고 술과 함께 집어먹어 행복한 삶을 누린다고 읊고 있다. 아울러 이규보보다 조금 앞선 시기의 인물로 한림翰林·내한內翰 등으로 불리던57) 김극기金克己도 「향촌에서 자며(숙향촌宿香村)」에서,

㉯-⑰ 구름 길로 4, 5리 걸어가다가
　　　차츰 푸른 산뿌리로 내려가노니,
······································
　　　초가집 처마 밑에 앉기 오래지 않아
　　　떨어지는 해(일日) 금쟁반에 나직하네
　　　섶나무 베어 어두움을 밝히고
　　　생선과 게는 저녁상에 올랐네(어해성반찬魚蟹腥盤飡).58)

라고 하여, 저녁상에서 게를 반찬으로 먹은 사실에 대해 언급하고 있다.
다음 새우(하蝦)의 사례로도 먼저 이규보의 「여뀌꽃과 백로(요화백로蓼花白鷺)」에서 찾아볼 수 있다. 즉,

---

56) 『東國李相國全集』 권 7, 古律詩「手病有作」.
57) 『補閑集』 序 및 中「今之詩人」.
58) 『동문선』 권 4, 五言古詩「宿鄕村」.

㉑-⑱ 앞 여울에 물고기 많고 새우도 많아(부어하富魚蝦)
    탐심이 나서 물결 가르고 들어가려다
    사람 보고는 홀연 놀라 일어나
    여뀌꽃 언덕으로 날아 다시 모였네[59]

라고 보이듯이, 백로가 여울에 있는 새우를 잡아먹으려 하면서도 사람
들이 보고 있어 애를 태우는 모습을 시로 읊고 있는 것이다. 이밖에 이
색은 새우의 깊은 맛에 감탄하는 글을[60] 남기고 있으며, 충숙왕 당시
고려에서 원나라 황제에게 조개와 함께 새우를 올렸다는 사실에 대해
서는 앞서 소개한 바와[61] 같다. 아울러 다른 하나의 종류인 문어文魚
와 관련해서는 역시 이색이 동경의 윤공으로부터 문어를 받고 쓴 화답
하는 글을 통해[62] 일면을 엿볼 수 있다.

  해초류海草類로는 앞서 서긍이 『고려도경』에서 해조海藻(미역 또는
바다 조류藻類)와 곤포昆布(다시마)를 언급한바 있고,[63] 또 문종 7년에
는 탐라국의 왕자가 아들을 보내 역시 해조를 바친 사실이 있음을 확
인하였지마는,[64] 유사한 사례는 이들 이외에도 몇몇이 더 눈에 띤다.
이보다 얼마 뒤인 문종 33년(1079) 11월에 일본의 상인 등원藤原 등이
와서 법라法螺(소라고동으로 만든 일종의 나팔)와 함께 해조 300묶음
을 흥왕사에 시주하고 왕을 위해 축수한 것이[65] 그 하나이다. 그리고
충선왕 2년(1310)에는 고려에서 원나라에 사절을 보내 황태후에게 건

---

59) 『東國李相國全集』권 2, 古律詩「蓼花白鷺」.
60) 『牧隱詩藁』권 12, 詩「詠紅大蝦」.
61) 주 53), 145쪽.
62) 『牧隱詩藁』권 28, 詩「東京尹公見和前韻 仍途文魚 走筆奉答」.
63) ㉑-⑭, 주 51) 145쪽.
64) 주 54), 145쪽.
65) 『고려사』권 9, 世家 文宗 33년 11월.

어乾魚 등과 더불어 해채海菜(미역)를 바치고 있으며,[66] 또 이색이 강릉염사江陵廉使가 보내준 김(해의海衣)으로 밥을 싸 먹으면서 향기가 좋다고 감탄하고 있는 사례 등도[67] 찾아지는 것이다.

이 글 첫머리에서 소개한 서긍의 글에 의하면 고려의 다양한 수산물에 대하여 비교적 차분하게 언급한 면이 없지 않으나 외국인·중국인으로서의 한계는 뚜렷한 것 같다. 각 방면에 걸친 각종 수산물은 고려 사람들의 식생활에 적지않은 역할을 하는 중요 식품의 하나였다.

3) 소금(염鹽)

소금은 우리의 생활에 없어서는 안되는 식품의 하나로 그의 중요성은 한층 강조되어 마땅할 것인데, 국가로서도 재정상의 측면에서 중요하기는 마찬가지였다. 그러므로 귀중한 사서史書인『고려사』의 한 부분에「염법鹽法」항목을 따로 두었던 내용이 전해지고 있지마는, 그 첫머리에「국가가 자산으로 삼는 것 가운데 소금으로 얻는 이익이 가장 큰데, 국초의 제도는 기록이 없어 상고할 수 없다」고[68] 하고, 다시 뒤에「염세鹽稅는 예로부터 천하의 공용公用인데 지금 여러 궁원宮院·사사寺社와 권세가가 모두 다투어 차지하고 그 세를 납부하지 않아 국가 재정이 부족하게 되었다」고[69] 하여 당시의 기록과 함께 염법이 제대로 시행되지 못하고 있다는 점 등에 대해 언급하고 있다.

이와 같이 제구실을 하지 못하는 처지에 있는 고려의 염법을 바로 잡기 위해 일대 개혁을 단행하는 사람이 충선왕忠宣王으로, 그는 정식

---

66)『고려사』권 33, 世家 충선왕 2년 12월.
67)『高麗墓誌銘集成』309쪽「朴仁碩墓誌銘」, 2001.
68)『고려사』권 79, 志 33, 食貨 2, 鹽法 첫머리.
69)『고려사』권 79, 志 33, 食貨 2, 鹽法 충렬왕 24년 정월, 忠宣王.

으로 왕위에 즉위하는 원년(1309) 2월에 소금 전매제인 각염법榷鹽法
을 선포하고 시행하게 되는데 이에 대한 그이 교지는 다음과 같았다.

> ㉓-⑲ "옛날 소금 전매의 법(각염법榷鹽法)은 국가의 용도(국용國用)에
> 대비하기 위한 것이었는데 지금 우리나라는 여러 궁원宮院·사
> 사寺社와 권세가가 사사로이 염분鹽盆을 설치해 그 이익을 독점
> 하니 나라 살림은 무엇으로 충족될 것인가. 이제 내고·상적창·
> 도염원都鹽院·안국사 및 여러 궁원宮院과 전국 각지의 사사寺社
> 가 소유한 염분鹽盆은 전부 관청에 들여놓도록 하라. 소금의 가
> 격은 은 1근에 64석………으로 하고, 소금을 사용하려는 자는
> 모두 의염창義鹽倉으로 가서 사도록 하며, 군·현 거주자들은 모
> 두 관할지의 관청으로 가서 베를 납부하고 소금을 받도록 하라.
> 만약 사사로이 염분을 설치하는 자와 사사로이 서로 매매하는
> 자가 있으면 엄정하게 처벌할 것이다"
>   이에 차음으로 군·현에 지시해 민인民人들을 징발하여 염호鹽
> 戶로 삼게 했으며, 또 각 영營에 염창塩倉을 설치하게 하니 민
> 인民人들이 매우 고통스러워했다. 양광도에는 염분 126개소에
> 염호 231호,……… 서해도에 염분과 염호를 각각 49개소와 49
> 호를 두었다.[70]

  그 내용인즉, 첫째는 궁원·사사寺社·권세가나 도염원 같은 국가 기
구를 막론하고 각자가 소유하고 있는 염분은 모두 관청에 들여놓도록
하며, 이후 사사로이 설치하지 못한다. 둘째로 소금의 가격은 일정하게
정하여 놓고 필요한 사람은 의염창이나 군·현의 경우 관할지의 관청으
로 가서 베를 납부하고 받도록 하며, 누구를 막론하고 서로 매매하지
못한다. 셋째로 각 도별道別로 염분과 염호의 수를 정하고 해당 지역

---

70) 『고려사』 권 79, 志 33, 食貨 2, 鹽法 忠宣王 元年 2월.

의 민인들로 하여금 담당토록 한다는 것이었다. 소금의 생산, 보급 판매 일체를 국가의 통제 하에서 이루어지게 한다는 글자 그대로 소금 전매제의 수립이었다.

그러면 이와 같은 각염제 체제가 마련되기 이전의 소금 생산과 관련된 염호와 염분, 보급에 필요한 염창과 판매 관계, 국가와 직접 연결되어 있는 기구와 염세 등의 상황은 어떠 하였을까? 앞서 이 부분에 대해 『고려사』의 「염법」 항목에는, 「국초의 제도는 기록이 없어 상고할 수 없다」고 되어 있음을 지적한바 있다. 그러나 여러 문서들을 찾아보면 꼭 그렇지만은 않은 것 같다. 고려 전기의 상황을 살펴보는데 도움이 될만한 기록들이 몇몇 눈에 띄는 것이다. 일찍이 고려 태조 왕건이 후삼국의 통일전쟁을 수행해가는 과정에서 후백제의 장수로 벽진군을 맡고 있던 이총언李恖言을 설득하여 귀부해오자 그에게 충주·원주·광주廣州·죽주·제주堤州의 창곡倉穀 2,200석과 함께 염(소금) 1,785석을 내려주고 있는 것이[71] 그 하나이다. 전쟁중인데다가 국왕의 뜻에 따른 조처이긴 하지만 여러 지역의 소금이 자유롭게 처리되는 사례이기는 하다. 또 태조가 즉위 21년이 되던 938년에 총명하고 글을 잘 짓는다는 12살 나이의 최승로崔承老를 불러보면서 『논어』를 읽게하고는 크게 감탄하여 그에게 염분鹽盆을 내려주고 있으며,[72] 현종 7년(1016) 5월에도 궁인宮人 김씨가 왕자를 낳자 흠欽(왕흠, 뒤의 덕종)이라는 이름을 내려주고, 그에 따라 연경원延慶院에 금·은 그릇과 비단·전장田庄·노비·어량魚梁 등과 함께 염분鹽盆을 하사하고 있다.[73] 이는 각염법에서 특정 개인이나 궁원이 염분을 소유할 수 없도록한 규정에 배치

---

71) 『고려사』 권 92, 열전 5 王順式 附 李恖言.
72) 『고려사』 권 93, 열전 6 崔承老傳.
73) 『고려사』 권 4, 世家 顯宗 7년 5월 乙巳.

되는 것으로서, 고려 전기에는 그렇지 않았음을 의미한다. 무신정권기에 얼마동안 정권을 잡았던 이의민의 아버지가 되는 이선李善은 체사體篩와 더불어 소금을 팔아(판염販塩) 생계를 이어갔다고 하는데[74] 이 역시 각염법 체제하에서는 불가능한 일이다.

이들 몇 사례를 염두에 두고 볼때 좀 주저되는 면이 없진 않지만 소금 전매제가 실시되기 이전의 고려전기 실상은 전국의 염분을 생산자인 염호에게 맡겨놓고 국가는 그들로부터 일정한 액수의 소금을 염세로 징수하는 제도였다고 파악하는게[75] 옳을 것 같다는 생각이 많이 든다. 국가는 그렇게 하여 받아들인 소금을 필요에 따라 사용하거나 염점鹽店 등을 통해 판매하여 재정에 충당하는 한편으로 때로는 국가 기관이나 궁원·사사寺社·귀족들에게 염분을 하사하여 주어 이익을 얻도록 하기도 하였으며, 또 염호는 그들 나름으로 염세로 납부한 소금의 잉여분을 팔아 생계를 유지하였다고 짐작된다. 『고려사』 백관지에 올라있는 도염원都鹽院은 아마 이와 관련된 업무를 담당한 국가 기구였을 것이다.

다음의 몇 기사는 이 기간에 국가에서 염호로부터 받아들인 소금을 민인民人들을 위해 사용한 사례들이다. 즉,

> 㐌-⑳ (현종) 9년(1018) 정월에 흥화진이 근자의 병란으로 황폐해져 많은 민인民人들이 추위와 기근에 시달리는 실정이므로 면포와 소금(염)·장醬을 배급해 주었다.[76]

---

74) 『고려사』 권 128, 열전 41, 叛逆 2 李義旼.
75) 姜順吉, 「忠宣王의 鹽法改革과 鹽戶」 『한국사연구』 48, 1985.
　　權寧國, 「14세기 權鹽制의 成立과 運用」 『한국사론』 13, 1985.
76) 『고려사』 권 80, 지 34, 食貨 3, 賑恤, 水旱疫癘賑貸之制 顯宗·『고려사절요』 권 3, 현종 9년 춘정월.

㉯-㉑ (정종靖宗 5년 여름 4월에) 명하기를, 동북로의 여러 주州에 지
　　　　난 해 큰 물이 나 곡식을 쓸어가서 백성들이 굶주리니 그곳의
　　　　권농사로 하여금 창고의 쌀과 소금을 내어 구제하라 하였다.[77]

㉯-㉒ (문종 6년[1052] 3월) 경성京城(개경開京)에 기근이 들었으므로
　　　　담당 관청(유사有司)에 명하여 굶주리는 백성(기민飢民) 3만여
　　　　명에게 쌀·조(속粟)·염(소금)·메주(시豉)를 주어 진휼토록 하였
　　　　다.[78]

㉯-㉓ (선종 10년[1093] 여름 10월에) 명하기를, 동로東路 주진州鎮의
　　　　지난 해 곡물 농사가 제대로 되지 않아 많은 민인民人들이 굶주
　　　　리는 것을 생각하면 어찌 구휼하기를 잊겠는가. 마땅히 의창義
　　　　倉이 쌀과 소금(미염米塩)을 내어 진휼토록 하라 하였다.[79]

고 한 것 등이 그들로서, 특히 문종 6년에 수도인 개경에 기근이 들자
3만여명이나 되는 기민飢民들에게 소금을 쌀 등과 함께 나누어주고
있는 것과, 선종 10년에 곡물의 진휼기구인 의창義倉에 보관중인 소금
까지 민인들에게 내어주고 있는 기사가 눈길을 끈다. 소개는 하지 않
았지만 예종 연간에 두루 요직을 맡았던 「이위李瑋는 재물 증식하기를 좋
아해서 집에 있을 때는 비록 쌀·소금(미염米塩)이라도 들어오고 나가는
것은 반드시 알리게 했다」는 기록은[80] 개개인으로서도 당시에는 그 만
큼 소금을 중시하였다는 일면을 보여주고 있어 역시 예사롭지가 않다.
　그러면 체제가 크게 바뀐 소금 전매제 아래서의 상황은 어떠했을까.
그 부분을 살펴볼 수 있는 몇 사례를 들면 다음과 같다.

---

77) 『고려사절요』 권 4, 靖宗 6년(1039) 夏4月.
78) 『고려사절요』 권 4, 문종 6년 3월·『고려사』 권 80, 지 34, 食貨 3, 賑恤, 水旱疫癘賑
　　貸之制, 문종 6년 3월.
79) 『고려사절요』 권 6, 宣宗 10년 夏4月·『고려사』 권 80, 지 34, 食貨 3, 賑恤, 水旱疫
　　癘賑貸之制, 宣宗 10년 4월.
80) 『고려사』 권 98, 열전 11, 李瑋 附 李瑋.

㉓-㉔ (충숙왕) 12년(1325) 10월에 하교하기를, 각 지역의 염호鹽戶에
는 정해진 인원이 있고 공납하는 액수도 정해져 있는데, 근년
이래로 염호가 날로 줄어드는데도 공납 액수는 그대로이다. 중
앙과 지방에서 소금을 관장하는 관원이 제대로 감독하지 않고
도망간 염호가 공납할 소금을 다른 염호에게서 추가로 징수하
여 원래 액수만큼 충당하니 민인民人들이 심한 고통을 받고 있
다. 운운81)

㉓-㉕ (공민왕) 19년(1370) 12월에 문하부門下府에서 아뢰기를, "………
근자에 법이 오래되니 폐해가 생겨나 염세를 내고도 받지 못
한 지가 10년에 이르는 경우도 있습니다. 민인民人들이 하소연
할데가 없는데다 사사로이 판매하는 일이 급격히 늘어나니 이
는 선왕의 본뜻이 아닙니다. 청컨대 지금부터는 염호로 하여금
본래의 일에 안착하도록 할 것이며 또 수령에게 지시해 민인
들이 납부한 것을 되돌려주게 하고, (소금을) 사사로이 판매하
는 것을 금하십시오" 하니 왕이 그에 따랐다.82)

㉓-㉖ 공양왕 2년(1390) 8월에 도당都堂에서 아뢰기를, "동·서 양계兩
界는 국경을 중국과 연해 있고 또 홍수와 가뭄으로 인해 민생이
어려움에 처해 있으니 청컨대 염세를 감면해 주십시오" 하니
(왕이) 그에 좇았다.83)

　　소금 전매제의 주된 목표인 국가 재정의 확보와 민인民人들 생활의
향상이라는 부분이 기대한 만큼 성과를 거두었느냐 하는 점을 단정하
여 말하기는 어려울 것 같다. 그러나 어떻든 소금은 중요 식품의 하나
로서 시기와 장소를 막론하고 소중하게 다루어 왔음은 거듭 확인된다
고 하겠다.

---

81) 『고려사』 권 79, 志 33, 食貨 2, 鹽法 忠肅王 12년 10월.
82) 『고려사』 권 79, 志 33, 食貨 2, 鹽法 恭愍王 19년 12월.
83) 『고려사』 권 79, 志 33, 食貨 2, 鹽法 공양왕 2년 8월.

5

고려시대 사람들의
채소栄蔬와 과실果実 및 끼니

(1) 채소菜蔬의 종류와 이용

1) 채소의 재배·채집과 이용

채소는 통상적으로 식사에 뒤따르는 보조 식품으로서 그의 중요성 또한 새삼스레 강조할 필요가 없을 것이다. 그러므로 상하를 가릴 것 없이 자기의 집 안이나 또는 울타리 밖에 얼마의 빈터가 있으면 채소를 키우는 이른바 텃밭으로 이용하였는데, 가포家圃나 소포小圃·채포菜圃가 바로 그것들이었다.[1] 이규보 저술의 『동국이상국후집』 권 4, 고율시, 「집 안 채마 밭의 여섯 노래 '가포육영家圃六詠'」에 보이는 가포가 그 구체적인 사례의 하나이며, 명종조에 벼슬에서 물러나 귀양살이까지 하게된 박인석朴仁碩이 「스스로 힘쓰지 않고 앉아만 있으면서 처자식들이 추위와 굶주림을 겪게 할 수가 있겠는가 라고 하면서, 논밭을 개간하고 채마밭을 가꾸었다(리원포理園圃)」고 한데[2] 보이는 원포가 또다른 사례의 하나이지마는, 유사한 경우는 다수를 찾을 수 있다.

채소 가운데는 이처럼 재배되는 것 이외에도 들이나 산에서 스스로 자라는 야생도 여러 종류가 있었다. 이들은 채집을 통해 얻을 수밖에 없었는데, 고사리 더덕 등 역시 다양하였다.

이같은 채소를 두고 고려 후기의 학자요 정치가인 이색은, 고려인들이 「자기 몸을 위하는 데는 매우 절약해 귀천貴賤과 노유老幼를 물을

---

1) 윤성재, 「채소의 재배와 소비」 『고려시대 식품의 생산과 소비』, 숙명여대 박사학위 논문, 2010, 76쪽.
2) 『高麗墓誌銘集成』 309쪽 「朴仁碩墓誌銘」, 2001.

것 없이 (먹는 것은) 소채蔬菜·건어乾魚·포포脯에 지나지 않을 뿐이었다」고 하여3) 식품 중에서 소채蔬菜(채소菜蔬)가 차지하는 비중이 상당히 컸음을 지적하고 있다. 그리고 송나라 사절의 한 사람으로 고려를 다녀간 서긍도 견문록에서 「연음燕飮의 의례儀禮에 사용되는 각종 장막류張幕類는 모두 광채가 나고 화려하다.…… 그 술은 맛이 달고 빛깔은 짙은데 사람을 취하게 하지는 못한다. 과일과 채소(과소果蔬)는 풍성하게 차렸는데 대부분 껍질과 씨를 없앴다」고한 것에서4) 외국 손님의 접대에 과일과 함께 채소가 유용하게 쓰이고 있음도 알 수 있다.

채소는 이 밖에도 보조 식품으로서 여러 모로 이용되고 있는 사례가 더 눈에 띤다. 충렬왕 7년(1281) 5월에는 경성(수도인 개경)에 기근이 들어 백성들이 채식菜食만을 할 수 밖에 없게 되자 나라에서 그들에게 9월까지 염세鹽稅를 면제시켜주는 조처를 취하고 있으며,5) 문종 18년(1064) 4월에는 5월 15일부터 7월 15일까지 임진현의 보통원普通院에 죽과 소채蔬菜를 마련하여 유랑자들이 먹게하라고 명하고도 있다.6) 그리고 의종 14년(1160) 10월 기미일에는 왕이 보현원普賢院으로 거동하여 걸인들이게 베(포布)와 솜을 하사하더니, 다음 날에는 사원의 누각에 나아가 친히 나그네들에게 밥(반飯)과 국(갱羹)을 사여하는가 하면, 이튿날에도 역시 밥과 국을 하사하고 있거니와7) 그 사여한 국에는 다수의 채소가 포함되었을 것임은 의심의 여지가 없어 보인다.

---

3) 『牧隱文藁』 권 9, 序 「農桑輯要後序」.
4) 『고려도경』 권 26, 「燕儀」.
5) 『고려사』 권 80, 지 34, 食貨 3, 賑恤 災免之制·『고려사절요』 권 20, 충렬왕 7년 5월.
6) 『고려사』 권 8, 世家·『고려사절요』 권 5, 문종 18년 夏4月·『고려사』 권 80, 지 34, 食貨 3, 賑恤, 水旱疫癘賑貸之制 文宗 18년 4월.
7) 『고려사』 권 18, 世家 의종 14년 冬10月 己未·庚申·辛酉·『고려사절요』 권 11, 의종 14년 冬10月.

부수적으로 채소와 과실은 청렴·결백과 연결되어 있다는 점도 흥미로운 부분의 하나이다. 예종조의 신료로 근엄했던 최홍사崔弘嗣는 누가 먹을 것을 보내주면 비록 채소와 과일(소과蔬果)이라 할지라도 받지 않았음을 칭송하고 있는 기록에서8) 그점을 엿볼 수 있다. 또 의종조에 재상까지 지낸 이공승李公升이 은퇴한 뒤에 정원에다 초가집을 짓고 소요하면서 혹 손님이나 자제들이 찾아오면 시와 술을 즐기는 중에도 고기 안주는 좋아하지 않고(불희식육不喜食肉) 소채와 과일(소과蔬果)만을 먹었다고9) 한데서 분위기를 느낄 수 있으며, 심지어 공민왕조에 한때 정권을 잡았던 승려 신돈이 술과 고기를 먹는 등의 불미스런 행동을 자행하면서도 왕을 대할 때는 짐짓 채소·과일(채과菜果)을 먹고 차를 마셨다는 기록이10) 전해지는 것도 그와 관련이 있다고 짐작된다. 요컨대 채소(소채)는 보조 식품의 하나로서 다방면으로 중요한 역할을 담당하여 왔음이 확인된다고 하겠거니와, 그러면 이어서 그들의 하나하나에 대하여 좀더 가까이 접근해 보기로 한다.

2) 채소菜蔬(소채)의 종류

형태와 특징이 다양한 채소들을 구분하기 쉽도록 분류하는 일은 그렇게 용이하지 않을 것 같다. 그럼에도 불구하고 연구자들의 노력으로 부분적인 이해가 되어 왔지마는, 근래에는 상당히 진전된 성과도 제시되어 있다. 그 하나가 채소의 식용 부위에 중점을 맞춘 구분으로 과채류果菜類와 근채류根菜類, 그리고 엽경채류葉莖菜類에다 야생채소로 분류하는 4분 방식인데,11) 각종 채소에 대해서 살펴보는 데에서 역시

8)『고려사』권 97, 열전 10, 崔弘嗣傳.
9)『고려사』권 99, 열전 12, 李公升傳.
10)『고려사절요』권 28, 공민왕 14년 12월·『고려사』권 132, 열전 45, 叛逆 6, 辛旽.

이 구분을 따르는게 좋지 않을까 생각된다.

① 과채류果菜類 - 오이(과瓜·고苽)·가지(가茄)·박(호瓠·표瓢) 등

먼저 과채류에 속하는 것부터 보면 이규보의「가포6영」첫째와 둘째 머리에 지적되고 있는 오이(과瓜·고苽)를 들 수 있다.[12] 여기에서 그는 오이에 대해

㉕-① 오이(과苽)는 물 안 주어도 많이 달려서
　　　엷은 노랑꽃 사이 잎 간간이 푸르다
　　　가장 사랑스럽기는 덩굴이 다리없이 뻗어가
　　　높고 낮은 데 가리지 않고 옥병玉瓶 매달리는 것이네[13]

라고 하여, 물을 주는 수고를 하지 않더라도 자신이 잘 자라서 마치 옥병과 같은 오이가 높고 낮은 곳 할 것 없이 주렁주렁 열리는 모습을 읊고 있다. 당시에 이미 오이가 상당히 번성하고 있었다는 느낌을 받는데, 그럼에도 실은 이보다 훨씬 오래전인 고려의 건국에 즈음하여 벌써 그 존재가 보인다. 궁예의 휘하에 있다가 뒤에 고려 태조 왕건의 중요한 책사가 되는 최응崔凝의 어머니가 그를 임신하였을 때에 집에 있는 오이 덩쿨(과만瓜蔓)에 갑자기 참외(첨과甛瓜)가 열렸다고 한 기록과[14] 궁예를 폐위시키고 왕건을 추대하려는 홍유·배현경 등이 그의 집을 방문하였을 때 부인이 알게되는 것을 꺼려서 뒤뜰에 새로 연 오

---

11) 이는 앞의 주 1), 157쪽에 소개한 윤성재의 저술,『고려시대 식품의 생산과 소비』 57~58쪽에 실려 있다. 그는 이어서 다수의 그들 채소에 대해 구체적으로 언급하고 있어 이해에 많은 도움을 주고 있다.
12)『東國李相國後集』권 4, 古律詩「家圃六詠」.
13) 위와 같음.
14)『고려사』권 92, 열전 5, 崔凝傳.

이(신과新瓜)를 따다가 줄 것을 청하여 밖으로 내보냈다는 이야기가[15] 그것들이다. 뿐나라 이후에도 오이는 여러 방면에 드러나 있다. 숙종 9년(1104) 8월 을사일에 시골 아낙네와 노인들이 길에서 왕에게 다투어 오이와 과일(과과果瓜)을 바치자 각각 포백布帛을 내려주고 있으며[16] 충렬왕은 재상까지 지낸 민지閔漬가 자신이 보낸 내료內僚에게 겨우 청참외(청과靑瓜)를 대접할 수 밖에 없을 정도로 생활이 어려움을 알고 쌀(미米) 100석을 하사하고 있는 기사도 보인다.[17] 그런가 하면 『서하집西河集』의 저자 임춘林椿은 「오이(과瓜)를 따서 홍서기에게 보냄」 이라는 시詩에서,

> 라-② 청문靑門 소평邵平의 집은 적막하여
> 사업이라곤 해마다 오이(과瓜)를 심는 것이라네
> 이 때문에 야인野人은 선물할 것이 없어서
> 이 오이를 따다 그대 있는 관아官衙에 드리네[18]

라고 읊고 있으며, 또 이규보도 「6월 20일, 오랜 비가 홀연히 개어 손과 함께 동산을 거닐며 본 바를 기록하다」 라는 시에서,

> 라-③ ……………………………………
> 능금은 구술같이 주렁주렁 달렸는데
> 그 맛이 시고도 떫구나
> 오이덩굴(과만瓜蔓)은 울타리에 뻗어 올랐고
> 난초꽃은 그윽한 정원에서 향기 풍기누나[19]

---

15) 『고려사』 권 88, 열전 1, 后妃, 神惠王侯 柳氏.
16) 『고려사』 권 12, 세가 숙종 9년.
17) 『고려사절요』 권 21, 충렬왕 22년 秋12月 · 『고려사』 권 107, 열전 20, 閔漬傳.
18) 『西河集』 권 3, 古律詩 「摘瓜寄洪書記」 三絶.

라고 하여 각각 오이에 대해 언급하고 있다. 아울러 여말에 나라의 업무를 맡아보았던 이숭인李崇仁은 여름철의 대표적 채소로 가지와 함께 오이를 꼽고(하일가과족夏日茄苽足) 있고,[20] 원천석元天錫은 오이와 가지를 같은 밭에서 키우고 (과가접가휴苽架接茄畦) 있으며,[21] 또 우왕 때에 요동정벌에 나섰던 이성계가 회군回軍하면서 군사들에게 "너희가 백성들의 오이 하나라도 빼앗으면 벌을 받을 것이다" 라고 경고하고 있는 것을[22] 보면 상하 모두가 널리 오이를 재배하였음을 짐작할 수도 있을 것 같다. 그런데다가 오이는 시장에서 사다가 먹을 수도 있었으므로 보조 식품으로서의 그 역할은 매우 컸으리라 생각된다.

다른 과채류의 하나인 가지(가茄)에 대해서도 이규보는 「가포6영」에서 잘 소개를 하고 있다. 즉,

　　㉒-④ 물결치는 자주에 붉은 빛 띠었으나 늙음은 어찌하랴
　　　　　꽃 보고 열매 먹기로는 가지만한(여가如茄) 것이 없네
　　　　　밭 이랑에 가득한 푸른 알과 붉은 알
　　　　　날로 먹고 삶아 맛보고 가지가지 다 좋네[23]

라고 하여, 가지는 꽃과 열매로서 뿐아니라 식품으로서도 좋은 채소라고 칭송하고 있는 것이다. 이들의 개별적인 재배는 바로 위에서 이숭인과 원천석이 오이와 함께 키웠음을 언급한바 있다.

박(호瓠·호호瓠壺·표瓢) 역시 과채류였는데, 그에 대한 이규보의 시

---

19)『동국이상국전집』권 13, 古律詩「六月二十日久雨 忽晴與客行園中 記所見」.
20)『陶隱先生詩集』권 3, 詩「絶句二十首 用唐詩分字爲韻」.
21)『耘谷詩史』권 5, 古律詩「幽居雨中」又.
22)『고려사』권 137, 열전 50·『고려사절요』권 33, 우왕 14년 5월.
23)『동국이상국후집』권 4, 古律詩「家圃六詠」.

역시 음미해 볼만 하다.

> 라-⑤ 쪼개서 바가지(표瓢)로 만들어 물을 뜨니 얼음 물 같이 차고
> 온전한 대로 호로병(호壺) 만들어서 담으니 옥 같은 술이 맑네
> 막힌 마음으로 펑퍼짐하니 큰 박(호瓠)을 근심할 것이 없다
> 어지간히 커지기 전에는 삶아 먹어도 좋으니까[24]

박(호)의 특징과 쓰임새를 재미있게 그리고 있는 것이다. 그는 뒤에
「찐 게를 먹으며」 라는 시詩에서 「시인 생활 담박하여 고기 하나 없기
에, 조롱박(호호瓠壺) 삶아먹으면 손은 쓴 웃음 짓곤 하는데, 조롱박
(호호瓠壺)도 다 먹었으니 또 무엇으로 이으랴」 라는 시詩를 지어[25]
박(호)에 관련된 자료를 더 남기고 있다.

② 근채류根菜類 - 무우(청菁·나복蘿蔔)·토란土卵(우芋·우괴芋魁)·우엉
　　(우방芋蒡·牛蒡·방채蒡菜)

다음 방향을 조금 바꾸어 근채류根菜類로 눈을 돌리면 무우(청菁·
나복蘿蔔)에 접하게 된다. 그리고 그의 용도와 특성 등도 역시 다음과
같은 이규보의 「가포6영」을 통해 살필 수 있다.

> 라-⑥ 장醬을 곁들이면 한여름에 먹기 좋고
> 소금에 절이면(지염漬塩) 긴 겨울에 대비하게 되고
> 땅 속에 도사린 뿌리 비대해지면
> 좋기는 날 선 칼로 배(이梨) 베듯 자르는 것[26]

---

24) 위와 같음.
25) 『동국이상국전집』 권 7, 古律詩 「食烝蟹」.
26) 『동국이상국후집』 권 4, 古律詩 「家圃六詠」.

무우를 장醬에 담가 한여름 먹을뿐 아니라 특히 소금에 절여 겨울 내내 식품으로 이용하는 것은 후대의 김치(저菹)와 크게 다르지 않은 듯싶어 주목할만 하다. 아울러 이규보 보다 얼마 뒤의 인물인 백문보 白文寶도 현릉(공민왕)이 사예司藝 벼슬의 김도金濤에게 큰 글씨로 "나복산인 김도 장원蘿葍山人金濤長源" 여덟 자를 내리신데 대하여 「김군이 일찍 학업에 뜻을 두어 나복산蘿葍山에서 글을 읽었다. 나복 蘿葍(무우)은 맛이 담박한 것, 나무 뿌리 참으로 먹을만 하더라」라는 글을 남겨[27] 우리들의 이해에 도움을 주고 있다.

이 무우와 함께 土卵土卵(우芋·우괴芋魁) 또한 많이 이용되는 근채 류의 하나였다. 토란이란 땅에서 덩이 모양의 뿌리로 형성되었다는 데 서 유래하는 것으로, 이규보는 이 시랑李侍郎이라는 사람이 시詩와 함 께 토란을 보내옴에 따라 차운次韻하는 시를 지어 화답하는 가운데 그 것에 관해서도 여러 모습을 언급하고 있어 이해에 많은 도움이 된다. 예컨대,

> 라-⑦ 한 대의 토란도 잘 기르기 어려운데
> 그처럼 좋은 토란 그대 집에 있었구료
> 저자의 값 높인들 얼굴 어찌 붉어지랴
> ··
> 누른 달걀 얼룩얼룩 잡되게 생겼구나
> 보내온 귀한 나물 그대를 생각하며
> 나는 장차 옥솥에다 맛난 국 끓이리[28]

라고 하여, 기르기 어렵고 값도 비싼 토란을 보내준데 대해 감사하며,

---

27) 『동문선』 권 4, 五言古詩 「玄陵賜司藝金濤大書 蘿葍山人金濤長源八字」.
28) 『동국이상국후집』 권 7, 古律詩 「次韻 李侍郎以詩二 送土卵 予以三首答之」.

그것을 국 끓이는데 소중하게 쓸 것이라 말하고 있으며, 이어서

> ㉑-⑧ 처음에 생겨날 땐 지온(땅)의 덕이지만
> 　　　종당의 그 성취는 농부의 힘이로다
> 　　　……………………………………
> 　　　풀 열매 대부분 잎 사이에 맺지마는
> 　　　토란(우괴芋魁)의 결구만은 뿌리에서 생겨나네
> 　　　내 아내 바야흐로 아침 반찬 알리나니
> 　　　부엌데기 그 어찌 저녁 국을 걱정하랴29)

고 하여, 농부들의 노력에 힘입어 뿌리 형태에서 생겨난 토란을 부인
이 역시 아침·저녁의 반찬과 국을 끓이는데 이용할 것이라 적고 있다.
이규보는 이후에도 몇차례에 걸쳐 이시랑李侍郎과 더 글을 주고 받지
마는 그 하나의 일부 예 만을 소개하면,

> ㉑-⑨ 나는 아쉽게도 한 폭도 못 심었지만
> 　　　그대에겐 네 종류 모두 다 손쉽구료
> 　　　꿀맛 같은 겨울 무우(동청冬菁) 그것보다 달거나
> 　　　가을 마늘(추산秋蒜) 너무 매워 못 끓일 걱정하랴
> 　　　내 입맛 나빠져서 비린 고기 안 먹는데
> 　　　혀는 그런대로 특이한 맛 가린 듯
> 　　　술자리 베풀어서 사례함이 당연하거늘
> 　　　미미한 이 몸뚱이 편한 날 기다리네30)

라고 하여 토란을 꿀맛 같은 무우보다도 더 달다고 평하는 한편으로,
너무 매운 마늘이나 비린내가 나는 고기를 사용함에 따라 자신이 싫어

---

29) 위와 같음.
30) 『동국이상국후집』 권 7, 古律詩 「次韻 李侍郎見和三首 以四首答之」.

하는 식품의 맛을 돌리는 데에도 효과가 좋다고 옹호하고 있다. 이규보는 이에 앞서 지방에 있는 빈우賓友들과 술자리를 마련하고 그때에 토란을 삶아놓고는 「시골 국(촌갱村羹)」이라 말하고 있으며,31) 그보다 얼마 앞선 인물인 유방선은 「첩첩 산중 솔나무 참나무 사이 한 초가, …… 토란이랑 밥이랑 날 보내기 넉넉하니, 반찬에 하필 게(해蟹)장을 먹어 무삼하리」라고 읊고 있는가 하면,32) 원천석은 두부豆腐를 반찬으로 만들고는 「우엉과 토란(우란芋卵)을 한데 삶고 향기로운 밥을 지으니, 저 서산西山에서 고사리(궐蕨) 캐는 소리가 우습기도 하구나」라고 말하고 있기도 하거니와,33) 토란은 시기와 지역을 막론하고 널리 이용되었다고 보아 무리가 없을 것 같다.

근채류의 다른 하나인 우엉(우방芋蒡·牛蒡·방채蒡菜)은 다년생 채소로 그 사례가 그렇게 많이 찾아지지는 않는다. 그런 가운데서도 이색이 유구柳珣에게서 파·무우·절인 김치와 함께 우엉(우방芋蒡)을 받고 있고,34) 적성현의 판사 유찬兪瓚으로부터 겨울 오이(동과冬瓜)와 우엉(우방芋蒡)을 보내온데 대하여 감사하며 기뻐하는 사례가 눈에 띄어35) 이용의 일면은 엿볼 수 있다.

---

31) 『東國李相國全集』 권 6, 古律詩 「馬巖會賓友大醉 夜歸記所見 贈鄕校諸君」.
32) 『동문선』 권 17, 古律詩 「卽事」.
33) 『耘谷詩史』 권 5, 古律詩 「豆腐」.
34) 『牧隱詩藁』 권 13, 詩 「柳開城(珣) 送牛蒡葱蘿蔔幷沈菜醬」.
35) 『牧隱詩藁』 권 35, 詩 「赤城兪瓚判事 送冬瓜牛蒡戲事」.

③ 엽경채류葉莖菜類 - 파(총葱)·마늘(산蒜)·아욱(규葵)·미나리(근芹·
    수근水芹) 등

다음은 엽경채류葉莖菜類에 대해서인데, 먼저 파(총葱)와 그리고 마
늘(산蒜)이 주목된다. 그중 파는 이미 여러 차례 소개한바 있는 이규보
의 「가포6영」 가운데 하나로, 거기에는 파가 「고운 손처럼 가지런히 모
여 수북하게 많고」, 또 그것을 「비린 국에 썰어 넣으면 더욱 맛나게 된
다」고36) 언급되어 있다. 그리고 뒤에 이색이 유구에게서 무우·우엉과
함께 파를 받은 사례는 역시 소개한 바와 같다.37) 파가 보조 식품으로
서 한 몫을 하고 있음을 짐작케 한다. 그런데 문종 10년(1056)의 기사
에 의하면 요역을 피하려는 무리들이 사문沙門에 이름을 붙이고는,
「어깨에 걸치는 가사는 함부로 술항아리 덮개로 삼고 범패를 부르는
마당은 갈라서 파·마늘(총·산 蔥蒜) 밭이 되었으며, 상인과 통하여 사
고팔고 손님과 어울려 술 먹고 즐겨 절간이 떠들석한다」고38) 전한다.
그리고 이어서 인종 9년 (1131) 6월에는, "근래에 중과 속인의 잡류들
이 모여 떼를 지어……허황한 짓을 하고, 혹은 중앙과 지방의 사찰에
서 중들이 술과 파(총葱)를 팔고, 혹은 무기를 가지고 나쁜 짓을 하며
뛰놀고 장난치는 등 이른바 상도를 문란시키고 풍속을 파괴하고 있으
니……금지하게 하소서" 하였다고39) 보인다. 파와 마늘이 이처럼 정도
가 아닌 일에도 쓰이는 경우가 있었음을 알 수 있다. 하지만 그 일면에
파즙(총즙葱汁)이 사람의 피부나 몸에 들어가면 죽음에까지 이르게 하
는 독충毒蟲을 죽인 예가 있음을40) 전하고 있기도 하다. 다른 한편의

---

36) 『동국이상국후집』 권 4, 古律詩 「家圃六詠」.
37) 주 34) 166쪽과 동일함.
38) 『고려사절요』 권 4·『고려사』 권 7, 世家 문종 10년 9월.
39) 『고려사절요』 권 9, 인종 9년 6월·『고려사』 권 85, 志 39, 刑法 2 禁令 仁宗 9년
    6월.

마늘과 관련해서는 이규보가 그것을 넣고 끓인 죽이 너무 매울까 염려하였다는 기록에서[41] 특성을 거듭 확인하게 된다.

아욱(규葵) 역시 엽경채류의 하나로서 이규보가 자기의 가포에서 재배한 것으로 미루어[42] 매우 중시했음을 알 수 있다. 그는「혜음원 학사 임희수의 시에 차운한다」는 글에서「아욱(규葵)은 압갑촌에서 삶는 것이 좋고, 술은 어연야魚涎野에서 빚는 것이 향기롭다」는 내용의 글과[43]「토란은 아욱 잎과 함께 섞어 국 끓임 맞지 않네」라는 글이 들어간 시詩를[44] 남긴 것도 전해온다.

엽경채류의 다른 하나인 미나리(근芹·수근水芹)의 재배에 대해서는 무신정권 말기의 권력자였던 임유무(임연의 아들)의 어머니가 위급해지자 미나리밭(근전芹田)으로 도망갔다는 기사를[45] 통해 알 수 있다. 그리고 이규보는 교서校書인 이정李程이 미나리와 함께 보낸 글을 받고 그것의 맛이 생선보다 더 좋다고 하는 내용의 시詩로 답하고 있으며,[46] 이색은 여름이 되어 계곡의 시내에서 미나리가 자라면 먹을 수 있을 것이라 기대하고 있고,[47] 원천석도 유곡의 굉사宏師가 보내준 미나리를 잘 먹었다고 고마워하고 있기도 하다.[48] 당시에도 미나리가 유용한 채소의 하나이었던 것 같다.

---

40) 『고려사절요』권 16, 고종 33년 5월.
41) 주 30), 165쪽과 동일함.
42) 『동국이상국후집』권 4, 古律詩「家圃六詠」.
43) 『동국이상국전집』권 10, 古律詩「慧陰院 次林學士 義叟詩韻」.
44) 주 28), 165쪽과 동일함.
45) 『고려사』권 130, 열전 43, 叛逆 4, 林衍傳 附 林惟茂.
46) 『동국이상국전집』권 14, 古律詩「次韻李程校書惠芹二首 李程是李眉叟子也」.
47) 『목은시고』권 21, 詩「得谷州山介鹽菜 致謝」.
48) 『耘谷詩史』권 2,「幽谷宏師以水芹見惠 今復惠瓜 詩以謝之」.

④ 야생 채소 - 고사리(궐蕨)·버섯(균菌)·냉이(제薺)·죽순竹筍·순채
蓴菜·더덕(사삼沙蔘) 등

이상 재배하는 채소의 식용 부위를 중심으로 3구분된 대상들에 대해
살펴왔지마는, 이들과 좀 달리 고사리·버섯들처럼 야생하는 채소들도
꽤 여럿이 존재한다 함은 앞서 언급하였다. 그중 먼저 고사리의 경우
를 보면 김극기金克己가 「전가4시田家四時」에서

> 라-⑩ 밥 나르는 아낙네 밭머리에 나오는데
> 짚신은 헐어서 겨우 발에 걸렸구나
> 어린애는 나물(순筍)과 고사리(궐蕨) 찾아
> 바구니 들고 양지쪽 산골로 향하네[49]

라 읊고 있는가 하면, 또 다른 자리에서 제목을 같이하여,

> 라-⑪ 풀밭 아래 고기들이 뛰놀고
> 버들 뚝에 철새가 날아오네
> 봄 갈이 하는 밭둑엔 창포잎 우거지고
> 점심 먹는 이랑에 고사리 순(궐아蕨芽)이 향기롭네[50]

라 기록하고 있으며, 이보다 좀 뒤의 인물인 원천석은 「새 고사리를 맛
보다」라는 시詩에서,

> 라-⑫ 오늘 아침에 바깥 손이 초가집에 이르르니
> 새로 캔 고사리가 작은 광주리에 가득해라
> 연한 맛에 비로소 봄 혜택을 알겠구나

49) 『동문선』 권 4, 五言古詩 「田家四時」.
50) 『동문선』 권 9, 五言律詩 「田家四時」.

삼킨 뒤에도 어금니에 향기가 남아 도네51)

라 읊고 있기도 하다. 원천석은 언제인가 우엉과 토란의 향기로움에
비해 고사리의 그것이 좀 못한듯 말한 일이 있지만(주 33), 166쪽) 당
시에는 모두가 고사리도 보조 식품으로 높이 평가하면서 즐기고 있음
을 알 수 있다.

다음 버섯(균菌)에 있어서는 이규보의 「송이버섯을 먹다」라는 시詩
가 먼저 눈길을 끈다. 즉,

> 라-⑬ 버섯은 썩은 땅에서 나거나
> 아니면 나무에서 나기도 한다
> ……………………………
> 이 버섯은 소나무에서 나
> 항상 솔잎에 덮였었다네
> 소나무 훈기에서 나왔기에
> 맑은 향기 어찌 그리도 많은지
> 향기 따라 처음 얻으니
> 두어 개만 해도 한 웅큼이네52)

라고 하여, 버섯 가운데서도 송이버섯이 품질이 좋으면서 숫자도 적지
않음을 언급하고 있는 것이다. 그리고 서생書生으로 있다가 남방의 초
적草賊을 토벌하는 군중軍中에 어떻게 합류하여 군무軍務를 보던 이
규보가 좀 한가한 틈을 타, 「전全·박朴 두 우생友生이 서울에서 문안
問安한 것에 답하는 수서手書」에서 「군중軍中에 별 일이 없으므로, 다
만 소나무 등걸에 새로 돋은 버섯을 따 불에 구워 씹는 맛이 매우 좋

---

51) 『耘谷詩史』 권 3, 「食新蕨」.
52) 『동국이상국전집』 권 14, 古律詩 「食松菌」.

네」라고한 답신을[53] 통해서도 그 일면을 엿볼 수 있을 것 같다. 이밖에 이규보는 「영수좌의 화답을 받고 다시 차운하여 화답하다」는 시詩에서 「산중 별미로는 삶은 용이균龍耳菌이 좋은데」라고 하여 용이 버섯과,[54] 「또 절구絕句 여섯 수에 차운하다」는 시에서 「살진 버섯은 황이균처럼 크고」라고 하여 황이균黃耳菌 같이 살이 찐 버섯에[55] 대해 언급하고 있으며, 이색도 그의 시詩인 「관악산 선각암의 철수좌澈首座가 좌반佐飯(생선절임)과 석이石茸를 보내오다」에서[56] 석이 버섯을 일컫고 있다. 다방면으로 그들이 쓰이고 있음을 확인할 수 있는 것이다.

냉이(제齊)와 죽순竹筍 역시 야생 채소의 일부라 할 수 있는데, 그 전자는 이규보의 시詩인 「백낙천의 '춘일한거'시에 차운하다」는 글에 「나물 싹 더디 남 괴이타 마오, 우리집 땅 토질이 박해서일세, 맛 있는 냉이가 절로 나서 번성하니, 국거리 좋아 내 입에 맞네」라고한 것에서[57] 찾아볼 수 있다. 그리고 후자의 경우는 「죽순竹筍」이라는 시에 「네 분명 하늘을 치솟을 뜻 있을 텐데, 어째서 담 틈바구니 가로질러 돋아났나, 한시 바삐 백척 높이 대나무로 자라서, 삶아 먹으려는 탐욕에서 벗어나려 함이니」라고 한[58] 것과 화산華山 월등사의 죽루竹樓 서편 언덕에 있는 수천 그루의 대나무를 놓고 노승이 어떤 손(객客)에게 대(죽竹)의 좋은 점을 좀 말해달라고 하자 혹자가 「죽순竹筍은 식료품(식물食物)으로 좋은 것입니다. 그 싹이 싱싱하게 나오면 마디는 촘촘하고 댓속은 살이 올라 꽉 차게 됩니다. 이 때에 도끼로 찍어내고 칼

53) 『동국이상국전집』권 27, 書 「答全朴兩友生 自京師致問 手書」.
54) 『동국이상국전집』권 2, 古律詩 「聆公見和 復次韻答之」.
55) 『동국이상국전집』권 10, 古律詩 「又次絕句六首韻」.
56) 『목은시고』권 35, 詩, 衿州吟 「冠嶽山禪覺菴澈首座 惠草佐飯石茸」.
57) 『동국이상국후집』권 3, 古律詩 「次韻白樂天春日閑居」.
58) 『동국이상국후집』권 1, 古律詩 「竹筍」.

로 베어 솥에서 삶아 내 풍로에 구워 놓으면 냄새가 좋으며 맛이 연하여 입에는 기름이 흐르고 뱃속은 살이 오릅니다. 쇠고기나 양고기가 맛이 없어지고 노린내 나는 산짐승 고기도 문제가 되지 않습니다. 하루아침 늘 먹어도 싫증이 나지 않을 것이니, 대(죽竹)의 맛이란 이런 것입니다」라고 하였다는 데서59) 죽순의 가치와 용도에 대해 새삼 돌보게 된다.

다음 수중水中에 서식하던 순채蓴菜(순蓴)도 눈길을 끄는 채소의 하나이다. 최자崔滋가 「광화현 북쪽에 순채가 나는 연못(순지蓴池)이 있었는데, 순채를 따는 사람들(채순자採蓴者)이 왕왕 피해를 당했다」는 내용의 글을 전하거나60) 이규보가 지방에서 빈우賓友들과 술자리를 같이하면서 본 것들을 기록한 것 가운데 「들(야野) 배(정艇)에서는 순채(순蓴)와 농어의 흥미요」라고한 시구詩口가61) 그들을 가리키는 것들이다. 이 순채는 여름철에 잎이 피려고할 때 어린 줄기와 함께 우무같은 점액질粘液質이 투명체로 덮혀 얼음처럼 맑았다. 그러므로 이규보 같은 이는 「친구 집에서 순채를 먹다」라는 시詩에서,

　　㉠-⑭ 얼음 삶는다는 건 예로부터 못 들었는데
　　　　그대는 홀연히 삶는다고 자랑하는가
　　　　불려와 자세히 보니
　　　　곧 순대국(순갱蓴羹)을 말한 것
　　　　얼음 같으나 풀리지 않고
　　　　삶을수록 더 또렷또렷하지
　　　　이것이 바로 얼음 삶는다는 것인데
　　　　나를 놀라게 했네
　　　　내 평생 누累라곤 없어

---

59) 『동문선』 권 65, 記 「月燈山 竹樓竹記」.
60) 『補閑集』 卷 下, 「有蓴池」.
61) 『東國李相國全集』 권 6, 古律詩 「馬巖會賓友大醉 夜歸記所見 贈鄕校諸君」.

스스로 깨끗한 마음 자랑했지요
그러나 항상 속된 식물을 먹었기에
목구멍에 티끌이 끊이지 않았는데
오늘 순채를 먹으니
가늘고 가벼운 은실(은사銀絲) 같구나62)

라고 하여, 순채의 특성과 보조 식품으로서의 장점을 잘 설명해주고
있다. 진화陳澕도 「순채 최산인崔山人이 글을 보내어 시를 청하기에」
에 답하는 글에서 「손으로 따는 부드러운 줄기는 살아서 움직일 것 같
은데, 돌솥에 살짝 데치며 천천히 저어 본다」 라고63) 역시 순채의 좋은
점에 대해 언급하고 있다.

  야생 채소의 다른 하나로 더덕(사삼沙蔘)도 있었다. 뿌리를 식용하
는 이 채소에 대해서는 서긍이 『고려도경』에, 「관館에서 매일 제공하는
나물(식채食菜)에는 역시 사삼沙蔘도 있는데 그 모양이 크고 부드러워
맛이 있었다」 라고64) 소개하고 있다. 매일 제공했다던지 그 모양이 크
고 맛이 있었다고 한 것으로 미루어 구하기가 그리 어려운 식품은 아
니었던 것 같은데, 그러나 기록상으로는 찾아보기가 그리 쉽지 않다.

  식품으로 이용된 채소는 이상에서 언급한 것들 이외에도 얼마가 더
찾아지나 이 수준에서 그친다.

---

62) 『東國李相國全集』 권 14, 古律詩 「友人家食蓴」.
63) 『동문선』 권 6, 七言古詩 「蓴菜崔山人寄書請賦」.
64) 『고려도경』 권 23, 雜俗 2, 土産.

(2) 과실果實의 종류와 소비

보조 식품이면서 기호 식품으로 더욱 중시되던 과실은 고려 시기에
도 여러 종류가 있었다. 그것들은 각종 기록에 남아 어느 수준까지는
확인이 가능하거니와, 다음은 그 가운데 하나이다.

> ㉩-⑮ (명종) 18년(1188) 3월에 제서制書를 내리기를, "시기에 따라
> 농사를 권장하라. 저수지를 잘 보수하고 저수한 물이 잘 흐를
> 수 있도록 해 황폐해지지 않도록 하고 민인民人들의 먹거리(민
> 식民食)를 넉넉하게 해야 한다. 또 뽕나무 묘목을 절기에 맞추
> 어 심고, 옷나무·닥나무·밤(율栗)·잣(백柏)·배(이梨)·대추(조
> 棗) 등 과일 나무도 각각 적합한 때에 심어 이득이 많게(홍리興
> 利) 하라" 하였다.65)

국왕이 직접 곡식과 옷감뿐 아니라 밤·잣·배·대추 등 과일의 묘목
들이 잘 자랄수 있도록 국가에서 도와주라고 명령하고 있는 것이다.
그리하여 백성들이 먹거리가 넉넉함과 동시에 과일을 가지고 이득도
많이 올릴 수 있도록 하라는 지시가 특히 주목된다.

개인의 기록으로서는 우선 이규보의 「율시栗詩(밤에 대한 시)」가 눈
에 들어 온다. 그는 먼저 이 시를 쓰게된 연유를 서문序文이라는 형식
을 빌어, 「밤(율栗)은 사람에게 이로움이 많아서 아가위(사樝)·배(이
梨)·귤橘·유자(유柚)처럼 잠시 목을 축일 뿐만이 아니다. 그러나 옛 사
람의 시집詩集 가운데는 (밤을) 읊은 것이 대체로 적다. (그래서) 나는
이를 읊는다」 라고 적고, 이어서

---

65)『고려사』 권 79, 지 33, 食貨 2, 農商 명종 18년 3월.

㉩-⑯ 잎은 여름철에 나고
　　열매는 가을철에 익네
　　··························
　　제삿상에는 대추(조棗)와 함께 놓이고
　　여지의 폐백에는 개암(진榛)과 짝지어지네
　　··························
　　이익은 천호후千戶侯와 맞먹고
　　만인의 굶주림도 구제할만 하구려
　　··························
　　의당 곡식과도 맞먹는데
　　어찌 아가위(사楂)나 배(이梨) 따위와 비교하랴.66)

라고 하여 밤은 아가위·배(이梨)·귤 등 보다도 우수한 보조 식품으로
서, 곡식과 맞먹을 정도인가 하면 만인의 굶주림을 구제할 수도 있다
고 높이 평가하고 있다. 충혜왕으로부터 우왕대까지에 걸쳐 많은 활동
을 하는 이달충李達衷 같은 이도『산촌잡영山村雜詠』에서「단풍 웅이
찍어다가 그릇 만들고, 도토리(상橡) 살쪘으니 거두어 배불리 먹을 수
있지」라고 읊고 있기도 하거니와,67) 그 역시 도토리가 구황 식품으로
서 한 몫 할 수 있음을 언급하고 있다. 과실에 대해 관심을 가진 사람
은 이들 이외에도 여럿이지마는 외국인인 서긍도 그 하나로서 기록을
남기고 있다. 우리의 토산土産에 대하여 다방면으로 살피는 가운데 과
수에도 주목하여「고려의 과일 중에 밤의 크기가 복숭아(도桃)만 하며
맛이 달고 좋다」고 한데 이어서 앵두(함도含桃)·개암(진榛)·능금(내금

66)『東國李相國全集』권 16, 古律詩「栗詩」幷書.
67)『동문선』권 11, 五言排律「山村雜詠」. 鄕文社 1978년刊, 李盛雨作,『高麗以前의 韓
　　國食生活史硏究』제4편「제1장 食品材料의 種類와 生産」, 11. 도토리(355쪽)에「橡
　　肥收可饎」부분이「도토리 살쪘으니 삶아 밥대신」이라 약간 달리 번역되어 있다.

來禽)·청리靑李·복숭아·배·대추 등을 지적하고 있다.68)

이상의 네 기록에 언급된 과실의 숫자만도 10여종에 달하며 이들 이외의 여러 기록에 보이는 과실도 10종에 가깝게 드러나 있다. 그러면 지금부터 이들을 몇 부류로 나누어 자세하게 알아보기로 하자.

① 밤(율栗)과 배(이梨)·대추(조棗)

밤은 기호 기능이 뛰어났을 뿐더러 곡식과도 맞먹을 정도로서 구황식품의 역할까지 담당할 수 있었다고 하였거니와, 그만큼 기록도 자주 보인다. 위에 소개한 세 기록 이외에도 선종 5년(1088) 7월에 정해진 잡세雜稅의 규정에 의하면 밤과 잣(백栢)은 대목大木의 경우 3승升, 중목은 2승, 소목은 1승을 내도록 하고 있으며,69) 충선왕 5년(1313) 2월에는 승려가 사람들을 속이기 위해 감(시柿)과 밤(율栗)을 가지고 굴에 들어가 먹으면서 그 위에 불을 놓도록 했다는 기사도 눈에 띤다.70) 그리고 우왕 5년(1379) 정월에는 간관諫官들이, 외적의 침구와 홍수·가뭄에다 건축공사까지 겹쳐 농사를 망칠뿐 아니라 도토리(상橡)·밤을 주워 생계를 이을 방도도 찾지 못할 형편이라 아뢰고 있지마는,71) 여기서도 어려운 생활에서 밤과 도토리의 필요함을 엿보게 된다. 아울러 김극기金克己는 앞선 「전가사시田家四時」에서 「자줏빛 밤(자율紫栗)은 누른 잎 사이에서 떨어지고」라 읊고 있고72) 뒷편의 「전가사시」에서는 「뒷산에 가득히 익은 배랑 밤이랑(이율梨栗)」이라 읊고 있으며,73) 또

---

68)『고려도경』권 23, 雜俗 2, 土産.
69)『고려사』권 78, 지 32, 食貨 1, 田制 貢賦 宣宗 5년1088) 7월.
70)『고려사』권 34, 世家·『고려사절요』권 23, 충선왕 5년 2월.
71)『고려사』권 134, 열전 47, 禑王 5년 정월.
72)『동문선』권 4, 五言古詩「田家四時」.
73)『동문선』권 9, 五言律詩「田家四時」.

이규보는 「화로 불을 쬐며」라는 시詩에서 「불이 치열히 타오를땐, 꺼림없이 손수 밤도 굽는걸(외율煨栗)」이라고 하여74) 밤을 맛있게 먹게 되는 모습도 보여주고 있다. 또 공민왕 당시 재상을 지내는 백문보白文寶는 다음과 같은 밤에 대한 재미 있는 글을 남기고도 있다. 즉,「윤상군尹相君이 처음에 곤강 남쪽에다 집터를 마련하였다. 집터 동서편에 밤나무 숲(율림栗林)이 울창하였으므로 거기에다 가옥을 건축하고 명칭을 율정栗亭이라 하였다. 지금은 또 조금 서편으로 가서 새로 집을 삿는데 밤나무 숲이 더욱 무성하였다. 성안에 있는 주택에는 밤나무를 심은게 적은데, 윤공은 집터를 구할 때마다 오직 밤나무 있는 곳을 선택하였다. 일찍이 나에게 말하기를, "봄에는 가지가 엉성하여 가지 사이로 꽃이 서로 비치고, 여름이면 잎이 우거져서 그늘에서 놀 수가 있으며, 가을에는 밤이 맛이 들어 내가 먹을 수 있으며, 겨울이면 송이를 모아 내 구들에 불을 땐다. 나는 이러므로 밤나무를 좋아한다"고 하였다는 것이다.75) 밤의 용도를 좀 과장한 듯한 느낌이 없지 않지만 그만큼 쓸모가 많았음도 알 수 있다.

앞서 세 기록[㉯-⑮·⑯·주 68)]과 함께 「전가사시」[주 73)]에 언급된 배(이梨) 역시 여러 기록을 더 대할 수 있는 사례이다. 먼저 의종 5년(1151) 8월과 21년(1167) 8월 및 우왕 5년(1379) 10월과 8년(1182) 7월에 궁궐내의 배나무에 꽃이 피었다는 기록이 보이며,76) 충선왕 즉위년(1308) 9월에는 왕의 탄신일에 서운관에서 배 한그릇만 올려서 담당자가 징계를 받았다는 기사도77) 눈에 띤다. 그리고 개인이 시詩에서 언

---

74) 『동국이상국후집』권 7, 古律詩「擁爐」.
75) 『동문선』권 96, 說「栗亭說」.
76) 『고려사』권 53, 지 7, 五行 1, 火行 華孼 해당 연월.
77) 『고려사절요』권 23, 충선왕 즉위 9월.

급한 사례로는 이규보가 「촌가 3수村家三首」에서 「산 배나무(산리山
梨) 잎 붉고 들 뽕잎 누른데, 바람 길에 벼 향기가 물씬 풍기네」 라고
한78) 것과, 「임아경 성간이 채종시와 지당시를 보고 화답한 것에 차운
하다」는 시에서 「배(이梨)나 대추(조棗)만 귀하게 여기지 마오, 늘어 채
소 가꾸는 일 역시 마음에 맞네」 라고 한 것,79) 「천자배를 먹으면서(식
천자리食天子梨)」라는 시제詩題에 나오는 배(이梨)와80) 더불어 채보문
의 「고산현 공관 배꽃」에서 「3월의 온갖 꽃이 다 지려 하는데, 담 옆의
배나무(이수梨樹)는 비로소 꽃을 여네」에 보이는 배81) 등을 들 수 있
다. 여기에 한가지 좀 더 특수한 사례를 보탠다면, 이규보의 부친이 생
존해 계실 때에 전문가를 시켜 동산에 있는 나쁜 배나무를 베어내고
유명한 소나무를 구하여 접接했는데 자신은 그것을 믿지 않았었다. 그
런데 결과는 여름에 잎이 무성해지고 가을에는 열매가 주렁주렁 달렸
으며 그런 뒤에야 자기가 잘못 이해한 것을 깨닫게 되었다는 이야기
가82) 전해지고 있지마는, 당시에는 이미 과수의 접목이 가능했음을 알
수 있다.

앞에 든 세 기록[라-⑮·⑯·주 68] 모두에 들어있는 또 하나의 과실
은 대추(조棗)인데, 그것이 이규보가 지은 시 가운데 「배(이梨)나 대추
(조棗)만 귀하게 여기지 마오」 라 읊은 부분에서 언급되고 있음은 역시
앞서 소개한 바와 같고,83) 그뒤 이시랑李侍郎이 화답해온 시에 차운하
여 보낸 글에서도 「변두에 담은 대추」 라는 대목을84) 찾아 볼 수 있다.

---

78) 『동국이상국전집』 권 2, 古律詩 「村家三首」.
79) 『동국이상국후집』 권 3, 古律詩 「次韻林亞卿成幹 見和菜種詩及地棠詩」.
80) 『동국이상국후집』 권 7, 古律詩 「食天子梨」.
81) 『동문선』 권 13, 七言律詩 「高山縣公館梨花」.
82) 『동국이상국전집』 권 23, 記 「接菓記」.
83) 주 79), 178쪽과 동일함.

그리고 여말에 조준이 올린 상소문에 의하면 당시의 세력가 휘하에 있
는 무리들이 각지를 다니며 나쁜 짓을 일삼으면서 개암·밤·대추 등을
강제로 팔게 해 거두는게 조세의 몇배나 되었다고 말하고 있거니와,[85]
대추에 관한 기사가 그리 자주 눈에 띄는 편은 아니지만 밤·개암 등과
함께 언급되고 있는 점만 보더라도 숫자가 그리 적지는 않았으리라 짐
작된다.

② 귤橘(감柑)과 복숭아(도桃)

세 기록[㉣-⑮·⑯·주 68]에 포함되어 있으면서 여타 개별 기사에서
도 비교적 자주 보이는 과실은 귤橘(감柑)과 복숭아(도桃) 였다. 그중
귤과 관련된 기사로 먼저 사서史書에서 찾아지는 것으로는, 문종 6년
(1052) 3월에 삼사三司에서 탐라국(제주도)이 매년 바치는 귤(귤자橘
子)의 양을 100포로 개정하고 이것을 차후의 상례를 삼으라고 건의하
자 그에 따랐다는 것과[86] 선종 2년(1085) 봄 2월에 대마도에서 사절을
보내 감귤柑橘을 바쳤다는 것,[87] 그리고 예종 11년(1116) 2월에는 일
본국이 감자柑子를 진헌했다는 기록[88] 등을 들 수 있다. 그리고 내용
은 좀 다르지만 명종조에 동궁에서 일하는 여종이 실권자의 한 사람인
최세보의 아들 최비에게 귤을 던져 유혹했다는 기사가 눈에 띄며[89] 충
렬왕이 총애했던 신하인 장순룡의 아들 장운은 사치스럽고 버릇이 없어
팔관회가 열리고 있는 장소에 올라가서 귤과 유자(유柚)를 손으로 집어

---

84) 『동국이상국후집』권 7, 古律詩「次韻 李侍郎見和桃梨詩二首 以四首和之」.
85) 『고려사절요』권 33, 우왕 14년(1388) 昌王 즉위년 7월.
86) 『고려사』권 7, 世家 문종 6년 3월.
87) 『고려사절요』권 6, 宣宗 2년 春2月.
88) 『고려사절요』권 8, 睿宗 11년 2월.
89) 『고려사』권 100, 열전 13, 崔世輔傳.

먹었다는 이야기도90) 보인다. 귤이 각종 필요에 따라 사용되었던 것이다.

  그러나 보다 많이 이용되기는 비단 귤에서만 그런 것은 아니지만 사인士人이 특별한 감흥을 받거나 사인 또는 우인友人 등의 사이에서 어떤 상황을 두고 서로 주고 받는 시문詩文에서이다. 이런 가운데에 우선 여러 사례를 드러내고 있는 것은 이규보의 시문으로서, 그는 먼저「문 장로가 귤을 부賦한 시에 차운하다」에서「그대는 어디서 구했던가, 연말이라 얻어 보기 힘들구려」라고 하여91) 자기로서는 그렇게 좋은 귤을 구하기가 어려움을 하소연 비슷하게 언급하고 있지마는, 이어서「또 귤을 읊다」에서는「손에 쥐고 굴리니 둥글둥글 사랑스러워, 어찌 강남 눈속에서만 구경해야 하나, 한개인들 어찌 함부로 쪼갤 손가, 천리 먼 길에서 장인까지 왔다네」라고92) 하여 그것이 해결되었음을 역시 시詩로써 전하고 있다. 그뒤 여러 객인客人들과 밤 늦게까지 술자리를 같이하는 가운데,「소반에 가득한 과일은, 하나하나가 모두 선향仙香을 풍기누나, 동정洞庭에서 생산된 특이한 귤은, 옥 같은 살에서 시원한 즙이 나오네」라 읊으면서「아, 평생에 이런 재미있는 놀이는 이 다음에 다시 있을 것 같지 않다」라고 말하고도 있으며,93)「엄선로嚴禪老를 찾아가서 벽에 걸린 족자의 시운詩韻을 따라 지은 두 수」에서는「향불은 뭉실뭉실 파란 연기 날아오르고, 귤을 쪼개니 하얀 즙이 이슬처럼 흐르네」라고 읊고94) 있는가 하면,「친구가 귤을 읊은데 화답하다」에서도「옛날 어전에 있던 그 때가 생각난다. 임금이 주시던 그 귤

---

90)『고려사』권 123, 열전 36, 嬖幸 1 張舜龍.
91)『동국이상국집』권 5, 古律詩「次韻文長老賦橘」.
92)『동국이상국집』권 5, 古律詩「又詠橘」.
93)『동국이상국전집』권 8, 古律詩「是日飮闌小息……」.
94)『동국이상국전집』권 8, 古律詩「訪嚴禪老用壁上書簇詩韻二首」.

내 가슴에 찬란도 했지」라고95) 회상도 하고 있다. 아울러 「누런 감귤(황감黃柑)을 이학사 백전에게 보내면서」라는 제목의 시와96) 「정 비감丁秘監 이안而安이 시 두 수를 지어 내가 보내준 동지력冬至曆과 누런감귤(황감자黃柑子)에 대한 감사를 하였고 겸하여 술을 가져와 위로하매 차운한다」는 글과 함께 「감귤(감자柑子)에 대한 감사에 화답하다」라는 제목의 시詩 등도97) 보내고 있는 것이다.

다른 사인士人들의 시도 몇몇 대할 수가 있는데, 먼저 최영유崔永濡의 「길가에 누른 것들은 모두 다 귤과 유자(귤유橘柚)이로세」라는 구절이 들어간 시詩는 그가 관원으로 근무하는 승평군昇平郡의 어느 한 물가 지역을 대상으로 한것 같다.98) 그리고 여말에 개혁을 주도하다가 남방으로 유배된 정도전이 그곳에서, 「농사일도 머지 않아 끝이 나겠네, 더더군다나 진귀한 물산이 많아 등귤橙橘도 소반에 오를 거로세」라는 시구를 자기와 사이가 가까웠던 염 동정(흥방)에게 보내고 있으며,99) 「경상도를 안찰하러 나가는 최함일 직랑을 보내며」라는 시제詩題로 글을 쓴 고중지高中址는 「달밤에 매화 가지(매소梅梢) 차갑고, 가을 바람에 귤橘과 유자(유柚) 익는다」라고 읊고 있는가 하면,100) 곽예郭預는 「영귤수詠橘樹」에서 「남쪽 나라 나무를 누가 가져다, 금원禁苑 곁에다 옮겨 심었나,……봄엔 꽃이 피어 온통 하얀 빛, 가을엔 열매 맺어 동굴 노랑이」라고 하여 귤나무의 성장과 모습 및 씀씀이 등에 대해 제목 그대로 읊고 있기도 하다.101)

---

95) 『동국이상국전집』권 14, 古律詩「和友人詠橘」.
96) 『동국이상국후집』권 2, 古律詩「以黃柑寄李學士百全」.
97) 『동국이상국후집』권 5, 古律詩「和謝柑子」.
98) 『동문선』권 13, 七言律詩「昇平郡蔡按部韻」.
99) 『삼봉집』권 1, 五言古詩「奉次廉東亭詩韻」.
100) 『동문선』권 4, 五言古詩「送崔咸一直郎 出按慶尙」.

다음 복숭아와 관련해서는 먼저 그것의 꽃에 대한 기사가 눈에 들어온다. 「충혜왕 원년(1331) 10월에 복사꽃(도桃)과 오얏꽃(리李)이 피었다」는[102] 『고려사』의 기록을 비롯하여, 이규보가 스님의 그림 족자를 보고 「푸른 대(죽竹)는 본래 꿋꿋한 군자이고 복사꽃(도화桃花)은 참으로 아름다운 여인이라」고 읊은 시가 보이며[103] 또 「박 학사朴學士 인저仁著에게 보내다」라는 시詩에서는, 「조금 전에 살구꽃이 피었다던데, 또 붉은 복숭아꽃이 피었다구려, 더욱이 군후의 집 백엽도화야, 얼마나 보기 좋은 꽃이던가」라[104] 읊고 있는 것이다. 복숭아를 두고 이규보가 지인들과 주고 받은 글은 이들 이외에도 꽤 여럿이 찾아지는데, 「복숭아 나무 옆에 푸르른 대(죽竹)를 심고, 가시나무 베어내고 꽃다운 향풀을 보호한다오」라는 시구는 그가 앵계에 거처를 정한 뒤 서로 오가는 이웃에 있는 양각교梁閣校에게 보낸 글의 일부이고,[105] 「아름다운 선과仙果를 나누어 주므로, 술자리의 기쁨 도와주니, 푸른 자도(리李)도 이를 따를 수 없고, 노란 복숭아도 견주기 어려워」는 양국준이 앵도를 보내준데 대해 사례하는 시의 한 부분이다.[106] 이어서 그는 「신(산酸) 배와 복숭아를 보내온 이시랑李侍郞에게 사례하는」 시에서 「배는 황금같이 미끄럽고, 복숭아는 구술처럼 둥그네, 정원에선 열매로 보이더니, 그릇에 담으니 먹음직하네」라고 읊고 있고,[107] 또 「이 시랑이 화답해 온 도리桃梨(복숭아·배) 두 수에 차운하여 다시 네 수로 화답

---

101) 『동문선』 권 11, 五言排律 「詠橘樹」.
102) 『고려사』 권 53, 志 7, 五行 1, 火行, 華蘖.
103) 『동국이상국집』 권 2, 古律詩 「來竹桃花」.
104) 『동국이상국후집』 권 9, 古律詩 「寄朴學士仁著」.
105) 『동국이상국전집』 권 5, 古律詩 「卜居鸎溪……贈西隣梁閣校」.
106) 『동국이상국전집』 권 7, 古律詩 「謝梁校勘國峻 途櫻桃」.
107) 『동국이상국후집』 권 7, 古律詩 「謝李侍郞 送酸梨碧桃」.

하다」는[108) 시를 비롯해 여러 편의 글을 쓰고 있거니와 복숭아의 용도와 그것이 지니는 식품으로서의 위상 등을 잘 표현하지 않았나 생각된다.

③ 감(시柿·홍시紅柿)과 살구(행자杏子)와 앵두(앵도櫻桃·함도含桃)

감(시柿·홍시紅柿) 또한 크게 환영을 받는 보조 식품의 하나였다. 이 과실에 대해서는 앞서 충선왕 때 어떤 승려가 사람들을 속이기 위해 굴 속에 들어가 지내면서 몰래 밤과 함께 감을 가지고 들어가 먹었다는 이야기를 소개한바 있지마는,[109) 이와 반대되는 상황으로 비록 무신 김인준의 집권기이기는 하여도 고위직에 있던 유천우는 모임에서 손님 접대로 나온 감을 다른 사람들과 달리 어머니에게 가져다 드리기 위해 혼자서 먹지 않았다는 사례가 전한다.[110) 감이 그만큼 귀중했다는 이야기다.

이규보는 이들 감시에 대해서도 찬사를 거듭하고 있다. 먼저 「야인野人이 홍시를 보내다」라는 시詩에서 「식물 가운데 7절七絶(일곱 가지 좋은 점)을 가졌는데, 야옹野翁이 나에게 천 개나 보냈구려, 맛이 꿀이나 엿 또는 젖과 같아, 우는 아이도 웃길 수 있네」라고[111) 읊고 있는가 하면, 지인知人들과 늦게까지 술을 마신 뒤에도 스님이 술 한병을 더 가져와 흥취가 나도록 마시는 자리에서 「서리 맞아 말랑말랑한 홍시는, 대단히 붉어 눈이 부시네, 예쁘기도 하다 이 붉은 용의 알이」라고[112) 읊고도 있다. 이어서 그는 또 「홍시를 보내 온 하 낭중河

---

108) 『동국이상국후집』권 7, 古律詩「次韻李侍郎見和桃梨詩二首 以四首和之」.
109) 주 70), 176쪽 참조.
110) 『고려사』권 105, 열전 18, 兪千遇傳.
111) 『동국이상국전집』권 5, 古律詩「野人送紅柿」.
112) 『동국이상국전집』권 8, 古律詩「是日飮闌小息……」.

郎中에게 사례하다」는 제목의 시에서 「서리 맞아 무르익은 붉은 홍시는, 병든 내 입술을 축축히 적셔주네……처음에는 화룡火龍의 알과 흡사하여, 주저하며 선뜻 먹지 못하였네, 먹어보고는 백배 사례하거니, 한바탕 잘 먹은 그 은혜를」라고 읊고 있으며,113) 그후 다시 곶감(건시 자乾柿子)을 보내 온 것에 대해서도 「늙은 치아에 무른 홍시가 맞고, 병든 입에는 마른 곶감도 더욱 좋다오, 7절을 겸했으니 이름이 두루 알려졌고, 세번씩이나 보내 주었으니 고맙기 그지없구려」라는 내용이 포함된 시를 써서 하낭중에게 보내고도 있다.114) 홍시는 말할 것 없고 곶감이 귀중하게 여기는 보조 식품이었음을 거듭 확인시켜 주고 있다 하겠다.

다음 살구(행자杏子)와 앵두(앵도櫻桃·함도含桃)에 대해서 살펴보면, 먼저 살구의 경우 유경이 최씨무신정권의 집정인 최의를 제거하는 모의를 하면서 감히 드러내어 말하지 못하고 다행(幸)·실행(行)의 행杏이 들어가는 살구(행자杏子)를 보였다는 기록에서115) 찾을 수 있다. 그리고 김극기金克己의 「전가4시田家四時」에서는 「해는 긴데 살구꽃은 붉었고」라는 구절이 눈에 띠며,116) 이규보의 시 가운데 「박 학사朴學士 인저人著에게 보내다」에서는 「조금 전에 살구꽃이 피었다던데」라는 구절이,117) 「가군家君의 별장 서교초당에서 놀며」에서는 「부지런히 힘써 창포철(菖葡철)·살구철 따라 갈고 거두기 때를 어기지 말라」는 대목이 보인다.118) 우리들은 이들 기록을 통해 살구의 존재를 잘 확

---

113) 『동국이상국후집』 권 7, 古律詩 「謝河郎中千旦 送紅柿」.
114) 『동국이상국후집』 권 8, 古律詩 「謝河郎中 惠送乾柿子」.
115) 『고려사』 권 105, 열전 18, 柳璥傳.
116) 『동문선』 권 4, 五言古詩 「田家四時」.
117) 『동국이상국후집』 권 9, 古律詩 「寄朴學士仁著」.
118) 『동문선』 권 4, 五言古詩 「遊家君別業 西郊草堂」.

인할 수 있겠는데, 다만 식품관계에서 좀 부족하다 싶은 부분은 역시 이규보가 「6월 20일 오랜 비가 홀연히 개어 손과 함께 동산을 거닐며 본 바를 기록한다」는 시詩에서 「살구(행자杏子)는 황금빛으로 무르익어, 입에 넣으매 젖보다도 달구나」라고[119] 읊고 있는 것으로 얼마간 보충할 수 있을 것 같다.

앵두(앵도櫻桃)에 대해서는 최자崔滋가 자기의 저술인 『보한집補閑集』의 한 부분에 「여름 열매를 따오니 구슬이 찬 알이오, 봄 꽃을 얻으려 하니 가지마다 눈송이라」라는 시詩를 남기고 있거니와[120] 그에 앞서 서긍은 『고려도경』에서 「6월에는 앵두(함도含桃)도 있는데 맛이 초처럼 시고」라 소개하고 있다.[121] 이중 외국인인 서긍의 견해에 비해서 이규보는 「앵도櫻桃」라는 시에서 「하늘의 솜씨 어찌 그리 기묘하뇨, 시고 단맛 알맞게 만들었도다」라고 하여[122] 시정하는 입장을 취하고, 한 걸음 더 나아가 「교감校勘 양국준이 앵도를 보낸데 대해 사례하다」에서는

> ㉕-⑰ 봄에는 꽃송이 곱기도 하더니
>   여름에는 빨간 열매 둥굴둥굴 하구나
>   ....
>   나무에서 딸적엔 이슬에 젖었더니
>   이파리와 함께 섞어 쟁반에 그득한데
>   ....
>   튕겨나서 옷에 떨어질 땐 싫더니
>   손바닥에 놓고 보니 사랑스럽기만 해

---

119) 『동국이상국전집』 권 13, 古律詩 「六月二十日久雨忽晴 與客行園中 記所見」.
120) 『補閑集』 卷下, (四). 「皇朝九月二十五日 夜月云……」
121) 『고려도경』 권 23, 雜俗 2, 土産.
122) 『동국이상국전집』 권 16, 古律詩 「櫻桃」.

씨를 모으니 한움큼이 넘고
즙을 마시니 간이 시원함을 알겠으며
눈은 광채를 받아 희미해지고
혀는 달고 신 맛을 식별하네[123]

라고 해서, 앵두가 기호 식품 이상의 역할을 하는 과실임을 적시하고
있다.

④ 잣(백栢 또는 柏·송자松子)과 오얏(리李 또는 자도)·매실(매梅)

다음 잣(백栢 또는 柏·송자松子)은 귀중하면서 좀 특수한 위치에 있
는 존재이지 않았나 짐작된다. 이것에 대해서는 앞서 소개했듯이(㉱-
⑮, 주 65, 174쪽) 밤·배·대추 등과 함께 적합한 때에 심어 이득이 많
게 하도록 왕(명종)이 직접 지시한 과일 나무의 하나인가 하면, 선종
때에는 밤과 더불어 대목大木의 경우 3승升, 중목은 2승, 소목은 1승의
잡세雜稅를 내도록 정해지고도 있는 것이다.[124] 뿐아니라 문종은 즉위
34년(1080)이 되기에 얼마 앞서 송나라에 유홍柳洪을 사절로 파견하면
서 생중포生中布·인삼 등과 함께 송자松子(잣) 2,200근을 예물로 바치
고 있고[125] 또 충렬왕비인 제국대장공주齊國大長公主가 잣과 인삼을
중국의 강남江南으로 보내 많은 이득을 얻자 환관들을 시켜 그것들이
생산되지 않는 지역에서까지 거두어들였으므로 백성들이 매우 고통스
럽게 여겼다고 한것[126] 등등의 사례를 미루어 볼 때 더욱 그같은 생각
을 해볼 수 있을 것 같다.

---

123) 『동국이상국전집』 권 7, 古律詩「謝梁校勘國峻 送櫻桃」.
124) 주 69), 176쪽 참조.
125) 『고려사』 권 9, 세가 文宗 34년 秋7月.
126) 『고려사』 권 89, 열전 2, 后妃 충렬왕 2년.

오얏(리李 또는 자도)과 매실(매梅)에 관한 사례 역시 몇몇이 눈에 들어오는데, 그중 다수는 크기가 그들만한(대여이매大如李梅) 우박이 쏟아졌다는 기록들이다.[127] 물론 오얏의 경우 이들 이외에 충렬왕 20년 9월 갑인날 그만한 우박이 내렸다던가[128] 충혜왕 원년(1331) 10월에 오얏꽃이 피었다는 기사가[129] 더 보이며, 아울러 이규보가 이미 소개한바[주 119), 185쪽] 「6월 20일 오랜 비가 홀연히 개어 손과 함께 동산을 거닐며 본 바를 기록하다」는 시詩의 한 부분에 「오얏은 주홍빛으로 익었구료, 나와 성 같음이 가장 귀여워」라고 읊은 대목도 눈에 띤다. 그리고 매실의 경우는 역시 소개한 일이 있는 바[주 100), 181쪽] 고중지가 「경상도를 안찰하러 나가는 최함일 직랑을 보내며」라는 시에서 「달밤에 매화 가지 차갑고, 가을 바람에 귤과 유자 익는다」는 시에서 찾아 볼 수 있는 정도이다.

⑤ 능금(임금林檎·내금來禽)과 포도(葡萄·蒲桃)·개암(진榛·진자榛子) 등

이들 과실중 능금은 앞서 소개한 일이 있듯이(주 68), 176쪽) 서긍이 『고려도경』에 고려의 토산土産을 적시하는 가운데 그 하나로 포함되어 있으며, 또 바로 언급한 이규보의 시(주 119), 185쪽) 다른 한 부분에 「능금(임금林檎)은 구술 같이 주렁주렁 달렸는데, 그 맛이 시고도 떫구나」라고 읊고 있어 모습의 일부분이나마 확인할 수 있다. 그리고 포도葡萄는 역시 이규보가 어떤 사람의 동산에 올라가 석대石臺에 가서 본

---

127) 『고려사』 권 53, 志 7, 五行 1, 水. 雨雹 충렬왕 29년 4월 丁亥·같은 책 권 35, 세가, 忠肅王 8년 5월 庚辰·9년 9월 乙未·같은 책 권 37, 세가 忠定王 2년 夏4月 戊戌.
128) 『고려사』 권 53, 志 7, 五行 1, 水. 雨雹 충렬왕 20년 9월 甲寅.
129) 『고려사』 권 53, 志 7, 五行 1, 火行. 華孼 충혜왕 원년.

즉 「포도葡萄가 나무에 감기어 아래로 늘어진 것은 마치 영락纓珞과 같아 사랑스러웠다」고[130] 적고 있으며, 이색은 「동암선사에게 답하다」는 시에서 「오늘 저녁이 무슨 저녁인가, 금병의 흰 술을 기우린다. 포도葡萄는 겹겹이 그늘 맺었는데, 맑은 바람은 자리 한 구석에 난다」고 한데서[131] 그것의 일면에 접하게 된다. 다음 개암(진榛)은 외국인 서긍이 고려의 토산土産에 대해 다방면으로 살피는 가운데 그 하나로 지적된 것임은 앞서 소개한 바와 같고,[132] 또 여말에 세력가 휘하의 무리들이 나쁜 짓을 일삼으면서 밤·대추 등과 함께 개암을 강제로 팔게 한 후 그 값을 거두어 들였다 함도 앞서 살펴 본 내용이다.[133]

지금까지 검토해본 사안들을 요약컨대 고려시대에도 각종 과실들이 있어서 보조식품·기호식품을 비롯한 여러 용도에 소비 또는 이용되어 왔음을 거듭 확인할 수 있었다고 하겠다.

(3) 끼니의 실태

1) 하루에 세 끼니를 먹는다는 사례

여러 종류의 식품들은 밥과 반찬을 중심으로 매일 몇 번씩 소비하게 마련인데, 이른바 끼니이다. 이것이 곧 식생활로서 이 부분 역시 일부 연구자들의 관심을 끌었거니와 여기에서 우선 문제가 된 것은 정규적인 끼니가 하루에 두번이었는가, 아니면 세번이었는가 하는 점이었다.

---

130) 『동국이상국전집』 권 23, 記 「通齋記」.
131) 『동문선』 권 5, 五言古詩 「答東菴禪師」.
132) 『고려도경』 권 23, 雜俗 2, 土産·주 68), 176쪽 참조.
133) 『고려사절요』 권 33, 禑王 14년(1388) 昌王 즉위년 7월.

그리하여 현재는 좋은 연구 덕분으로 상당한 정도의 성과가 나 있는
상태라 할 수 있겠지마는, 고려시대에 관한한 다소의 보탬이 필요한
부분도 없지는 않은 듯하다.

먼저 세 끼니를 먹었음을 보여주는 사례로, 고종 42년(1255) 9월에
외선外膳이 끊어져서 내장고內藏庫가 비었음을 아뢰자 왕이 주선晝膳
을 줄였다는 기록이다.[134] 그리고 노당露堂 추적秋適이 시랑侍郞으로
서 용주龍州의 수령으로 있을 때에 그를 찾아간 우인友人 인조대사仁
照大師가 알면서도 역리驛吏에게 짐짓 묻기를 "날마다 정오가 되었을
때(일지장오日之將午) 큰 사발에 담은 향기로운 쌀밥과 투가리에 담은
연한 고기국을 차려 그 앞에 드리면, 너의 사또(사군使君)는 어떻게 하
더냐"고 묻고 있는 것을[135] 들 수 있다. 국왕도 곡식 창고가 비게되자
조석朝夕 이외에 매일 먹던 주식晝食을 멈추고 있는가 하면, 국가의
상당한 직위에 있는 추적은 여전히 세 끼니를 잘 먹고 있는 것이다.

이어서 장군으로 서북면 지역에 수자리하러 갔다가 귀경하던 두경
승杜景升이 무주撫州에 이르러 주식晝食(점심)을 먹는데 서경의 조위
총 반란군 1천여명이 쳐들어 왔으나 물리치고 있으며,[136] 원종 15년
(1274) 2월에는 원나라에서 고려에 대형 선박 300척을 건조하라는 지
시에 대하여 그것을 위해서는 기술자와 일꾼이 모두 3만 5백여명이나
필요하여 1인당 1일 3식으로만(인일일삼시량人一日三時糧) 계산하여
도 많은 비용이 들어 감당하기 어려우므로 부담을 덜어달라는 글을 올
리고 있는가 하면[137] 공민왕이 12년(1363) 3월에 버려진 시신들을 거

---

134) 『고려사』 권 24, 세가 高宗 42년 9월.
135) 『역옹패설』 전집 2, 「露堂」.
136) 『고려사』 권 100, 열전 13 杜景升傳.
137) 『고려사』 권 27, 세가 元宗 15년 2월.

두어 매장토록 하고 그 사람들에게 하루 세 끼 식사(일삼식日三食)를 제공토록 하고 있기도[138] 하다. 군 장교이기도 하지만 전투에 임하고 있는 군사들, 그리고 배의 건조와 같은 힘든 업무에 종사하거나, 시신의 매장과 같은 어려운 일을 하는 사람들에게는 하루에 세 끼니가 해당되었음을 알 수 있다.

좀 특수한 예로는, 충숙왕대에 평양부의 하급관원으로 있던 황수黃守가 동생·자매 등과 함께 70세가 넘은 부모를 위해 날마다 세끼(日三食)를 맛있는 음식으로 갖추어 드리고, 상을 물려주면 자기네가 비로소 먹었다는 미담도 전해지고 있다.[139]

한편 송나라 사절과 원나라 장수 등 외국인에게는 한결같이 하루 3식이 제공되었다. 원나라의 탑납塔納이 고려의 장수 인후·고천백과 함께 고려로 되돌아 오던중 절령에 이르러 옹진현 등으로부터 주식晝食을 공급받았다는게 그 한 사례이다.[140] 그리고 송나라에 대해서는 정사와 부사가 관사에 들어오면 매일 세 끼 식사를 제공하는데(일궤3식日饋三食) 식사로는 다섯 소반이 나왔으며,[141] 도할관都轄官·제할관提轄官 및 상절上節이 관사에 머무를 때도 매일 세 끼 식사를 제공하는데, 식사로 소반 세개가 나오고 중절中節일 때는 2개가 나왔다고[142] 보인다. 상급의 외국인들에게는 좀 후한 식사 대접을 하였던 것 같다.[143]

---

138)『고려사』권 40, 세가 공민왕 12년 3월 乙巳.
139)『고려사』권 121, 열전 34, 孝友 黃守.
140)『고려사』권 29, 세가 충렬왕 6년 3월 壬寅.
141)『고려도경』권 28, 丹漆俎.
142)『고려도경』권 28, 黑漆俎.
143) 이상에서 소개한 외국인뿐 아니라 고려인으로서 하루에 세 끼니를 먹은 사례의 대부분은 정연식鄭演植이 2001년『한국사연구』112집에 발표한「조선시대의 끼니」에서 다룬 내용들이다.

2) 하루에 두 끼니를 먹는다는 사례

위에서와 같은 하루 세 끼니에 비해 많이 눈에 띠는 사례는 하루에 두 끼를 먹었다는 기록들이다. 그중 성종 원년(982)에 최승로崔承老가 상소문을 올리는 가운데에서 "굴산숭屈山僧 여철如哲이 살고 있는 수토水土와 조석음식朝夕飮食은 모두 성상께서 내리신 것입니다." 라고 한 조·석식(2식)이[144] 고려조에서는 처음으로 보이는 기록이다. 그리고 이어서 현종이 즉위 2년(1011)에 거란의 침입으로 남쪽으로 피신하여 공주에 이르렀을 때 그곳의 절도사인 김은부金殷傅가 마련해준 아침·저녁을 나누어 올려(분공조석分供朝夕)[145] 어려움을 면할 수 있었다는 기사도 볼 수 있다. 이중 후자는 물론 전쟁에 따른 급박한 상태에서 말미암은 상황이지만 흔히 두 끼로 하루의 식사를 마치는 형식도 따르고 있는 셈이다.

이후의 그같은 상황은 우선 이규보의 글에서 보다 잘 드러나고 있다.「옷 전당잡히는데 느낌이 있어 최종번崔宗藩에게 보이다」라는 시에서, 그의 아내가 자기에게「그리 좋은 갖옷(구裘)은 아니지만, 제 손수 지은 것으로, 당신보다 더 아낀다오, 허나 구복이 더 급한걸요, 하루에 두 끼니 먹지 않으면(일일불재식一日不再食), 옛 사람도 허기진다고 말했소」라고 했다는게[146] 그 하나이다. 그리고「장난삼아 짓다」에서「언제나 병자처럼, 두어 수저밖에 먹지 못하며, 매일 서너 잔의 술을 마시고는, 이것으로 조석을 지내노라」라고 하거나[147]「이시랑李侍郞이 지은 여동시女童詩를 다시 차운하다」에서「아침에 연회 열어

---

144) 『고려사』권 93, 열전 6, 崔承老傳·『고려사절요』권 2, 成宗 원년 6월, 時務策 제8조.
145) 『고려사』권 94, 열전 7, 金殷傅傳·『고려사절요』권 3, 현종 2년 春正月 辛巳.
146) 『동국이상국전집』권 12, 古律詩「典衣有感 示崔君宗藩」.
147) 『동국이상국후집』권 1, 古律詩「漫成 丁酉八月」.

저녁되어 파하고, 수시로 빈객 불러 밤을 지새기도 하네, ……무르익
은 연회에는 조석(조모朝暮)을 따질 필요없고, 탈속한 흥취에는 섣달
나래를 지나도 괜찮네」라고[148] 읊고 있는 것이다.

고려가 몽고의 간섭하에 들어간 뒤에도 상황은 유사했던듯, 원종 4
년(1263) 4월에 관원을 보내 몽고가 군대를 내고 군량의 운반도 요구
한데 대해, 전란중의 피해로 많은 인원을 잃어 병력을 충당하기가 어
렵고, 「새벽과 저녁(신석晨夕)에는 아직도 옹손饗飱(아침밥과 저녁밥)
이 어려운데 어떻게 천리 길에 군량을 운송하겠습니까」라고 아뢰고
있다.[149] 그리고 원종 13년(1272) 4월에도 관원을 몽고에 파견하여,
「저의 나라가 원래 백성이 궁핍한데다 농사에 힘쓸 수 없어 자기 집의
조석(자가조석自家朝夕)도 마련하기 어려운데, 하물며 육지로 나온 이
후 군량과 사료를 전국에 걸쳐 거두어 운운云云」하고[150] 있음도 눈에
띄는 것이다.

이보다 조금 뒤인 충렬왕 때에 주로 대간臺諫과 사림詞林으로 활동
하는 이승휴李承休가 자신의 저술인 『동안거사집動安居士集』에 실어
놓은 「병과시病課詩」에 의하면 「짧은 갈옷(단갈短葛)으로 추위와 더위
를 막고, 채소와 현미(소려蔬糲; 거친 음식)로 아침과 저녁을 먹을 것
이요(공조혼供朝昏)」라고 읊고 있으며,[151] 또 구관시求官詩에서는 「싸
늘한 여름 칡베(갈葛)로 그대로 섣달을 지내고, 적은 아침 밥(미박조찬
微薄朝餐) 자주 저녁까지 미친다(동급포動及哺)」라고 적고 있다.[152]

---

148) 『동국이상국후집』권 8, 古律詩「復次韻李侍郞所著女童詩」.

149) 『고려사』권 27. 세가 元宗 4년 夏4月.

150) 『고려사』권 27 세가 元宗 13년 夏4月.

151) 『動安居士集』, 行錄 권 1, 「病課詩」.

152) 『動安居士集』, 行錄 권 1, 求官詩「慶源李侍中」.

관직에는 있어도 넉넉지 않은 보수에다 병에 시달리면서 아침·저녁의 두 끼니조차 흡족하지 못한데 대한 좋지 않은 감정과, 직위에서 물러난 처지에 시중侍中의 지위에 있는 경원이씨 장용臧用에게 구관시求官詩를 보내는 입장에 모자라는 아침 밥을 가지고 자주 저녁 끼니까지 끌고가야 하는 사태에 불만의 여지가 없지 않음을 표하고도 있는 것 같다. 그리고 충렬왕·충숙왕 때 예문춘추관藝文春秋館과 성균관 등에서 주로 일을 본 최해崔瀣도 「고만서 흥을 느낀 12운韻」에서 「외로운 작은 섬에 왕래하면서, 아침·저녁 끼니를 남의 집에서(여식도조혼旅食度朝昏), 부녀들은 키가 작아 자라걸음새, 백성들은 곤궁하여 원숭이 얼굴」 이라고 하여153) 역시 아침·저녁의 하루 두 끼니에 호의를 보이고 있지는 않은 것 같다.

한데 시각을 조금 돌려 보면 공민왕 밑에서 재신宰臣까지 지내는 윤택의 경우 「평생 베옷을 입고 헤어진 자리를 깔고 지냈으며, 때로 아침밥이나 저녁거리(옹손饔飱)가 떨어져도 태연하였다」는 사례가154) 눈에 들어온다. 그리고 안우安祐 등이 공민왕에게 중국으로 가는 사신이 내왕할 때 아침·저녁에 먹는 죽·밥(조석죽반朝夕粥飯) 외에 연음宴飲 비용은 일체 금해야 한다고 건의하고 있는 기사도155) 보이며, 또 염흥방廉興邦은 국학國學의 중창에 필요한 자금을 모으는 직책을 맡아 "윤상발은 가난한 유생으로 녹봉을 가지고 조석을 꾸려가기도 어려운데 옷을 팔아 비용을 도왔소. 그런데 공들이 윤상발보다 적게 내어서야 되겠소" 라고 독촉하여 며칠만에 많은 베를 거두었다는 기사156) 역시

---

153)『동문선』권 11, 五言排律「高巒感興十二韻」.
154)『고려사』권 106, 열전 19 尹珤傳 附 尹澤.『高麗墓誌銘集成』578쪽「尹澤墓誌銘」.
155)『고려사』권 113, 열전 26, 安祐·金得培·李芳實.
156)『고려사』권 126, 열전 39, 姦臣 2, 廉興邦傳.

찾아진다. 아울러 공양왕이 도읍을 한양으로 옮기려는 시도에 대하여
당시 형조총랑이던 윤회종尹會宗이 여러 방면의 부당성을 아뢰는 가
운데, 「신하들이 도성을 텅 비우고 그곳으로 가야하므로 말린 아침·저
녁 식사(조석후장朝夕餱粻)도 제때 하지 못하고, 비·바람과 서리가 쳐
도 가릴 곳이 없으니 그 고생길을 어찌 말로 다할 수 있겠습니까」 라
고 상소하고157) 있는가 하면, 공양왕 2년(1390) 10월 을유에 강독관講
讀官 유백유가 경연經筵에서, 96세가 되는 아버지를 69살이 되는 아들
이 모시고 봉양할 수가 없는데 다만 여종 하나가 점포에서 물건을 팔
아 조석의 비용(조석지자朝夕之資)으로 삼고 있으니 쌀을 내려주셨으
면 합니다 라고 했다는 기사도158) 볼 수가 있다.159) 일반적으로 하루
에 두 끼니씩으로 생활했다는 사실을 말해주는 기록이 상대적으로 다
수였다고 할 수 있겠다.

　이상에서 고려 시기에는 통상적으로 하루 두 끼니 또는 세 끼니였음
을 재확인하였는데, 사정에 따라서 물론 예외가 있을 수 있었다. 예컨
대 원종 14년(1273) 2월 경자일에 내장택內莊宅이 물자가 다한 것을
고하여 임금의 하루 저녁식사(일석一夕)를 올리지 못했다는게160) 그
한 경우이다. 그리고 공민왕 9년(1360) 4월에는 2월부터 이 달에 이르
기까지 가뭄이 심하자 왕이 근신하는 뜻으로 하루에 한 끼니(일일식日
一食)만을 먹었다는 사례도161) 마찬가지이다 그런가 하면 이규보가
「황려의 여사旅舍에서 지음」이라는 시詩에서 「요기療飢는 오직 이 산

---

157) 『고려사』 권 120, 열전 33, 尹紹宗 附 尹會宗.
158) 『고려사』 권 45, 세가 恭讓王 2년 10월 乙酉.
159) 위에서 소개한바 하루 두 끼니를 먹었다는 기사의 상당 숫자는 정연식이 2001년
　　　『한국사 연구』 112집에 발표한 「조선시대의 끼니」에서 다룬 내용들이다.
160) 『고려사』 권 27, 세가·『고려사절요』 권 19, 원종 14년 2월 庚子.
161) 『고려사』 권 39, 세가·『고려사절요』 권 27, 공민왕 9년 夏4月.

미山薇에 의지할 뿐일세」 라고 하여[162] 시장기를 면할 정도의 조금 먹는 요기로 한 때를 넘길수도 있었다.

이들과 같이 끼니로 표현된 것은 아니지만 날마다의 민인民人들 식생활과 관련된 기사는 꽤 많이 대할 수 있다. 그것들은 주로 어렵게 살아가는 민인들에 대한 진휼과 연관된 기록들로 이미 앞서 언급된 내용들인데, 끼니와 연결시켜 살펴본다는 취지에서 그중 몇 사례만을 뽑아 다시 소개하면 다음과 같다.

㉱-⑱ 문종 18년(1064) 여름 4월에 임진현의 보통원普通院에 죽(죽수粥水)과 나물(소채蔬菜)을 마련해두고 나그네에게 베풀도록 하였다.[163]

㉱-⑲ 의종 14년(1160) 10월에 왕이 보현원 누각에 나아가 친히 나그네들에게 밥(반飯)과 국(갱羹)을 사여하고 있다.[164]

㉱-⑳ 왕성王城 장랑長廊에 큰 항아리를 설치하고는 흰쌀 미음(백미장白米漿)을 담아 놓아 왕래하는 사람들이 먹도록 함.[165]

㉱-㉑ 충렬왕 때의 청렴결백한 신료 윤해尹諧는 「집안이 가난하여 범벅 죽으로도 제대로 잇지 못하고 콩을 다려서(전두煎豆) 겨우 굶주림을 면함.」[166]

㉱-㉒ 충렬왕 18년(1292) 5월에 세자가 시가市街에 미음(장漿)을 마련해 놓고 굶주린 사람들에게 베풂음.[167]

㉱-㉓ 충목왕 4년(1348) 2월에 유비창의 미곡 500석을 내어 진제도감賑濟都監으로 하여금 굶주린 사람에게 죽을 먹이도록 함.[168]

---

162) 『동국이상국집』 권 17, 古律詩 「黃驪旅舍有作」.
163) ㉮-㉟, 주 127), 46쪽과 동일함.
164) 주 7), 15쪽과 동일함.
165) ㉮-㉙, 주 78), 36쪽과 동일함.
166) 주 206), 66쪽과 동일함.
167) ㉮-㊲, 주 129), 46쪽과 동일함.
168) ㉮-㉞, 주 126), 45쪽과 동일함.

㉣-㉔ 공민왕 3년 6월에 흉년이 들었으므로 진제색賑濟色을 연복사演福寺에 설치하고 유비창有備倉의 미米 500석을 내어서 죽을 쑤어 굶주린 백성들을 구제함.169)

---

169) 주 163), 56쪽과 동일함.

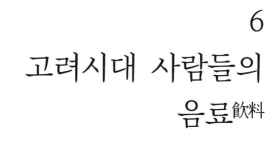

6

고려시대 사람들의

음료飮料

(1) 물·식수(수水·食水)

1) 우물 물(정수井水)의 이용과 시련

고려시기 사람들이 일상적인 음료로 많이 이용한 것을 꼽는다면 식수食水 자체와 함께 차(다茶)·술(주酒)이 아닐까 싶다. 그중 물(식수食水)은 더 말할 필요도 없이 기본이 되는 것으로, 기록에 따르면 주로 우물(정井)과 샘(천泉)을 이용해 얻었음을 알 수 있다. 이중 우물은 합당한 장소의 땅을 파서 만드는 것으로, 기록상 처음으로 알려진 고려시기의 우물은 태조 왕건의 할머니가 되는 용녀龍女(뒤의 원창왕후)가 남편인 작제건作帝建(뒤의 의조, 경강대왕)을 따라 개주開州에 이르자 즉시 동북산東北山 기슭에 가서 은그릇으로 땅을 파고 물을 길어(취수取水) 사용하였다는게[1] 그에 해당된다. 물론 이 이야기는 설화의 형식처럼 되어 있어 일정한 한계가 있게 마련이지만, 이 자리에 있는 후대의 「개성대정開城大井이 바로 그것이다」 라는 언급이 추가되어 있을 뿐더러 뒤의 역사 기록들에 「개성현의 대정大井」[2] 또는 「개성대정開城大井」[3] 등의 구체적인 사실이 보여 그의 존재를 거듭 확인할 수도 있는 것이다.

우물을 직접 만들었다는 사례는 이것 이외에 얼마 더 찾아볼 수 있다. 이유는 분명치 않지만 공양왕이 그의 즉위 2년(1390) 7월 기유일에

---

1) 『高麗史』 첫머리 「高麗世系」.
2) 『고려사』 권 56, 志 10, 地理 1, 王京開城府－開城縣 忠烈王 34년.
3) 『고려사』 권 53, 志 7, 五行 1, 水行－水變. 공민왕 11년 4월.

명하여 연복사 근처의 민가民家 30여 호戶를 철거토록한 후 절의 담장
을 넓히고 연못(지池) 3개와 우물(정井) 9개를 다시 깊게 파도록 하였
다는게4) 그 하나이다. 개인으로서는 이규보가 「집 뒤에 작은 못을 파
다」라는 시詩를 통해 우물을 만드는 일과 그에 따라 누리는 여러 상
황을 읊고 있어서 우리의 시선을 끈다. 즉,

> ㉮-① 날카로운 연장으로 바위 밑을 떨어내니
> 얼음같이 찬물이 틈에서 솟아나네
> 어느덧 우물을 다 만들고는(개정開井)
> 한 움큼 마셔보니 참으로 꿀맛일세
> ……………………………………
> 우물(정井)에서 열 걸음쯤 떨어진 곳에
> 자리 하나 크기의 못(지池)을 파 놓고
> 그곳에 물을 멈추게 했더니
> 차갑고 새파란 물이 넘실거리네
> ……………………………………
> 한더위엔 청량한 물에 멱감을 수 있고
> 물 길러 나르는 고역도 덜 수 있네5)

라고 소개하고 있는 것이다. 외국인인 서긍도 이 부분에 대한 기록을
남기고 있다. 즉,

> ㉮-② 우물을 파고(착정鑿井) 물을 긷는 것(급수汲水)은 대개 내(천川)
> 가까운 데서 한다. 위에 도르래(녹로鹿盧)를 걸고 물통(조槽)으
> 로 물을 옮기는데, 그 물통은 배(주舟) 모양과 비슷하다,6)

---

4) 『고려사』 권 45, 세가 공양왕 2년 秋7月.
5) 『동국이상국전집』 권 18, 古律詩 「舍後開小池」.
6) 『고려도경』 권 23, 雜俗 2, 澣濯.

고 설명하고 있거니와, 물을 얻기 위한 우물이므로 그것이 내천 가까이에 많았다는 지적은 합당하다고 생각되며, 물통(조)에 담아 물을 옮겼다는 설명 역시 납득이 된다. 단, 물을 길어올릴 때 도르래를 이용했다는 부분은 그것을 활용한 범위가 어느 정도였을까를 좀더 생각해볼 여지가 있을 것 같다.

이미 만들어진 우물(井)과 관련해서는 좀 특수한 경우로 어수御水를 공급하던 달애정烜艾井이 전해오는 속언俗言 때문에 광명사의 우물(廣明寺井)로 바뀌었다는 기사가[7] 우선 눈에 들어온다. 그리고 이규보의 글에서 몇 사례가 전해지고 있지마는, 먼저 「명성을 낚으려는데 대한 풍자」에서 「검소하였네, 저 공손홍公孫弘은 재상이 되어 베이불을 덮었고, 낮추었네 무창태수武昌太守는 돈을 주고(投錢) 우물 물을 마셨네(飲井水)」 라고한[8] 경우가 좀 특이한 사례이고, 이어서 「산에서 밤을 보내며 우물(井)속의 달을 읊다」 라는 시詩에서 「이끼 덮인 암벽 모퉁이 맑은 우물(井) 속에, 방금 뜬 어여쁜 달이 바로 비추네」 라고한[9] 것과, 『통재기通齋記』에 어떤 사람의 동산에 올라가 석대石臺에 가서 보니 포도나무 아래에 석정石井이 있는데 물맛이 청감淸甘하고 새어나와서는 웅달샘을 이루었다고 설명하고 있는 것과[10] 함께 「촌가 3수村家三首」에서 「산 배나무 잎 붉고 들 뽕잎 누른데, 바람 길에 벼 향기가 물씬 풍기네. 우물 물 긷는 소리 나막신 소리 들리더니」 라고 한 것[11] 및 「밤에 진화의 집에서 자면서 크게 취하여

7) 『고려사절요』 권 13, 神宗卽位年(明宗 27년, 1197) 秋9月.
8) 『동문선』 권 4, 五言古詩 「釣名諷」.
9) 『동국이상국후집』 권 1, 古律詩 「山夕詠井中月二首」.
10) 『동국이상국전집』 권 23, 記 「通齋記」.
11) 『동국이상국전집』 권 2, 古律詩 「村家三首」.

벽 위에 쓰다」에서 「자운子雲은 큰 선비로 문자를 좋아하였으나, 주객
酒客과 법사法士 모아 놓고 술 잔치 베풀었었네, 빈 두레박은 홀로 우
물가에 있어, 뱃속에 물만 가득 담으니 무슨 소용이 있는가」라고[12] 읊
고 있는 사례 등도 대할 수 있다.

　그런데 사실 우물과 샘의 물을 비롯한 모든 물들은 우리의 생활과
잠시라도 떨어질 수 없는 존재임에도 불구하고 전쟁과 같은 어떤 사건
이 발생하거나, 가뭄이나 과도한 비와 그로 인한 홍수 등이 났을 때 많
은 문제가 일어나기 마련이었다. 그러므로 물에 관한 기록도 이들에
따른 것들이 다수인데, 고종 40년(1253)에 몽고병이 춘주春州에 침입
하여 성을 에워싸고 참호를 깊이 파놓고는 여러 날 공격을 계속하여
성 안의 우물과 샘(정천井泉)이 모두 고갈되었으므로 소·말을 잡아 그
피를 마시는 상황에 이르자 그곳의 문학文學으로 있던 조효립曹孝立
이 성城을 지킬 수 없음을 알고 처와 함께 불에 뛰어들어 자결한 것
은[13] 전쟁에 따른 사건의 하나이다. 그리고 최해崔瀣가 「3월 23일에
비가 오다」에서 「금넘 봄도 또 다시 가뭄이 들어, 두손 잡고 흉년을
근심하나니, 우물(정수井水)은 말라서 푸른 진흙되고, 붉은 피처럼 아
침 해는 빛나네」는[14] 비가 오지 않은데서 비롯되는 물 문제를 읊은 것
이며, 또 명종 3년(1173)에는 정월부터 비가 오지 않아 시내와 우물(천
정川井)이 다 말라서 벼·보리 또한 마르고 질병이 도는 가운데 많은
사람들이 굶어죽는 사태에 즈음하여 무당을 모아 비를 빌게하는 한편
근신近臣을 나누어 보내 여러 산천의 신령들에게 비를 빌게하는 일이
있었고,[15] 공민왕 21년(1372) 겨울에는 눈이 오지 않아 산이 무너지고

---

12) 『동국이상국전집』권 11, 古律詩 「夜宿陳澕家大醉書壁上」.
13) 『고려사』권 121, 열전 34, 忠義 曹孝立傳·『고려사절요』권 17, 고종 40년 9월.
14) 『동문선』권 4, 五言古詩 「三月二十三日雨」.

우물과 샘(井泉)이 모두 말라버리는 바람에 물가가 크게 오르기도 하였다.[16)

한데 이처럼 비가 오지 않는 가뭄뿐 아니라 그 반대로 비가 많이 와서 홍수가 나는 것도 커다란 문제였다. 인종 10년(1132) 8월 무자일에 큰 비가 쏟아져 인가人家가 이루다 헤아릴 수 없을 만큼 떠내려가거나 물에 잠겼고, 또 봉은사 뒷산 위 옛 우물(고정古井)의 물이 솟구쳐 국학청國學廳으로 흘러드는 바람에 경사経史와 백가문서百家文書가 물에 휩쓸려 없어지기도한 것이 그 하나의 사례이다.[17) 그리고 의종 원년(1147) 7월 무진일에는 경기지역에 홍수가 나서 많은 사람과 가축이 익사하였고, 19년 6월 정미일에도 큰 비가 쏟아져 60채가 넘는 민가가 떠내려가고 많은 사람들이 익사하였으며,[18) 고종 43년(1256) 7월 경인일에는 도성都城에 홍수가 나 많은 인가人家가 떠내려가거나 수몰되고 있거니와,[19) 유사한 사례는 다수가 더 찾아진다. 다만 이들 사례에는 우물이 직접 언급되고 있지는 않으나 그 상황으로 미루어 관련된 경우가 많지 않았을까 짐작해 볼 수 있을 것 같다.

우물의 존재는 이상에서와 같은 가뭄이나 홍수 등과의 관계만이 아니라 수변水變이라 하여 우물에서 우는 소리가 나거나 울리는 경우 또는 물의 색깔이 변하고 끓어오르는 때와 연결되어 드러나고도 있다. 실례로, 인종 5년(1127) 6월 계미일에 광덕방廣德坊의 우물(정井)에서 울리는 소리가 났다고 한 것과[20) 신종 2년(1199) 5월에 남부南部의 북

---

15) 『고려사』권 54, 志 8, 五行 2, 金行. 恒暘, 명종 3년 4월 丙子·같은 책 권 19, 세가, 명종 3년 夏4月 丙子·9년 9월 乙未·『고려사절요』권 12, 명종 3년 夏4月.

16) 『고려사』권 53, 志 7, 五行 1, 火 無雪 공민왕 21년.

17) 『고려사』권 53, 志 7, 五行 1, 水行. 水療, 인종 10년 8월.

18) 『고려사』권 53, 志 7, 五行 1, 水行. 水療, 의종 元年 19년.

19) 『고려사』권 53, 志 7, 五行 1, 水行. 水療, 인종 10년 8월.

쪽 우물 물(정수井水) 빛깔이 붉고 끓는 소리가 소 울음과 같은지 무려 10여 일이나 되었다고 한 것[21] 등을 들 수 있다. 그리고 우왕 원년 (1375) 8월 병오일에 이현의 인가人家 우물(정井)에 무지개가 나타나고 물이 끓으며 솟아 올랐고, 8년 정월 무자일에는 연복사의 우물(정井)이 흐려지면서 끓어 올라 고기 떼가 나흘간이나 뒤채며 뛰어 올랐는가 하면,[22] 공양왕 2년 윤4월 병자일에는 다방리茶房里의 우물(정井)이 소 울음같은 소리를 내며 울렸다는 것[23] 등도 유사한 사례들이다.

2) 샘(천泉)의 이용

우물(정井)은 이상에서 살펴보았듯이 많은 노력을 들여 만들고 또 가뭄이나 홍수 등 때문에 이용하기가 어렵게 되거나 파괴되는 경우가 흔하였던데 비하면 샘(천泉)은 자연적으로 생겨나는 면이 많고 관리에도 어려움이 좀 덜했던 것 같다. 물론 위에서 소개한 바와 같이 외국 세력의 포위·공격에 우물과 함께 샘도 고갈되어 어려움을 겪었고(주 13), 202쪽) 또 겨울에 눈이 오지 않아 산이 무너지고 우물과 샘이 모두 말라버리는 바람에 물가가 크게 오르는 등의 곤욕을 치르기도 하였지마는(주 16), 203쪽), 일일이 지적하지 않았다 하더라도 유사한 사례가 상당수 있었으리라고 이해하는 것이 옳은 판단이라고 생각된다.

다만 그럼에도 불구하고 거듭 말하건대 비교적인 면에서 우물에 비해 샘이 좀 덜했다는 것인데, 그래서 그런지 샘의 실제 사례들은 대부분의 경우 샘물이 식물食物로서의 기능과 연결되어 있다. 그 하나로

---

20) 『고려사』 권 53, 志 7, 五行 1, 水行. 水療, 인종 10년 8월.
21) 『고려사절요』 권 14, 神宗 2년 5월.
22) 『고려사』 권 53, 志 7, 五行 1, 水行. 水變 辛禑.
23) 『고려사』 권 53, 志 7, 五行 1, 水行. 水變 공양왕 2년 윤4월.

이인로李仁老는 「홍도 우물(샘물?)을 읊은 부賦」에 「백당栢堂 동편 산기슭에 해맑은 샘(천泉)이 있어, 돌 틈으로 졸졸 흘러나와 흰구름 그윽한 골(곡谷)을 씻어낼 듯, 가물어도 안 마르고 거문고처럼 맑은 소리, 예닐곱 걸음 감돌아서 도랑으로 들어가는데, 이웃에 사는 사람들이 모두 시원히 움켜 마시네」라고[24] 쓰고 있는 것이다. 그후 이규보도 「6월 11일 황려를 떠나 상주로 향하면서 근곡촌에서 자다」에서 「전가田家의 주인 장기에 모발이 노란데, 반가히 맞이하여 닭 잡고 기장밥 해주네, 수염난 종놈 동이지고 달려가 샘물 길어 오고(급천汲泉)」라고 읊고 있으며,[25] 성곽 밖에 있는 아버지의 별장(별업別業)을 얻어서 자주 왕래하던 그가 그 집의 호칭을 「4가재기四可齋記」라고 부르게된 이유를, 「밭이 있으니 갈아서 식량을 마련하기에 가하고, 뽕나무가 있으니 누에를 쳐서 옷을 마련하기에 가하고, 샘이 있으니 물을 마시기에 가하고(유천가음有泉可飮), 나무가 있으니 땔감을 마련하기에 가하다. 나와 뜻에 가한 것이 네 가지가 있기 때문에 그 집을 '사가四可'라고 이름 지은 것이다」라고 설명하고도 있다.[26] 그리고 「5월 23일 집의 샘(가천家泉)을 두고 두 수를 짓다」에서는 먼저 서문에, 「집에 차가운 샘(가유한천家有寒泉)이 있는데 4~5월 경에 반드시 한 차례 큰 비를 겪은 후에야 물이 솟아 늪(소沼)을 채운다. 그렇게 된 뒤부터는 큰 가뭄이 아니면 마르지 않고 9월에 가서야 멎는다. 누런 도랑물도 아니고 원천源泉도 아닌지라 그 까닭을 모르겠다」고 언급한 후, 시詩에서 「처음 비로 인해 솟으면 비가 개도 늘 솟으니, 수원이 있는줄 알았는데 가을엔 반드시 잦아드네, 나는 말하노니 이 샘(천泉)은 땅에 있는 것이 아니고,

---

24) 『동문선』 권 2, 賦 「紅桃井賦」.
25) 『동국이상국전집』 권 6, 古律詩 「六月十一日發黃驪 將向尙州出 宿根谷村」.
26) 『동국이상국전집』 권 23, 記 「四可齋記」.

하늘이 나에게 내려 더위를 막아주는 것이네, 찌는 더위엔 찬 물이 필
요한데, /샘물(천천泉)이 흘러나는 건 반드시 그때일세, 이때는 내가 부귀
를 누리노니, 우물(정井)을 채우고 또 못(지池)을 채우네」라고 하여[27]
자기 집에 있는 샘이 감탄할 정도로 기능이 우수해서 4·5월부터 9월에
이르는 기간의 물이 필요한 때에 웬만한 가뭄은 극복하고 계속하여 찬
물을 제공해 주는데 대하여 이는 그 샘이 땅에 있는 것이 아니고 하늘이
자신에게 베풀어 주는 것이라고 감탄과 함께 감사하는 마음을 피력하고
있다.

　한데 이후에「샘물(천천泉)이 마르고 술이 떨어지는」일이 생겼다. 이
에 이규보는,

　　　㉱-③ 집 남쪽의 샘(사남천舍南泉)이 벌써 마르고
　　　　　집안에는 술이 또한 떨어졌네
　　　　　내 목구멍은 타서 연기가 날 지경이니
　　　　　이제부터는 갈증만 나겠구나[28]

라고 짜증과 실망의 시詩를 읊고 있다. 그런데「기해년 오월 초이렛날
집 샘물(가천家泉)이 다시 나오자 문답으로 다섯 수를 희롱하여 짓고」
있는데,[29] 그것들은 다음과 같다.

　　　㉱-④-① 주인이 샘에게 묻다(주인문천主人問泉)
　　　　　찬 샘물 예전처럼 바위 틈에서 나와
　　　　　못(소소沼)에 흘러 들어 푸른 물결 넘실대누나

---

27) 『동국이상국후집』권 4, 古律詩「五月二十三日題家泉二首 幷序」.
28) 『동국이상국후집』권 6, 古律詩「泉凅酒乾」.
29) 『동국이상국후집』권 6, 古律詩「己亥五月七日 家泉復出 戱成問答五首」.

묻노라 영천靈泉은 아는가 모르는가

주인이 다시 몇 해나 볼지를

㉙-④-② 샘이 주인에게 답하다(천답주인泉答主人)

구비구비 돌 사이를 돌고 돌아서

막 한 움큼 물결 이루었노라

땅속에 흐르는 샘(천류泉流) 하많은데

어이해 여태까지 못 본 것을 걱정하느뇨

㉙-④-③ 주인이 다시 답하다(주인부답主人復答)

내가 꼭 생에 애착을 가져서가 아니라

푸른 물결에 술 잔 띄우길 좋아해서란다

땅속에 참으로 샘(천泉)이 있다면

물 한 그릇 가져올 수 있을는지

㉙-④-④ 샘이 다시 답하다(천부답泉復答)

너는 맑은 물에 술잔 띄우길 좋아한다면서

술 빚을 땐 어이해 내 물 다 가져가노

땅속에도 주천酒泉이 있으니

그곳을 한 번 찾아가 보지 않으려나

㉙-④-⑤ 주인이 또 답하다(주인부답主人復答)

짧고 구구한 네 소견으로

나더러 돌아가 주천酒泉을 마시라 하니

내 붉은 구름 타고 하늘에 오르면

이때는 너희들이 나를 보겠는가

일시 샘물이 마르고 술이 떨어져 실망스러움에 잠겼던 이규보가 상황이 바뀌어 집 샘물이 다시 나오자 가쁨과 함께 용기를 얻어 샘물을 의인화擬人化해서 그대 영천靈泉은 주인인 나를 앞으로 몇번이나 더 볼 수 있을 것인가를 압박하듯 묻고 있다. 이에 샘은 땅속에 흐르는 샘이 많은데 주인은 어이하여 여태까지 못 본 것을 걱정하느냐고 답하였고, 이에 주인은 다시, 내가 꼭 생에 애착을 가져서가 아니라 푸른 물결에 술 잔 띄우기를 좋아해서 그런 것이다 라고 하면서, 땅속에 참으로 샘이 있다면 물 한 그릇 가져올 수 있을는지를 물었다. 이에 샘은 다시, 그대는 맑은 물에 술잔 띄우기를 너무 좋아한다면서, 땅속에도 주천酒泉이 있으니 그곳을 한 번 찾아가 보지 않겠느냐고 답하고 있다. 술을 좋아하니 주천(술 샘물)이 있는 땅속, 곧 저세상으로 찾아가 보는게 어떻겠느냐는 답변인데, 이는 샘 자신도 이규보로서 '희롱하여' 지은 글이므로 이같은 기술이 가능했던 것 같다. 그러므로 주인인 이규보는 마지막 부분에서 「짧고 구구한 네 소견으로, 나더러 돌아가 주천酒泉을 마시라하니, 내 붉은 구름타고 하늘에 오르면(※ 세상을 뜨면) 이때는 너희들이 나를 보겠느냐」 라고 쓰고 있는 것이다. 이규보에게 있어 — 다른 사람들도 상당한 숫자가 그러했겠지만 — 샘물과 술이 얼마나 소중하게 여기는 식품이었는가를 이 글을 통해 찾아볼 수 있을 것 같다.

3) 물 이용의 기구와 방식

그러면 지금부터 시선을 조금 바꾸어 저들 물을 직접 이용하는 기구와 방식에 대해 잠시 살펴보기로 하자. 이점에 있어 앞서 우물을 파는 일과 함께 도르래를 이용하여 길어 올려서 물통(조槽)으로 옮겨 사용한다고 한 것이[주 6), 200쪽] 그 하나가 될 것이다. 그리고 수앵水甖이라는 구리로 뚜껑을 만든 물항아리가 있어 역시 물 긷기에 사용되었는데 윗부분에 두 귀가 있어 매달 수 있고 짊어지는데도 편하여 많이 이용되었으며,[30] 또 물이나 쌀·마실 것을 구리 항아리(동앵銅甖)에 저장하여 놓고 부녀들이 옮길 때에 어깨로 멜 수 없다면 머리 위에 이기도

---

30) 『고려도경』 권 31, 器皿 水甖.

하였다.31)

　도기陶器로 된 물항아리(물독·수옹水瓮)도 있었다. 이것은 섬(산도山島)들 사이에 배로 물을 실어 나를 때 사용하였지마는, 관사 안에서는 구리 항아리(동옹銅瓮)를 썼다.32) 공민왕 16년(1367)에 제주선무사濟州宣撫使로 보임받은 임박林樸이 그곳의 성주와 왕자 및 군사·백성들을 잘 어루만지면서 조금도 폐해를 끼치기 않기 위해 부임길에 물을 길어 옹기甕器(독·항아리)에 담아가지고(취수성옹取水盛瓮) 갔다는 것인데,33) 이 역시 저와 유사한 사례일 것 같다.

　또 은銀으로 만든 주전자와 비슷한 물병(수병水瓶)이 있었는데 외국 사신 가운데 정사와 부사 등의 숙소에 비치된 것을 보면34) 특별한 용도로 쓰이지 않았나 싶다. 그리고 긴 목에다 볼록한 배(복腹) 모양에, 곁에는 물을 따를 수 있는 주둥이가 하나 있는 정병淨瓶은 귀인貴人과 국관國官·관사觀寺와 민가에서 모두 사용하는데, 물만을 담을 수 있는 것이었다.35) 아울러 구리로 만든 물솥(수부水釜)이라는 것도 있어서 관청의 여러 방에 지급되어 있었다.36)

　이들 이외에도 얼마의 사례를 더 찾아볼 수 있다. 그러나 그 대부분이 외국인의 잠시 동안에 걸친 견문에 의한 것이어서 이만 줄이도록 하겠다.

---

31) 『고려도경』 권 20, 婦人 戴.
32) 『고려도경』 권 32, 器皿 水瓮.
33) 『고려사』 권 111, 열전 24, 林樸傳.
34) 『고려도경』 권 30, 器皿 1, 水瓶.
35) 『고려도경』 권 31, 器皿 2, 淨瓶.
36) 『고려도경』 권 31, 器皿 2, 水釜.

(2) 차(다茶)

1) 왕실과 상급층의 차(다茶) 이용

물과 함께 고려 때 사람들이 음료로 많이 이용한 것 가운데 하나로 차(다茶)가 있다 함은 앞 자리에서 언급한 바가 있다. 한데 차(다茶)가 물과 같이 많이 이용되는 음료이면서도 좀 다른 점은 물이 상·하의 모든 인원들에게 아무런 차이나 구분없이 두루 이용된데 비해 차(다)는 상급층에 좀 치우쳐 있었다는 점이다. 이는 궁궐내에 국왕이 필요로하는 다茶의 시봉侍奉을 비롯하여 왕실과 국가적인 행사에 소요되는 다茶 관련의 물품을 마련하고 집행하는 기구이면서 담당자의 직위에 대한 호칭이기도한 다방茶房이 비교적 이른 시기부터 설치되어 있었다는데서37) 찾아볼 수 있다. 그리하여 이제 저들이 실제로 해당되는 상황에 즈음하여 시행한 몇 사례를 소개하면, 먼저「태후를 책봉하는 의례」가운데 '여정궁麗正宮에 사자를 보내 책문을 올리는 의례'에서「태후에게 바칠 물품들을 실은 상床이 앞장서고 휴대용 향로와 차의 짐(다담茶擔)이 뒤따르도록한」것과,38)「왕비를 책봉하는 의례」가운데 '손님 접대하는 의례(회빈會賓)'에서「차를 올리고 나면 술이 나온다」고한 대목39) 등을 들 수 있다. 그리고 국가적인 행사의 하나인「상원연등회의 의례」가운데 '대회일大會日에 국왕이 좌전坐殿하는 의례'에서「편전의 의례가 끝나면 다방茶房에서는 과일상(과안果案)을 국왕의

---

37)『고려사』권 75, 志 29, 選擧 3, 銓注, 成衆官選補法「成衆官選補之法 曰內侍院 曰茶
房……」과 그에 대한 朴龍雲,『高麗史 選擧志 譯註』, 경인문화사, 2012, 531~535쪽
해설 참조.
38)『고려사』권 65, 志 19, 禮 7, 嘉禮,「冊太后儀」―'麗正宮遣使上冊'.
39)『고려사』권 65, 志 19, 禮 7, 嘉禮,「冊王妃儀」―'會賓'.

좌석 앞에 차리고 축수의 술잔을 놓은 상(수존안壽尊案)을 좌·우에 있는 꽃탁자(화안花案)의 남쪽에 차린다」고 한 뒤에 또 「근시관近侍官이 차(다茶)를 올리면 집례관執禮官은 궁전을 향해 몸을 굽혀 음식을 권하며」 「다음으로 태자 이하 시신들에게 국왕이 차를 하사하는데 차가 내려오면 집례관의 구령에 따라 태자 이하는 두 번 절한 다음 마시라는 집례관의 구령에 따라 태자 이하는 모두 차를 마시고서 읍한다」고 한40) 사례가 보인다. 이어서 다른 하나의 행사인 「겨울 11월에 거행하는 팔관회의 의례」 가운데 '소회小會' 때도 「상의국尙衣局에서는 어좌 앞 기둥 사이에 좌우로 꽃을 놓는 탁자를 설치하고, 다방茶房에서는 과일상을 어좌 앞에 차리고 만수무강을 비는 술잔을 놓는 탁자를 좌우 꽃 탁자 남쪽에 차려 두며」, '국왕이 궁전에서 하례를 받는 의례' 때 역시 천우위 상장군과 내시內侍·다방茶房·어주御廚의 관원 등등은 계단 위로 올라가 서서 국왕을 기다리도록41) 되어 있기도 했던 것이다.

이와 같은 공식적인 행사가 아니고 또 외국인인 서긍의 경험에 따른 것이긴 하지만 외빈外賓과 함께한 찻상(다조茶俎) 연회의 모습은 다음과 같았다. 즉, 대체로 궁궐 뜰 가운데서(정중廷中) 차를 끓여서 은으로 만든 연잎 모양의 뚜껑을 덮어 천천히 걸어와서 내놓는데, 돌보는 사람(후찬자候贊者)이 차를 다 돌렸다고 말한 뒤에야 마실 수 있기 때문에 항상 냉차(냉다冷茶)를 마셨다. 숙소 안에서 붉은 소반(홍조紅俎)을 놓고 그 안에 다구茶具를 두루 진열한 다음 붉은 망사 보자기로 덮었다. 매일 세차례 차(다)를 마시는데 뒤이어 또 탕湯을 내놓았다고 보

---

40) 『고려사』 권 69, 志 23, 禮 11, 嘉禮雜儀, 「上元燃燈會儀」―'大會日坐殿'.
41) 『고려사』 권 69, 志 23, 禮 11, 嘉禮雜儀, 「仲冬八關會儀」―'小會'―'坐殿受賀'. 이상의 연등회와 팔관회에 있어서 다(차)를 올리는 의식에 대해서는 李盛雨, 『高麗以前의 韓國食生活史硏究』, 향문사, 1978, 417쪽에 간략하게 논급되어 있다.

인다.42) 송나라에서 온 사신들은 하루에도 여러번 차(다)를 마셨음을
알 수 있는데, 고려의 상급자들도 유사하지 않았을까.

『고려사』를 비롯하여 현존하는 여러 기록들을 살펴볼 때 차(다)의 이
용이 치자治者 중심이요 상급층이 다수였다는 점은 좀더 분명하게 드
러난다. 그 한 사례로 고위 관료들이 하세下世 하였을 때의 행사에 차
가 많이 쓰이고 있음을 들 수 있다. 성종 6년(987)에 내사령內史令(종1
품)인 최지몽崔知夢이 졸거卒去하자 왕이 매우 애통해하면서 베(포
布)·쌀(미米) 등과 함께 다茶(차) 200각角을 보내 장례에 쓰도록 하고
있고,43) 왕 8년(989)에 수시중守侍中 최승로崔承老가 졸거하자 면麵
(밀가루)·미米(쌀) 등과 함께 뇌원다腦原茶 200각·대다大茶 10근斤을
내리고 있는 것이다.44) 이어서 왕 14년(995)에 평장사(정2품) 최량崔亮
이 서거하였을 때는 쌀·보리와 더불어 뇌원다 1,000각을 부의하고 있
고,45) 목종 원년(998)에 내사령(종1품) 서희徐熙가 세상을 떠나자 베·
보리·쌀과 함께 뇌원다 200각과 대다大茶 10근을 내려주고 있으며,46)
왕 7년(1004)에 시중侍中(종1품)인 한언공韓彦恭이 졸거하자 쌀·밀보
리·베와 더불어 다(차) 200각을 증여하고도47) 있다. 그리고 정종靖宗
6년(1040)에 형부상서(정3품)요 어사대 판사인 이주좌李周佐가 졸거하

---

42) 『고려도경』 권 32, 器皿 3, 茶俎.
43) 『고려사』 권 64, 志 18, 禮 6, 凶禮, 諸臣喪·같은 책 권 92, 열전 5, 崔知夢傳·『고려
　　사절요』 권 2, 성종 6년 3월.
44) 『고려사』 권 64, 志 18, 禮 6, 凶禮, 諸臣喪·같은 책 권 93, 열전 6, 崔承老傳·『고려
　　사절요』 권 2, 성종 8년 5월.
45) 『고려사』 권 64, 志 18, 禮 6, 凶禮, 諸臣喪 성종 14년 4월.
46) 『고려사』 권 64, 志 18, 禮 6, 凶禮, 諸臣喪 목종 元年 7월·같은 책 권 94, 열전 7,
　　徐熙傳.
47) 『고려사』 권 64, 志 18, 禮 6, 凶禮, 諸臣喪 목종 7년 6월·같은 책 권 93, 열전 6,
　　韓彦恭傳.

자 쌀·보리와 함께 다(차) 및 옷을 사여하고 있으며,[48] 문종 원년
(1047)에 평장사(정2품)인 황보영皇甫穎이 세상을 떠나자 쌀·보리·베
와 더불어 대다大茶 300근을 사여하고도 있는 것이다.[49]

다(차)의 쓰임새는 이밖에도 여러 방면에서 볼 수 있다. 성종이 즉위
9년(990) 겨울 10월에 서도西都(서경)로 행차했을 때 교서를 내려 그곳
의 9품 이상 품관品官으로 80살 이상인 사람들에게 상을 주는데, 5품
이상자에게는 비단·복두와 함께 차 10각, 9품 이상자 역시 비단·복두
와 더불어 차 5각을 내려주고, 또 9품 이상 품관으로 모친이나 처가 80
살인 경우 3품 이상에게는 베 14필과 차 2근, 5품 이상에게는 베 10필
과 차 1근, 9품 이상에게는 베 6필과 차 2각을 내려주도록 조처하고 있
는 것이[50] 그 하나이다. 이어서 문종 3년(1049) 경자일에 80살이 넘은
원로인 상서우복야(정2품) 최보성崔輔成과 사재경(종3품) 조옹 등을
위해 합문閤門에서 연회를 베풀고 왕이 친히 참석해 술을 내려줌과 동
시에 뇌원다 30각을 사여하고 있으며,[51] 숙종 2년(1097) 6월에 왕명에
따라 봉은사비문奉恩寺碑文을 쓴 문하시중(종1품) 이정공李靖恭을 칭
송하면서 은기銀器·옷감과 함께 다茶·포布 등을 사여하고 있고,[52] 이
미 숙종조에 문하시중(종1품)까지 지내고 물러나 있던 최사추崔思諏가
예종 7년(1112) 12월에 수태사守太師(정1품)·중서령中書令(종1품)의
가직加職을 받으며 치사致仕하는 자리에서 차(다)와 약·말(마馬) 등을
수여받고 있지마는, 최사추는 그에 앞서 왕으로부터 용봉다龍鳳茶를

48)『고려사』권 94, 열전 7 李周佐傳.
49)『고려사』권 64, 志 18, 禮 6, 凶禮, 諸臣喪 문종 원년 10월.
50)『고려사』권 3, 세가, 성종 9년 冬10月.
51)『고려사』권 7, 세가, 문종 3년 3월 庚子.
52)『고려사』권 11, 세가, 숙종 2년 6월.

받기도 하였었다.53) 그리고 예종 2년(1107) 당시 시중侍中의 직위에 있던 위계정魏繼廷이 간곡하게 치사致仕를 청하자 윤허하면서 차(다)와 약을 담은 은합銀合을 하사하고 있으며,54) 같은 왕 10년(1115) 8월에는 서북면 병마사 박경작朴景綽(박경인朴景仁)이 임지로 떠나면서 하직인사를 올림에 차(다)와 약을 내려주고도 있다.55)

불교가 중시되던 고려 시기인 만큼 절과 스님들은 다(차) 방면에서 또한 혜택을 받았다. 문종 21년(1067)에 국사國師인 해린海麟이 나이가 많음을 들어 산사山寺로 돌아갈 것을 청하자 왕이 친히 현화사玄化寺에서 전송하면서 차(다)와 약, 금·은으로된 그릇, 비단·보물을 하사하고 있는 것에서56) 그 일면에 엿볼 수 있다. 이후 숙종은 그의 즉위 4년(1099) 윤 9월에 승가굴僧伽窟에 행차하여 재齋를 열고 이어서 은으로 만든 향그릇과 수정으로 만든 염주 및 차(다)·향香·의복 등을 시주하고 있고57) 같은 왕 9년(1104)에는 내부內府의 차(다)·향香·의복을 길 근방의 불사佛舍에 시사하고 있는가 하면,58) 예종 또한 왕 12년(1117)에 청평거사淸平居士 이자현李資玄에게 차·향·금비단을 보내고 있으며,59) 공민왕 5년(1356)에는 여름 4월에 왕이 보우普愚를 연경궁延慶宮으로 청하여 사제의 예를 행하고 또 내전에로 인도하자 대비와 공주가 기뻐하여 눈물을 흘리면서 다과茶果를 권하고 있는 것이다.60)

---

53) 『고려사』 권 96, 열전 9, 崔思諏傳.
54) 『고려사절요』 권 7, 예종 2년 春正月.
55) 『고려사』 권 14, 세가, 예종 10년 8월.
56) 『고려사』 권 8, 세가·『고려사절요』 권 5, 문종 21년 9월.
57) 『고려사』 권 11, 세가, 숙종 4년 윤9월.
58) 『고려사』 권 12, 세가, 숙종 9년 8월.
59) 『고려사절요』 권 8, 예종 12년 9월·『고려사』 권 95, 열전 8, 李子淵 附 李資玄.
60) 『고려사절요』 권 26, 공민왕 5년 夏4月.

2) 민인民人을 비롯한 중하급층 인원들의 차(다茶) 이용

저들과는 좀 성격을 달리하는 것으로서 현종 9년(1018) 2월에 해군과 병선兵船의 항해를 맡은 수군 책임자로 노군弩軍의 하급 장교인 교위校尉와 선두船頭 이하에게 차등을 두어 차(다)·포布(베)를 내려준[61] 사례가 눈에 띤다. 그리고 같은 해 8월에는 을묘년ー곧 현종 6년(1015) 이후 거란과의 싸움에서 전사한 장군과 병졸의 부모·처자에게 다(차)·생강·베(포布)를 차등을 두어 하사하도록 조처하고 있지마는,[62] 이 경우 병졸의 부모·처자 등 일반 민인民人들과 다(차)의 결합이라는 측면에서 눈길이 가기도 한다.

상황은 좀 다르다 하더라도 민인民人들이 차(다)를 이용한 것과 관련된 사례는 얼마가 더 찾아진다. 앞서 공민왕 16년에 제주선무사로 부임받은 임박이 폐해를 끼치지 않기 위해 물을 옹기에 담아가지고 부임했다고 소개하였는데[주 33), 209쪽] 제주에 당도하여서는 차(다) 한 잔이라도 먹지 않아 백성들이 "성인이 오셨다"고 기뻐했다는 것에서[63] 그점을 엿보기 어렵지 않다. 나아가서 이보다 구체적인 사례로 태조 왕건이 그의 즉위 14년(931) 8월에 보윤甫尹 벼슬의 선규 등을 신라에 보내 왕과 백관百官들에게 선물을 주는 한편으로 군사와 백성들(군민軍民)에게는 차(다)와 복두幞頭를, 승려들에게는 차와 향을 차등을 두어 주고 있으며,[64] 목종 10년(1007)에는 왕이 구정毬庭에서 80살 이상 되는 남녀 백성과 심한 병자들 635명은 모아 놓고 직접 술과 음식, 베·

---

61) 『고려사』 권 4, 世家·같은 책 권 81, 志 35, 兵 1, 兵制·『고려사절요』 권 3, 현종 9년 2월.
62) 『고려사』 권 81, 志 35, 兵 1, 兵制 현종 9년 8월.
63) 『고려사』 권 111, 열전 24, 林樸傳.
64) 『고려사』 권 2, 세가, 태조 14년 秋8月 癸丑.

비단과 함께 차(다)·약 등을 차등을 두어 내려주고도 있는 것이다.65)

역시 적합한 사례는 아니지만 고위직을 거친 이규보가 보광사의 주지인 정통사精通師의 부탁으로 그곳을 방문하였을 때에 늦게까지 술을 마시고 잠깐 쉬게 되었을 적에는 오직 서너 사람들만이 마주 앉아 차를 마시게 되었다는 글을 남겨66) 좀 쓸쓸해 보이는 차 모임의 일면을 보여주고 있다. 이후 그는 「우거천룡사寓居天龍寺」라는 제목의 시詩에서

> ㉮-⑤ 온 식구가 푸른 산 옆에 살림을 붙여
> 납작한 모자, 가벼운 적삼으로 내가 상床에 누웠네
> 목 마르니 촌 술 진정 맛 좋아라
> 잠이 올 때 들차(야다野茶) 한껏 향기로와67)

라고 읊고 있으며, 또 석원감釋圓鑑은 병중 언지病中言誌에서

> ㉮-⑥ 낡은 절에 가을 깊어 나뭇잎이 누른데
> ···
> 방은 비었느니 오직 향로 하나를 대하여 앉아 있네
> 사미沙彌 놈은 산나물 담박한 맛을 모르고서
> 산차(산다山茶)를 와서 따르며 날더러 맛보라네68)

라고 읊고 있지마는, 절에 우거하거나 병중에 있는 스님이 홀로 들차·산차를 마시며 그 맛을 음미하고 있는데, 이들 들차·산차는 차의 종류가 아니라, 들이나 산에서 얻은, 또는 들이나 산에서 마시는 차라는 의

---

65) 『고려사』권 68, 志 22, 禮 10, 嘉禮, 老人賜設儀 목종 10년 7월.
66) 『동국이상국전집』권 8, 古律詩 「普光堂頭精通師…請予賦之…是日飮闌小息」.
67) 『동문선』권 14, 七言律詩 「寓居天龍寺」.
68) 『동국이상국후집』권 5, 古律詩 「復次韻金君見和」.

미인 듯하다.

이들과 함께 차(다)의 이용을 살펴봄에 있어 한층 더 주목되는 자료
는 그것을 판매하는 다점茶店의 존재일 것 같다. 이것은 성종 15년
(996)에 처음으로 금속화폐를 주조하여 널리 유통하도록 독려하는 가
운데 주점酒店·식미점食味店과 함께 설치한 것으로, 그 얼마 후인 목
종 5년(1022)에 시중인 한언공韓彦恭이 금속화폐로「풍속이 놀라게 되
고 국가에도 이익이 되지 못한다」고 건의하여 일반 백성들의 사사로운
교역은 이전대로 포布·미米를 쓰도록 되돌리고 있지마는 다점 등은
예외로 인정하여 여전히 화폐를 사용할 수 있도록 하였다.[69] 누구나
다(차)를 매입하여 사용할 수 있게 된 것이었다. 이 다점의 존재는 임
춘林椿의「다점茶店에서 낮잠 자면서」라는 시제詩題에서도 찾아 볼 수
있다.[70] 그리고 중국인들이 배를 타고 고려로 오는데, 고려인들은 식
수가 떨어졌으리라 짐작하고 큰 독에 물을 싣고 배를 저어 와서 맞이
함에 중국인들은 차와 쌀로 갚아주었다고 하니[71] 그 역시 물을 가지고
차를 매입하는 형식이 된 셈일 것 같다.

한편 이규보는 운봉雲峰에 있는 노규선사老珪禪師를 통해 일찍이
싹이 튼 조아다早芽茶, 즉 유다孺茶를 대하여 귀여운 싹과 향기롭고
아름다운 색깔에, 더구나 달여서 입에 닿게되면 달콤하고 부드러운 맛
을 내기도 하는 그것의 모습과 쓰임새를 선사의 요청에 따라 시詩로
써서 드리고 있다. 그 일부를 소개하면 다음과 같다.

---

69)『고려사』권 79, 志 33, 食貨 2, 貨幣 목종 5년 7월·『고려사절요』권 2, 목종 5년
    秋7月.
70)『동문선』권 19, 七言絶句,「茶店晝睡」.
71)『고려도경』권 33, 七言律詩 舟楫 供水.

⑭-⑦ 근래의 숲속은 기괴함을 좋아하니
하늘도 인정의 즐거함을 따르는구나
시냇가 차 잎사귀 이른 봄에 싹트게 하여
황금 같은 노란 움 눈 속에 자라났네
……………………………………

선사는 어디에서 이런 귀중품을 얻었던가
손에 닿자 향기가 코를 찌르는구려
이글이글한 풍로風爐불에 직접 달여
꽃무늬 자기에 따라 색깔을 자랑하누나
입에 닿자 달콤하고 부드러워
어린 아이의 젖 냄새 비슷하구나
……………………………………

귀중한 유다孺茶 마시고 어이 사례 없을손가
공에게 맛있는 봄술을 빚기 권하노니
차 들고 술 마시며 평생을 보내면서
오락가락하며 풍류놀이 시작해 보세72)

이것에 이어서 「다시 위의 운을 따라 지어 주는데」 거듭 그 일부를
보면 다음과 같다.

⑭-⑧ 쓸쓸한 방장方丈에 한 물건도 없고
솥에서 차 끓는 소리만 듣기 좋네
차와 물을 평론하는 것이 불교의 풍류이니
양생하는 천년의 복령茯苓이 필요치 않네
차잎이 일찍이 싹틈이 귀여우이
늙은 선사禪師에게 먼저 바치려 함인 듯
잠꾸러기 종놈도 훔쳐 마시니

---

72) 『동국이상국전집』권 13, 古律詩 「雲峯住老珪禪師 得早芽茶示之予 目爲孺茶 仰請
詩爲賦之」.

··

덥기 전에 향기로운 차 많이 얻기 어려우니
소반에 가득한 봄 죽순과는 판이하구나
수많은 잎 따서 한 뭉치 이루었으니
한 뭉침에 천근인들 어이 쉽게 구할손가

··

선사에서 봄 술을 빚으라 권함이 어이 잘못이겠나
만취한 후에야 차의 참맛을 알기 때문이지
굶주린 서생 오래도록 군침을 흘려
구복만을 위해 진미를 생각하였다오
만약 유다孺茶를 보내주고 술도 생긴다면
거룩한 일 우리들로부터 시작되리73)

3) 차(다茶) 종류와 사용의 기구들

차(다茶)를 얻기 위해서는 먼저 그 잎사귀를 갈아서 달이는 과정을
거치게 된다. 그것의 첫 과정과 관련된 기록은 최승로가 성종에게 시
무책時務策을 올리는 설명 가운데에서, 「듣건대 성상께서는 공덕재功
德齋를 베풀기 위하여 때로는 맷돌에 차를 갈기도(연다碾茶) 하고」라
한 대목과,74) 이규보가 「차 가는 맷돌(다마茶磨)을 준 사람에게 사례하
다」라는 시제詩題를 쓰고 있는데서 엿볼 수 있다.75) 그리고 두번째 과
정에 대한 기록으로는 바로 위에 제시한바 역시 이규보가 지은 주 72),
218쪽의 시 중에 「이글이글한 풍로風爐불에 직접 달여」라한 구절과,
주 73) 219쪽의「솥에서 차 끓는 소리만 듣기 좋네」라고한 대목 등을
찾을 수 있다.

---

73) 『동국이상국전집』권 13, 古律詩「腹用前韻贈之」.
74) 『고려사』권 93, 열전 6, 崔承老傳.
75) 『동국이상국전집』권 14, 古律詩「謝人贈茶磨」.

이들과 함께 몇 차례의 손질을 더 거쳐 만들어진 차(다)에는 여러 종류가 있었다. 앞서 다(차)의 이용에 대해 살펴보는 과정에 다(차)라고만 언급된 많은 경우와 더불어 고유한 몇몇 종류의 호칭이 이미 언급된바 있거니와, 뇌원다腦原茶[주 44), 212쪽·주 45), 212쪽·주 46), 212쪽·주 51), 213쪽], 대다大茶[주 44), 212쪽·주 46) 212쪽·주 49), 213쪽]와 용봉다龍鳳茶[주 53), 214쪽], 그리고 유다孺茶 = 조아다早芽茶 등이 그것들이다. 이중 뇌원다는 왕이 고위직을 역임하고 국가에 공로가 많은 인물들에게 내리고 있는 것으로 미루어 최상급에 속하는 물품으로서, 정종靖宗 4년(1038)에 거란을 다녀오는 사신에게 이것을 예물로 보내기도 했던 것을 보면76) 고려의 특산물이었음을 짐작할 수 있다. 혹자는 전라남도에 뇌원腦原이라는 지명이 있는 것으로 미루어 이곳이 그의 산지産地일지도 모르겠다고 말하고 있는데,77) 물론 확인할 수 없으며, 그 다음의 대다大茶 역시 내용을 잘 알 수가 없다.

이어지는 용봉다에 대해서 사전辭典의 설명을 빌면 중국의 「송宋 때 원형의 덩어리로 만든 차(다)로 위에 용과 봉황의 무늬가 있음」이라고78) 되어 있다. 그런데 서긍은 『고려도경』에 「고려에서 생산되는 토산차土産茶는 맛이 쓰고 떫어 입에 댈 수 없는 정도이다. 다만 중국의 납차(납다蠟茶)와 용봉단차(용봉사단龍鳳賜團)를 귀중하게 여긴다. 내려준 것 이외에 상인들 역시 가져다 팔기 때문에 근래에는 차 마시기(음다飮茶)를 매우 좋아한다」고 기록해 놓고 있다.79) 이전에도 언급한 일

---

76) 『고려사』 권 16, 세가, 靖宗 4년 秋7月 甲寅.
77) 李盛雨, 『高麗以前의 韓國食生活史硏究』 제3장, 제7 茶 — 茶의 種類 — 高麗茶, 향문사, 1978.
78) 이가원·안병주 감수, 『大漢韓辭典』, 교학사 간, 1998, 3944쪽.
79) 『고려도경』 권 32, 器皿 3, 茶俎.

이 있듯이 서긍은 고려의 문물을 좀 낮추 평가하려는 경향이 있었는데 여기서도 그 일면을 드러내고 있지마는, 하여튼 고려에서는 중국의 납차와 용봉단차 즉 용봉차를 즐겨 이용해 왔음을 알 수 있다. 이 서적에는 중국의 납차란 「차 잎을 갈아서 향료와 섞어 틀에 넣어 찍어낸 차로서, 12등급으로 나누는데 그중 용다龍茶와 봉다鳳茶가 최상품이었다」는 해설을 곁들여 놓고 있어서80) 위에 소개한 사전辭典의 용봉다에 대한 설명과 잘 합치되지는 않는다. 하지만 최사추가 왕으로부터 받은 용봉다가 중국으로부터 고려에 들어와 있던 차(다) 임에는 틀림이 없을 것 같다. 그리고 조아다·유다는 위에서 언급했듯이 글자 그대로 「일찍 싹이 튼 차(다)」라는 의미를 지닌 것인데, 그것이 고유명사이었는지 아니면 단순하게 해당 차를 부르는데 그친 말이었는지 이점은 분명치가 않다.

고려인들은 이들 차(다)를 이용하는데 탕호湯壺를 사용하였다고 한다. 이것은 위에 뚜껑이, 아래에는 받침이 있어 온기溫氣를 뺏기지 않게 되어 있으므로 끓인 차를 보존하는데 도움이 되었다는 것이다.81) 서긍은 이어서 고려 사람들이 다구茶具를 잘 만든다고 하면서 그 대표적인 것으로 금화오잔金花烏盞(금색 꽃 무늬가 그려진 검은 잔)과 비색소구翡色小甌(비색의 작은 찻잔)·은로탕정銀爐湯鼎(은제 화로에 물 끓이는 솥) 등을 지적하고 있으며, 숙소 안에서 붉은 소반(홍조紅俎)을 놓고 그 위에 다구茶具를 두루 진열한 다음 붉은 망사 보자기로 덮어두었다고82) 기록하고 있다. 이중 후자는 상급층이나 외국 사신들이 주로 사용한 기구들로 이해된다.

---

80) 『고려도경』권 32, 器皿 3, 茶俎에 대한 조동원·김대식 등의 해설(2005년 황소소리간).
81) 『고려도경』권 31, 器皿 2, 湯壺.
82) 『고려도경』권 32, 器皿 3, 茶俎.

(3) 술(주酒)

1) 고려시기 술(酒)의 성격과 존재

이규보는 고려시기의 술에 대하여 백주시白酒詩라는 글을 통해 언급하고 있는데, 그 서문에서

> ⑭-⑨ 내가 예전에 젊었을 때 백주白酒(탁주濁酒·막걸리) 먹기를 좋아한 것은, 맑은 것 (청자清者·청주清酒)을 만나기가 드물어 늘 탁한 것(탁주濁酒)을 마셨기 때문이었는데, 높은 벼슬을 거치는 동안에 늘 맑은 것을 마시게(음청飲清) 됨에 또 탁한 것 마시기 (음탁飲濁)를 좋아하지 않았으니, 습관이 되었기 때문인가? 요새는 벼슬에서 물러나(치사致仕) 녹이 준 때문에 맑은 것(청주)이 계속되지 못하는 때가 있어 하는수 없이 백주白酒를 마시는데, 금방 없어서 기분이 나쁘다.………83)

라고 하여, 젊고 경제력이 여의치 않을 때는 주로 백주(탁주)를 마시다가, 벼슬길에 나아가 직위가 높아지면서 주로 청주를 마셨으나, 관직에서 물러나면서 다시 백주를 마셨는데 속이 편치않아 기분이 나빴다고 말하고 있다. 청주와 백주가 당시의 기본적인 술로서, 그중 전자가 후자 보다 상급이었는데, 이들의 소비자는 신분과 직위·경제력에 따라 차이가 있었음도 전해주고 있다 하겠다. 물론 이같은 내용은 그의 시詩 본문에도 대략 동일하게 드러나 있다.

한편 외국인인 서긍은 좀더 구체적으로 서술하고 있다. 즉,

> ⑭-⑩-① 고려에서는 찹쌀(나미穤米)이 없어서 멥쌀(갱秔)에 누룩을

---

83) 『동국이상국후집』 권 3, 古律詩「白酒詩一首 幷序」.

섞어서 술을 만드는데, 빛깔이 짙고 맛이 진해 쉽게 취하고
빨리 깬다.

㉮-⑩-② 왕이 마시는 것을 양온良醞이라고 하는데, 좌고左庫에 보관
하는 청법주淸法酒(청주·법주?)이다. 여기에는 두 종류가
있는데, 질그릇 술독(와준瓦尊)에 담아서 누런 비단(황견黃
絹)으로 봉해 둔다.

㉮-⑩-③ 대체적으로 고려인들은 술을 좋아하지만 좋은 술(가양佳釀)
을 구하기가 어렵다. 서민의 집(민서지가民庶之家)에서 마시
는 것은 맛이 텁텁(박薄)하고 빛깔이 진한데, 아무렇지도 않
은 듯이 마시고 모두들 맛있게 여긴다.[84)]

고 기록해 놓고 있거니와, 먼저 멥쌀을 원료로 하여 만들었는데, 「빛깔
이 짙고 맛이 진해 쉽게 취하고 빨리 깬다」는 설명을 해놓고 있다. 혹
자는 이같은 술이 좋은 조건의 술이라고 평하고 있지마는,[85)] 다만 한
가지 여기서 서긍이 고려에는 찹쌀이 없어 멥쌀로만 술을 만들었다고
한게 잘못된 설명이라 함은 앞서 언급한 일이 있는 내용이다.[86)]

이어서 왕이 마시는 양온이라 불리는 특별한 술이 있는데 주고酒庫
에 보관되어 있는 청법주(청주·법주)가 바로 그것들이라는 점을 지적
하고 있다. 한데 다음의 대목은 이전의 내용과 비교해볼 때 상대되는
기록들이다. 「고려인들은 술을 좋아 하지만 좋은 술 구하기가 어렵다」
거나, 「서민의 집에서 마시는 것은 맛이 텁텁하다」고 언급되고 있는 것
이다. 이규보의 서술과 흡사하게 상급층(왕실 포함)이 주로 마시는 청
주와 민서民庶들이 많이 마시는 탁주·백주로 구분해 이해하고 있음을
엿볼 수 있다고 하겠다.

---

84) 『고려도경』 권 32, 器皿 3, 瓦尊.
85) 李盛雨, 「高麗時代의 술과 社會」『韓國食品社會史』敎文社, 1984, 210쪽.
86) ㉮계열 주 67), 31쪽과 주 68), 31쪽 참조.

서긍의『고려도경』에는 이것 이외에도 고려시기 술의 성격과 존재에 대하여 몇가지 더 언급되어 있다.

> ㉣-⑪ 고려의 풍속은 술(주酒)과 단술(례醴)을 귀하게 여긴다.
> ....
> 술 마시는 법도(주행酒行)에 절도가 없고 여러번 주고받는데 힘을 쓴다.[87]
> ㉣-⑫ (연음燕飮의) 술(주酒)은 맛이 달고 빛깔이 짙은데, 사람을 취하게 하지는 못한다.[88]
> ㉣-⑬ 술통(주합酒榼)은 대체로 휴대하고 다니는 용기容器이다.
> ‥‥‥‥‥ 술의 색깔과 맛이 모두 빼어나다.[89]

고려시기 사람들은 술을 귀하게 여기며, 마실 때에는 서로 주고 받는 것을 예의로 삼았다. 그 술은 대체적으로 좀 달면서 맛과 색깔이 뛰어났는데, 다소 취했더라도 빨리 깨는 성향을 지녔던 것 같다.

중요한 음료의 하나로서 술이 차지하는 위상은 이들 기록으로서도 짐작이 된다고 하겠는데, 그것이 널리 매매되고 있다는 점에서 한층 높았다는 생각을 가지게 된다. 그의 구체적인 사례는 성종 2년(983) 10월 기해일에 수도인 개경에 주점酒店 여섯, 곧 성례成禮·악빈樂賓·연령延靈·영액靈液·옥장玉漿·희빈喜賓을 설치하고 있는 것인데,[90] 연구자는 명칭으로 미루어 이곳은 문인이나 선비들이 드나드는 고급 주점이었으리라 보고 있다.[91] 그 얼마후인 목종 5년(1002)에 수상인 시중侍

---

87)『고려도경』권 22, 雜俗 1, 鄕飮.
88)『고려도경』권 26, 燕儀.
89)『고려도경』권 30, 器皿 1, 酒榼.
90)『고려사』권 3, 세가, 成宗 2년 冬10月.
91) 李盛雨,「高麗時代의 술과 社會」『韓國食品社會史』敎文社, 1984, 218쪽.

中 한언공韓彦恭이 종래의 화폐인 포布·미米를 금하고 동전을 사용케 함으로써 풍속을 해치고 백성들에게 이익도 되지 못한다고 상소하자 이전의 제도로 되돌리고 말지마는, 그럼에도 주점을 비롯한 다점茶店·식미점食味店은 여전히 동전을 사용토록 하고 있다.[92] 주점 등의 설치는 종래의 화폐개혁과 밀접한 관련을 가지고 있었으나 그 개혁이 되돌려짐에도 불구하고 주점 등은 그대로였던 것이다. 그러나 동전銅錢의 사용은 그렇게 활성화되지 못했던 것 같은데, 이같은 상황은 숙종조에 이르러 크게 변천된다. 즉, 숙종 7년(1102) 12월에 돈(전錢)의 사용을 태묘太廟와 8릉八陵에 고하고, 이어서 경성(수도인 개경)의 좌우에 주무酒務를 설치하고 또 길거리 양편에 높고 낮음(존비尊卑)을 가리지 않고 각각 점포를 설치하여 돈 사용(사전使錢)의 이익을 일으키게 하고 있는 것이다.[93] 이처럼 주무의 설치뿐 아니라 특히 존비를 가림이 없이 누구나 길가의 양쪽에 점포를 두도록 했다는 점이 주목되는데, 다시 2년 뒤인 왕 9년(1104) 7월에는 주·현으로 하여금 미곡(쌀)을 출연해 주점酒店과 식점食店을 열어 민인民人들이 매매할 수 있도록 함으로써 돈(전錢)의 편리함을 알 수 있게 하는데 노력하고 있다. 아직까지도 민인民人들의 빈곤 때문에 돈(전)이 널리 유통되지 못하는 일면이 있음을 극복하려 함이었거니와[94] 그같은 노력이 주현으로까지 확대되고 있다는 점이 또한 주목된다 하겠다.

이때보다 훨씬 뒷 시기로서 이규보가 활동하던 기간에 그가 개경의 중부中部에 속하는 앵계[95]에 거처를 정하는데 그곳 초당草堂의 「창문

---

92) 『고려사』 권 79, 志 33, 食貨 2, 貨幣.『고려사절요』 권 2, 목종 5년 秋7월.
93) 『고려사절요』 권 6, 숙종 7년 12월.
94) 『고려사』 권 79, 志 33, 食貨 2, 貨幣, 市估 숙종 9년 7월.
95) 박용운, 「開京의 部坊里制」『고려시대 開京 연구』, 95～98쪽, 一志社, 1996.

은 선궁禪宮의 탑塔을 마주보고, 누각(누樓)은 주점酒店 문門에 임해 있네」라고 읊고 있거니와,96) 이 주점이 앞서 소개한 여러 주점의 하나에 해당하는 것인지 또는 다른 것인지 잘 알 수는 없으나 그 실재를 거듭 확인할 수는 있는 것이다. 이와 더불어 술을 거래하는 사례는 얼마가 더 찾아진다. 현재 전해지는 그것들의 대부분은 술을 몹시 좋아했던 이규보의 글들이지마는, 찾아온 전이지全履之와 함께 술을 마시면서 지은 것으로 「가계가 궁하여 술 살 돈(주전酒錢) 없으나, 교분이 두터운 훌륭한 손님 찾아왔네, 심히 한가로운 모습으로 자리에 앉았으니, 어찌 청담만 하면서 보낼수야 있겠는가, 나의 남루한 옷을 잡히고, 맑은 술 한 병 바꿔왔네」가97) 그 하나이다. 이어서 각월선사覺月禪師를 방문하였을 때에는,「사생과 득실을 하늘에 맡겼도다. 고맙게도 선사가 눈(설雪) 속에 술을 사와(사주賖酒), 산중의 하루 봄을 빌려 주누나」라고 읊고 있으며,98) 또 황보서기皇甫書記가 수량사壽量寺의 유제留題에 화운和韻한데 대해 다시 전운前韻으로 짓기를,「들(야野) 밥은 삶은 고미孤米요, 촌 막걸리(촌료村醪)를 삼(시무枲繆) 잡히고 마시네……이별을 생각하니 서운한 마음 거듭기 어렵네, 다시 술집(청기점靑旗店)을 바라보고, 자줏빛 비단 갖옷(자기구紫綺裘)를 던졌네」라 읊고 있는가 하면,99) 또 술을 가지고 다녀간 김신정金莘鼎이 시詩를 보내온데 대해 화답하여,「시탑詩榻에 나와 함께 마셔줄 이 없어, 술 사서(주전酒錢) 그대와 함께 마시려 했는데, 도리어 좋은 술 가지고 와 권하니」라는 글을100) 쓰고 있기도 하다. 돈(전錢)을 지불하기도 하고,

---

96) 『동국이상국전집』 권 5, 古律詩四十四首「卜屬鶯溪 偶書草堂閑適 贈西隣梁閣校」.
97) 『동국이상국전집』 권 11, 古律詩「全履之見訪 與飮大醉 贈之」.
98) 『동국이상국전집』 권 11, 古律詩「訪覺月師 用東坡詩韻各賦」.
99) 『동국이상국전집』 권 15, 古律詩「皇甫書記 見和 壽量寺留題 復用前韻」.

옷 등의 물품을 내기도 하지마는 어떻든 술의 매매가 주점 등을 통하여 다양하게 이루어졌음을 살필 수 있다. 이로써 우리들은 당시 술의 위상이 상당히 높지 않았나 싶은 생각과 더불어 매매의 당사자들도 현존하는 자료의 한계 때문인듯 직위·신분이 상중급층에 있는 사람들에 집중되고 있지만 그렇지 않은 경우 또한 다수 있었으리라는 예상을 해볼 수 있지 않을까 한다.

주점의 확산과 그것의 이용자들 측면과는 다른 방향인 금주령禁酒令과의 관련성도 조금은 염두에 둘 필요가 있지 않을까 싶다. 금주령이란 충목왕 원년(1345) 5월 「무신일에 가뭄(한루)으로 술을 금하였다(금주禁酒)」거나[101] 우왕 9년(1383) 3월에 「가뭄 때문에 술을 금하였다」는[102] 예들처럼 대체적으로 식품의 생산과 관련하여서 였다. 또 원나라의 간섭을 받는 시기이기는 해도 충렬왕 4년(1278)에 도병마사都兵馬使에서, 국가의 중요 행사에 해당하는 연등회·팔관회나 각종 제향祭享 및 초제醮祭에 쓰는 술은 어쩔 수 없겠으나 그 이외의 공적·사적 일로 술을 빚는 것은 관직에 있는 사람이나 민간을 막론하고 논죄한다고[103] 명하고 있다. 이 역시 술이 일정한 생활의 여건과 관련이 많다는 데서 비롯한것 같거니와, 그것은 곧 술의 존재가 생활에서 차지하는 위상이 높았다는 것과 통하는 이야기가 아닐까 한다.

---

100) 『동국이상국후집』 권 5, 古律詩 「復次韻金君見和」.
101) 『고려사』 권 37, 세가, 충목왕 元年.
102) 『고려사』 권 135, 열전 48, 禑王 9년 3월.
103) 『고려사』 권 85, 志 39, 刑法 2, 禁令, 충렬왕 4년 3月.

2) 술(주酒)의 이용

① 국왕과 관원 등 상중급층의 술 이용

앞서 다(차)에 대해 언급하면서 국왕이 필요로 하는 차와 관련된 업무를 위해 궁궐 내에 다방을 두었다고 소개하였지마는[주 37), 210쪽], 이와 유사하게 술에 대한 업무를 위해서 국가의 공식 기구중 하나로 양온서良醞署(사온서司醞署)를 설치하여 놓고도 있었다. 그리하여 여기에 정8품인 양온령良醞令 2인과 정9품인 양온승良醞丞 2인 등을 두어 주례酒醴(술과 감주)의 공급에 관한 일을 관장토록 하였던 것인데,104) 그만큼 업무를 중시하고 관장자들의 직위 역시 상대적으로 높았음이 주목된다.

한편 외국인인 서긍도 이 부분에 대해서 관심이 많았던듯, 「왕이 마시는 것을 양온良醞이라고 하는데, 좌고左庫에 보관하는 청법주淸法酒이다」라고 언급하고 있다 함은 역시 소개한 바이거니와[⒨-⑩-②, 223쪽], 보다 구체적인 사례로 충렬왕 4년(1278) 3월에 도병마사에서 공문을 내어 왕의 생신이나 연등회·팔관회 같은 중요한 행사에 술(주酒)이 없어서는 안되므로 양온서로 하여금 술을 올리게할 것이며. 나라에서 행하는 각종 제향祭享과 초제醮祭에 쓰는 술도 양온서에서 역시 따로 조양도제고造釀都祭庫를 설치해 술을 빚어 바치도록한 경우105) 등에서 그의 위상과 역할을 살펴보기 어렵지 않다.

이같은 상황 아래에서 왕을 중심으로 하여 여러 분야에서 술이 다양하게 이용되고 있다. 문종 21년(1067) 9월 을유일에 왕이 송악정松岳亭

104) 『고려사』 권77, 志 31, 百官 2, 司醞署, 이에 대해서는 朴龍雲, 『高麗史 百官志 譯註』, 신서원, 2009, 362쪽 참조.
105) 『고려사』 권 85, 志 39, 刑法 2, 禁令, 충렬왕 4년 3月.

에 행차하여 술자리를 마련하고 사신詞臣(경연청·춘추관·예문관 등의 관원)들로 하여금 시를 짓게 한 것이106) 그 하나이겠다. 그후 예종 5년(1151) 6월 을유일 밤에 내시內侍 이양윤과 사관史官 이인영 등 13명을 봉원정 뜰에 불러들여 각자에게 자리를 주고 종이와 붓을 지급한 다음 시간을 정해놓고는 석류꽃에 관한 시詩를 짓게 하였는데 이양윤 등 7명이 합격하자 왕이 친히 술을 내려주고, 다음 날 또 한림원에도 술을 주고 있으며,107) 왕 14년(1160) 3월에 재추宰樞 시신侍臣을 불러 궁정 정원의 화초와 진기한 짐승·새를 구경하게 하고 술과 과일을 내렸다고한 것108) 또한 유사한 사례들이다.

왕이 빠뜨리지 않고 술을 사여하는 대상의 하나로는 출정군이 있었다. 위험한 전투에 임하는 그들에게 이 조처는 어떤 면에서는 당연한 것으로, 예종 2년(1107) 윤10월에 윤관尹瓘을 원수元帥로 하는 여진 정벌군을 순천관의 남문에서 열병한 후 은·베와 함께 술과 음식을 내려주고 있는 것이다.109) 이어서 같은 왕 4년(1109) 2월에 동계진발장군東界進發將軍 왕유충을 접견한 후 휘하의 장교 이상들에게도 술과 은병을 사여하고 있으며,110) 또 인종 14년(1136)에는 좌승선 이지저 등을 서경에 보내 묘청의 반란을 진압하는데 공로를 세운 장수들에게 물품을 내리는 가운데 특히 김부식에게는 의복 등과 금주기金酒器를 하사하고 있다.111) 그후 공민왕 13년(1364) 춘정월 병술일에 서북면도원수 경천흥慶千興이 사람을 보내 승첩을 고하자 왕이 기뻐하며 사자를 보

---

106)『고려사』권 8, 세가·『고려사절요』권 5, 문종 21년 秋9月.
107)『고려사』권 17, 세가·『고려사절요』권 11, 의종 5년 6月.
108)『고려사절요』권 11, 의종 14년 春3月.
109)『고려사』권 12, 세가·『고려사절요』권 7, 예종 2년 閏10月.
110)『고려사』권 13, 세가·『고려사절요』권 7, 예종 4년 2月.
111)『고려사』권 16, 세가, 인종 14년 3月.

내 그에게 술과 베(포布)를 내려주는 한편 여러 도道에 알리도록 조처
하고,112) 5월에는 경상도 도순문사都巡問使 김속명金續命이 왜적 3천
명을 진해현에서 크게 격파하고 승리를 보고하자 왕이 의복과 술 등을
내려주고도 있다.113) 그런가하면 우왕 2년(1376)에 최영이 홍산鴻山에
쳐들어온 왜적을 무찌르기 위해 출전했다가 저들이 쏜 화살에 입술을
맞아 피를 흘리면서도 얼굴빛을 전혀 변하지 않고 저들을 쳐서 섬멸시
키고 승전보를 올리자 최영에게 옷과 술·안장이 있는 말을 사여하고
있는 등114) 적지 않은 사례에 접하게 된다.

　다음으로 유학자와 학술을 닦고 있는 학생, 특히 그의 열매를 맺어
과거科擧에 급제한 다수의 인원들이 술을 하사받는 또하나의 대상이
었다. 성종 5년(986)에 지방에서 개경으로 올라와 학업을 닦던 학생들
중 고향으로 돌아가지 않고 계속 남아 있겠다는 사람들의 객성客省으
로 관원을 보내 국왕의 뜻을 전달하고 술과 과일을 내려주고 있는 것
에서115) 우선 첫 사례를 볼 수 있다. 그뒤 선종 7년(1090) 7월에 국왕
이 새로 급제한 사람을 불러 접견하고 술과 음식을 하사하면서 공복公
服도 각각 한벌씩 내려주고 있으며,116) 이어서 숙종 2년(1097) 9월에
역시 새로 급제한 임원 등을 불러보고 술과 음식·의복을,117) 7년(1102)
11월에 또한 새로 급제한 사람을 불러 접견하고 의복과 술·음식을 내
려주고 있는 것이다.118) 이후에도 유사한 내용을 지닌 몇 사례가 더 보

---

112)『고려사』권 40, 世家 공민왕 13년 春正月.
113)『고려사』권 40, 세가·『고려사절요』권 28, 공민왕 13년 5월.
114)『고려사절요』권30, 禑王 2년 秋7月.
115)『고려사』권 74, 志 28, 選擧 2, 學校·『고려사절요』권 2, 성종 5년 秋7月.
116)『고려사』권 74, 志 28, 選擧 2, 科目 2, 崇奬之典, 선종 7년 7월.
117)『고려사』권 74, 志 28, 選擧 2, 科目 2, 崇奬之典, 肅宗 2년 9월.
118)『고려사』권 74, 志 28, 選擧 2, 科目 2, 崇奬之典, 숙종 7년 11월.

이는데 그것들을 소개하면 다음과 같다.

> ㉮-⑭ (숙종) 9년(1104) 10월에 국왕이 새로 급제한 송위宋瑋 등을 불러 접견하고 술과 음식을 내려주었다.[119]
>
> ㉮-⑮ (예종) 4년(1109) 2월에 새로 급제한 노현용 등을 불러 접견하고 의복과 술을 하사하였다.[120]
>
> ㉮-⑯ (예종) 8년(1113) 3월에 새로 급제한 정지원 등을 불러 접견한 후 좌정언 호종단에게 명하여 합문에서 술과 음식을 내려주고, 첫 관직도 주도록(석갈釋褐) 하였다.[121]
>
> ㉮-⑰ (예종) 11년(1116) 2월에 새로 급제한 김정 등을 불러 접견한 후 합문에서 술과 음식을 내려주고, 첫 관직도 주도록 하였다.[122]
>
> ㉮-⑱ [인종 7년(1129) 3월] 계묘일에 국학國學을 둘러본뒤………대사성大司成 김부철에게 『서경書経』 「무일편無逸篇」을 강론하게 하고, 기거랑起居郎 윤언이와 학생들로 하여금 요지를 토론하게 하였으며, 학관學官과 학생들에게 술과 음식을 내려주었다.[123]
>
> ㉮-⑲ [고종 12년(1225) 3월] 병술일에 임장경 등을 급제시켰다. 고종이 강화에 있을 때에 그곳의 현縣 사람인 위원韋元에게서 글을 배운 일이 있었는데, 이번 과거에 그가 급제했으므로 왕이 내정內庭으로 불러드려 임시로 내시에 소속시키고, 의복과 금은·안장 갖춘 말·술과 과실을 하사하였다.[124]

고려 왕은 우리와 관련이 있는 외국인에 대하여 술을 비롯한 물품을 사여 또는 진상하는 업무도 수행하였다. 헌종 원년(1095) 5월 계축일에

---

119) 『고려사』 권 74, 志 28, 選擧 2, 科目 2, 崇奬之典, 숙종 9년 10월.

120) 『고려사』 권 74, 志 28, 選擧 2, 科目 2, 崇奬之典, 예종 4년 2월.

121) 『고려사』 권 74, 志 28, 選擧 2, 科目 2, 崇奬之典·『고려사절요』 권 8, 예종 8년 3월.

122) 『고려사』 권 74, 志 28, 選擧 2, 科目 2, 崇奬之典 예종 11년 2월.

123) 『고려사』 권 16, 세가·『고려사절요』 권 9, 仁宗 7년 3월.

124) 『고려사』 권 22, 세가 高宗 12년 3월.

요나라에서 동경회례사東京回禮使로 보낸 고수高邃가 개인적으로 능라綾羅와 채색비단 등을 바치자, 왕이 건덕전에 나가 접견하면서 근신에게 명해 동경 유수의 안부를 묻고, 술과 식품·의복을 내려주게 하고 있는 것이다.125) 이어서 숙종 원년(1096) 8월 병자일에 동여진 사람 와돌瓦突·을고乙古·마요馬要 등이 오자 중광전에서 접견하고 변방의 사정에 관해 물은 후 술·음식과 비단을 하사하고 있으며,126) 고종 44년(1257) 가을 7월 임인일에는 김식에게 술과 과실·수달 가죽 등을 가지고 차라대車羅大의 진지에 가서 주고 송별하면서 저들의 속뜻을 살펴보게 하고도 있다.127) 그리고 충렬왕 26년(1230) 6월 무진일에 양羊 200두와 술 200합榼(통)을 (원나라) 황제에게 올리면서 만수무강을 기원하고 있지마는.128) 모두가 국익을 위한 조처들이었다고 하겠다.

국왕은 이들 이외에도 국가에 공로가 있으면서 연로年老한 관원들과, 효자와 순손, 의부義夫 및 절부, 중병이 있거나 가족관계에 어려움이 있는 사람들을 어루만지면서 위로하는 것이 중요한 하나의 일이었는데, 여기에서 여러 물품과 더불어 술이 또한 요긴한 식품의 하나로 이용되었다. 문종 3년 3월에 80세 이상의 국로國老인 우복야右僕射(정2품) 최보성崔輔成과 사재경司宰卿(종3품) 조옹 및 태자첨사(정3품) 이택성 등에게 합문閣門에 친히 임하여 술을 내리고(사주賜酒) 있는 것이129) 그 한 사례이다. 이어서 왕 13년(1059) 8월 계유일에는 80살이 넘은 공부상서(정3품) 홍해와 상장군(정3품) 하홍휴에게 합문에서 친

125) 『고려사』 권 10, 세가·『고려사절요』 권 6, 獻宗 元年 5월.
126) 『고려사』 권 11, 세가 肅宗 원년 8월.
127) 『고려사』 권 24, 세가 高宗 44년 秋7월.
128) 『고려사』 권 31, 세가 충렬왕 26년 6월.
129) 『고려사』 권 7, 세가 文宗 3년 3월.

히 화주花酒를 권하면서 하루 종일 즐겁게 논 후에 의복까지 사여하고
있으며, 구정毬庭에 딸린 낭하에서는 노인과 중병인 및 효자·의부義
父·열녀 등에게 음식을 대접하고, 같은 날 서경西京을 비롯한 여러 주
군州郡에서도 음식과 술(포脯)을 내려주도록 하고 있다.130) 아울러 희
종 4년(1208) 10월에 「노인사설의老人賜設儀」를 베푸는 가운데, 재신
宰臣·추밀樞密들에게는 술 10잔씩을 대접하고, 3품 관원들에게도 10
잔씩을, 그리고 이들 모두의 모친과 처, 3품 관료의 절부들에게 역시
술이 주어졌으며, 4품 참상원에게는 각각 술 6잔씩이 주어졌고, 참외원
과 직책이 있거나 없는 승려와 속인들도 이와 마찬가지였으며, 효자들
의 경우 또한 같았다. 80세 이상의 직함이 있는 여자와 그것이 있거나
없거나 모든 절부에게 술이 주어졌고, 늙은 홀아비와 과부·고아·자식
없는 늙은이·병자와 장애인·승려·속인 남녀들에게는 각각 술 4잔씩이
주어졌는데, 후자의 경우는 수량에 차이가 있었겠지만 서경을 비롯한
전국 각지에서도 비슷하였다.131) 여기서는 이처럼 나이가 많은 상하의
관료와 혹은 그들의 모친과 처까지, 그리고 중병이 있는 사람들과 홀
아비·과부·고아·자식 없는 늙은이 등에게 갖가지 종류의 물품과 함께
술이, 개경은 말할 것 없고 서경과 지방의 주군들 등 광범위에 걸쳐 사
여가 이루어지고 있음을 확인할 수 있다.

　위의 기록 중에는 「노인사설의」라는 칭호가 붙기도 하고 그렇지 않
은 경우도 있지만 80세 이상의 노인이 대상이거나 효자·순손 등을 취
급한 내용은 모두가 그에 해당하는 것이라 할 수 있는데, 그들 가운데
에서 특히 민인民人들에 초점을 맞춘 기록은 주로 고려 초기에 드러나

---

130)『고려사』권 8, 세가 文宗 13년 秋8月.
131)『고려사』권 68, 志 22, 禮 10, 嘉禮, 「老人賜設儀」.

있다. 「목종 10년(1007) 7월에 국왕이 구정毬庭에서 80살 이상되는 남
녀 백성들과 심한 병자 650인을 모아 놓고 직접 술과 음식, 베와 비단,
차와 약 등을 차등을 두어 사여하였다」고한 것이[132] 그 하나이다. 이어
서 현종 즉위년(1009) 7월 신사일에도 동일한 장소에, 같은 입장에 있
는 남녀 635인을 모아 놓고 동일한 조처를 취하고 있으며,[133] 12년
(1021) 2월 갑술일에 역시 경성京城(개경)의 나이 90 이상 남녀들에게
술과 음식, 차(다茶)와 약, 베와 비단(포백布帛)을 차등을 두어 사여하
고 있다.[134] 현종은 그후에도 계속하여 왕 13년(1022) 9월 기사일에 여
전히 경성의 남녀로 나이가 80세 이상이거나 심한 병자들에게 술과 식
품, 차(다)와 베를 차등을 두어 하사하고 있고,[135] 20년(1029) 9월 정묘
일에 해주海州로 행차하여 주현州縣을 지나면서 기년耆年(노인, 60세
넘은 나이)이나 심한 환자들에게 술과 음식, 포화布貨를 내려주고 있
기도 한 것이다.[136] 국왕을 매개로 하는 술의 이용이 다각도로 이루어
지고 있음을 이같은 측면에서도 엿볼 수 있다고 하겠다.

기록 가운데에는 주도酒徒라는 용어도 보인다. 공민왕 말기부터 우
왕 초에 이르기까지 시중侍中의 직위에 있는 경복흥慶復興(경천흥慶
天興)은 이인임과 임견미 같은 아첨배의 방해로 정사를 보는데 어려움
이 심해지자 술로 날을 보내기가 일쑤였는데, 마침 북원군北元軍을 치
려는 명나라의 요동군이 출병했다는 보고를 받은 고려는 그에 대한 대
책을 강구하기 위해 도당회의都堂會議를 열었으나 경복흥은 술에 취

---

132) 『고려사』 권 68, 志 22, 禮 10, 嘉禮, 老人賜設儀 목종 10년 7월.
133) 『고려사』 권 4, 세가 顯宗 즉위년 7월.
134) 『고려사』 권 4, 세가·『고려사절요』 권 3, 顯宗 12년 2월.
135) 『고려사』 권 4, 세가·『고려사절요』 권 3, 顯宗 13년 9월.
136) 『고려사』 권 5, 세가 顯宗 20년 9월.

하여 이 자리에도 나오지 않았다, 이 틈을 이용하여 이인임 등은 왕에게 그를 헐뜯어 마침내 청주로 유배되었다. 한데 이때 문하평리門下評理(종2품) 설사덕, 밀직부사密直副使(정3품) 표덕린, 판사判事(정3품) 정용수·배길·이을경·왕백, 상호군上護軍(정3품) 설회, 총랑摠郎 설군·설권, 중랑장中郞將(정5품) 나홍준 등도 같이 유배보냈는데 이들은 모두 경복흥과 어울려 술을 마시던 주도酒徒였다는 것이다.[137] 또 우왕 2년(1376)에 왜적이 합포영을 불사르고 양주와 울주 두 고을과 의창현·진해현·동래현·기장현 등등을 도륙하고 불살라버리는 사건이 발생하였는데, 그 연유인즉 이곳의 원수로 부임한 김진金縝이 한 도의 창기중에 생김이 예쁜자를 모아다 놓고 그가 즐기는 소주를 마셔 소주도燒酒徒라 불리는 부하들과 함께 밤낮으로 취하도록 마시는가 하면, 군졸과 부장들을 험하게 대하여 원망을 받고 있었으므로 싸우지 않고 "원수는 소주도를 시켜 적을 치라. 우리들이 무엇하리오" 라고 하는 상황이어서 그처럼 크게 대패하였다는 기록도[138] 보인다. 이 자리에 적절치는 않은듯 싶으나 고위 관원들이나 군인들간의 술에 얽힌 이야기이므로 같이 언급하여 둔다.

② 사원寺院의 술 이용

고려는 불교왕조라고 부를수도 있을만큼 불교를 중시한 사회였다. 이는 태조 왕건이 훈요십조訓要十條의 제1조에, 「우리 국가의 대업은 필연코 여러 부처님의 호위하는 힘에 의지한 것이다」 라고한 것에[139] 잘 나타난다. 그리하여 역대 왕들의 지원을 받으면서 크게 번성하거니

---

137) 『고려사』 권 111, 열전 24 慶復興傳.
138) 『고려사절요』 권 30, 禑王 2년 12월.·『고려사』 권113, 열전 26, 崔瑩傳.
139) 『고려사』 권 2, 세가 太祖 26년 夏4月.

와, 그와 더불어 사원은 경제적인 면에서도 커다란 비중을 차지하게
되었다. 한데 그것이 종교적인 범주를 벗어나 식리의 문제와 연결되면
서 많은 부작용이 발생하게 되는데 술의 문제도 그 하나였다.

이는 벌써「현종 원년(1010)에 비구나 비구니(승니僧尼)가 술을 빚는
것(양주釀酒)을 금하였다」는 조처에서[140] 찾아볼 수 있다. 그런가하면
왕 12년(1021) 6월에는 사헌대司憲臺에서 모든 절의 승려들이 술을 마
시고(음주飲酒) 풍악 잡히는 것(작악作樂)을 금하시라는 건의가 있었
고[141] 다음 달에는 다시 사원의 술 빚는 것을 금하는[142] 조처가 내려
지고 있다. 그럼에도 제대로 개선이 되지 않았던 듯,「(현종 18년[1027]
6월) 계미일에 양주楊州에서 아뢰기를, "장의사莊義寺·삼천사·청연사
등의 승려들이 금지한 법령을 어기고 술을 빚었는데, (거기에 소요된)
쌀의 합계가 360여석입니다. 청컨대 법률에 따라 죄를 주소서" 하니
그에 따랐다」는[143] 상황이 발생하기도 했던 것이다. 그 뒤의 사태도 유
사했던듯 싶다. 다음의 기록들에서 그점을 살펴볼 수 있다. 즉,

> ㉯-⑳ (문종 10년[1056] 9월) 병신일에 명하기를, "석가께서 청정淸淨
> 을 우선으로 삼고 온갖 더러움을 멀리 떨쳐버림으로써 탐욕을
> 없애버려야 한다는 가르침을 폈다. (한데) 요즘 국역國役을 피
> 하고자 하는 무리들이 사문沙門(불문佛門)에 이름만 걸어 놓은
> 채 재산을 증식시켜 생계를 꾸려가거나 ……장사를 일삼는
> 것이 유행이 되고 있다. …… 어깨를 두르는 가사는 술독의 덮
> 개로 써버렸고, 불경을 강독하던 장소는 파·마늘의 밭으로 만
> 들어 버렸다. 장사꾼과 통하여 물건을 사고 팔고, 객꾼들과 어

---

140)『고려사』권 85, 志 39, 刑法 2, 禁令.『고려사절요』권 3, 현종 원년 8월.
141)『고려사』권 85, 志 39, 刑法 2, 禁令, 현종 12년 6월.
142)『고려사』권 85, 志 39, 刑法 2, 禁令.『고려사절요』권 3, 현종 12년 秋7월.
143)『고려사』권 5, 세가 현종 18년 6월.

울려 술판을 벌이며 …… 짐이 선한 자와 악한 자를 구분하여
기강을 엄격하게 바로잡고자 하니 전국의 사원들을 일제히 정
리한 다음, 계행戒行을 충실히 이행하는 자는 그대로 안주시키
고 어긴 자는 법에 따라 논죄하라" 하였다.[144]

⑭-㉑ (인종 9년[1131]) 6월에 음양회의소陰陽會議所에서 아뢰기를,
"근래에 승려와 속인 및 잡류雜類들이 떼를 지어 모여 만불향도
萬佛香徒라고 자칭하면서, 염불과 독경을 하며 황당무계한 짓을
하거나 혹은 전국 사찰(사사寺社) 승도僧徒들이 술(주酒)이나
파(총葱)를 팔기도 하고, 혹은 무기를 지닌채 흉악한 짓을 하거
나 마구 날뛰면서 놀이판을 벌여 윤리를 어지럽히고 풍속을 패
퇴하게 만들고 있습니다. 어사대御史臺와 금오위金吾衛로 하여
금 순찰을 실시해 금지시키도록 하시옵소서" 하니 조서詔書를
내려 허락하였다.[145]

는 기록들이 눈에 띄는 것이다. 다들 알고 있듯이 고려의 불교는 전기
보다는 중기에, 다시 그 이후로 가면서 얼마씩 약화되기는 하지만, 종
교·사상뿐 아니라 사회면 등에서 전반적으로 커다란 영향을 미쳤었다.
이곳의 기록은 그같은 과정에서 드러나기 쉬운 불상사, 특히 술과 관
련된 일면의 내용을 찾아본 것이라 이해하면 되겠다.

③ 민인民人들의 술 이용

앞서 이규보는 고려시기의 술을 백주白酒(탁주濁酒)와 청주淸酒로
구분하고 후자가 전자보다 상급으로서 이들의 소비자는 직위와 신분
등에 따라 어느 정도 차별이 났음을 언급하고 있으며[주83), 222쪽], 외
국인인 서긍도 왕이 마시는 양온良醞(법주)과 더불어「고려인들은 술

144)『고려사』권 7, 세가 문종 10년 9월.
145)『고려사』권 85, 志 39, 刑法 2, 禁令·『고려사절요』권9, 인종 9년 6월.

을 좋아하지만 좋은 술을 구하기가 어렵다. 서민의 집(민서지가民庶之家)에서 마시는 것은 맛이 텁텁(박薄)하고 빛깔이 진하다」라고 하여 [주 84), 223쪽] 유사한 견해를 밝힌바 있다.

　하지만 그런 가운데서도 개경에 주무酒務를 설치하거나 존비를 가림이 없이 점포를 열어 물품의 매매를 돕도록 하고 있으며[주 93), 225쪽], 지방의 주·현에서도 주점酒店과 식점食店을 열어 민인民人들이 매매를 할 수 있도록 하고 있는가 하면[주 94), 225쪽], 이규보의 경우이기는 하지마는, 술 살 돈이 없어 자기의 남루한 옷을 잡히고 맑은 술 한 병과 바꾸어 왔다거나[주 97), 226쪽], 선사禪師께서 눈(설雪) 속에 술을 사 가지고 왔다고 한 것[주 98), 226쪽], 「촌 막걸리(촌료村醪)를 삼 잡히고 마시네……다시 술 집을 바라보고 자줏빛 비단 갖옷을 던졌네」라고 읊고 있는 것[주 99), 226쪽], 「시탑詩榻에 나와 함께 마셔 줄 이 없어, 술 사서 그대와 함께 마시려 했는데, 도리어 좋은 술 가지고 와 권하니」라고 한 것[주 100), 227쪽] 등의 사례를 보면 상·중급층에 속하여 있지 않은 민인들도 '맑은 술' '좋은 술'을 대할 수 있는 여지뿐 아니라 실제로 이용하기도 했음을 알 수 있다. 물론 청주 등의 좋은 술은 국왕을 비롯한 상중급층이 주로 이용하였고 그 사례들을 앞서 소개한바 있지마는 그렇지 못한 경우 역시 어느 정도까지는 있었을 것으로 짐작되며, 한편으로 저들과 상대되는 민인들 역시 하급의 술을 사용하는 경우가 많았지만 상급의 술을 이용하기도 했다고 생각되는 것이다.

　그러면 이 부분은 뒤에 술의 종류를 살피는 자리에서 좀더 언급하기로 하고, 먼저 민인들의 술 이용 사례를 찾아보면 「귀인貴人이나 벼슬아치 집안(사족仕族)에서 혼인할 때는 예물을 쓰지만, 민서民庶들은

단지 술이나 쌀을 서로 보낼 뿐이다」라는 기록을[146] 접할 수 있다. 그
리고 이규보가, 보내준 누런 감귤에 대하여 정비감正秘監 이안而安이
시詩를 지어 고마워하면서 술까지 가져와 위로함에 차운하여 「다정하
게 술 마시며 덕을 간직하고, 집에서 잘 빚은 술(가겸선양家兼善釀) 이
슬과 맞먹네, 여흥으로 가난한 집 적막을 깨뜨리려고, 한 병의 향기로
운 옥액玉液 가져왔네」라고 한 것과,[147] 이달충李達衷이 「산촌잡영山
村雜詠」에서 「짚신 신은 농부와 앉을 자리를 혹 다투기도, 도롱이 입은
이가 문을 자주 두드리기도, 질뚝배기(도앵陶甖)에 들고 오는 하얀 막
걸리(백염白釅), 버들 바구니에 담아 오눈 시뻘건 생선」이라 읊고 있는
것[148] 및 이숭인李崇仁이 「서강즉사西江卽事」에서 「맑은 휘파람과 긴
노래는 곧 훌륭한 노래이니, 기심機心(책략 또는 간교한 마음)을 모두
없애고 모래밭 갈매기와 친하네, 질항아리의 탁주濁酒는 집집마다 있
거니(가가유家家有), 지금부터는 강 머리에서 갖옷을 전당 잡히리」라
고 한 것[149] 등에서도 찾아볼 수 있다. 집에서 잘 빚은 술, 산촌에서
대하게 된 질뚝배기에 든 하얀 막걸리, 집집마다 있는 질항아리의
탁주는 전형적인 민인民人들의 술을 지칭하는 것으로 이해되는 것이
다. 민인들이 이용하는 술에 관한 기록이 당시로서는 본질적으로 그렇
게 많지 않게 마련이지만 앞서 제시한바 왕이 민인들에게 사여한 경우
와 이어서 소개하는 백주·탁주 등의 사례를 참고로 하면 나름대로 이
해가 될 것 같다.

---

146) 『고려도경』 권 22, 雜俗 1.
147) 『동국이상국후집』 권 5, 古律詩 「次韻丁祕監而安 以詩二首…… 携酒來慰－和謝
　　柑」.
148) 『동문선』 권 11, 五言排律 「山村雜詠」.
149) 『동문선』 권 22, 七言絶句 「西江卽事」.

3) 술(주酒)의 종류

① 청주淸酒와 법주法酒

고려의 술 가운데 청주淸酒가 상급으로서 그것의 주된 이용자는 신분과 직위·경제력 등이 우월한 위치에 있는 사람들이었으며,[150] 왕이 마시는 술을 양온良醞이라 하는데 좌고左庫에 보관되어 있는 청주淸酒와 법주法酒가 그것들이라는 언급에[151] 대해서도 앞서 소개한 바가 있거니와, 이를 뒷받침하는 기사는 얼마가 더 찾아진다. 그들중 비교적 쉽사리 대할 수 있는 것은 국가의 제례에 쓰이는 경우로서, 길례대사吉禮大祀인 원구圜丘에 대한 친사의親祀儀 진설陳設에서 제기祭器로 쓰던 술통인 산뢰山罍 둘 가운데 하나에는 제사에 쓰는 맑은 물인 현주玄酒를 담고, 다른 하나에는 청주淸酒를 담아 올리게 되어 있었던 것이다.[152] 그리고 이 형식은 같은 길례대사인 태묘太廟에 대한 체협친향의禘祫親享儀 신관晨祼과[153] 길례중사吉禮中祀인 적전藉田에 대한 친향의親享儀 진설,[154] 및 길례소사吉禮小祀인 풍사風師·우사雨祀·뇌신雷神·영성靈星에 대한 사의祀儀에서도[155] 마찬가지였다.

이같은 제도적인 이용이 아니라 일반적인 경우의 사례로는 예종·인종조에 걸쳐 여러 요직을 거치는 김연金緣(김인존金仁存)이 한때 변방에 나가 있으면서 문생들에게 보인 시詩에서「문하門下의 여러 제가들에게 사례하노니 백 항아리(백호百壺)의 청주淸酒로 가는 이를 전송하소」라고한 것을[156] 들 수 있다. 그후 이규보는 보다 구체적인 내용에

---

150) 주 83), 222쪽.
151) 주 84), 222쪽= ㉙-⑩-②, 223쪽.
152)『고려사』권 59, 志 13, 禮 1, 吉禮大祀, 圜丘, 親祀儀, 陳設.
153)『고려사』권 60, 志 14, 禮 2, 吉禮大祀, 太廟, 禘祫親享儀, 晨祼.
154)『고려사』권 62, 志 16, 禮 4, 吉禮中祀, 籍田, 親享儀, 陳設.
155)『고려사』권 63, 志 17, 禮 5, 吉禮小祀, 風師·雨祀·雷神·靈星 祀儀.

대해 언급하고 있는데, 정치와 사회경제 등이 매우 혼란스러웠던 무신 정권기에 지배층들은 여전히 호사스런 생활을 하는데 비해 민인들이 심한 어려움을 겪고 있는 상황에서 오히려 국가가 농민들은 백반과 같은 상급 음식을 먹거나 청주淸酒같은 좋은 술을 마시지 말라는 금령禁 令을 내리자 그에 대한 비판의 글을 쓰는 가운데에서 청주의 정당한 이용에 대해 논급하고 있는 것이다. 이 글은 앞서 고려시기 사람들이 좋아하는 주식인 백미와 그것으로 지은 쌀 밥, 곧 백반에 대해 이야기 하는 자리에서 소개하였거니와,[157) 거기에서 청주를 중심으로 하는 부분만을 다시 정리하면 다음과 같다.

⒨-㉒ 장안의 호협豪俠한(부호富豪한) 집에는
구슬과 패물이 산처럼 쌓였는데
·····················
기름처럼 맑은 청주(벽료碧醪)를
종들도 마음껏 마시네
이 모두 농부에게서 나온 것
하늘로부터 받은 것이 아니로세
·····················
·····················
희디힌 쌀 밥이나
맑디 맑은 청주淸酒(녹파주綠波酒)는
모두가 이7들의 힘으로 생산한 것이니
하늘도 (이들이 먹고 마심을) 허물치 않으리
·····················
높은 벼슬아치들은
주식酒食에 물려 썩히고

---

156) 李仁老의『파한집破閑集』「金侍中緣」.
157) 주 117), 43쪽=㉗-㉚, 42쪽·㉗-㉛, 43쪽.

야인野人들도 나누어 갖고는
언제나 청주(순주醇酎)를 마신다오
노는 사람들도 이와 같은데
농부들을 어찌 못먹게 하는가[158]

㉣-㉓ ....

농부들이 이루어 내는 것으로
모두가 이들의 힘씀에 달려 있느니
힘쓰지 않는다면 어쩔 방법이 없느니라
청주(청료淸醪)를 마시고 백반을 먹는 것이
농사를 권장하는 바탕이니
이들의 입이나 배에 맡길 것이지
무엇 때문에 국금國禁을 내리는가[159]

청주는 농민들이 많은 노력을 한 결과로 만들어진 것인데 이들에게
는 마시지 못하게 금하고, 벼슬길에 있는 사람들은 말할 것 없고 그 아
래에 있는자들까지에게도 마시도록 하는 것은 옳지 않다고 비판하고
있는 것이다. 비록 상급의 술이라 하더라도 민인들이 자유로이 이용할
수 있도록 주장하고 있음이 주목되거니와, 그는 청주를 벽료碧醪 또는
녹파주綠波酒, 순주醇酎라 표현하고 있음도 눈길이 가는 부분이다.

기록 중에서 어주御酒라는 호칭도 눈에 띤다. 가례嘉 가운데,「대관
전에서 신하들에게 연회를 베푸는 의례」에서의 진설陳設 부분에「상
의국과 상사국에서는 화안花案을 국왕이 앉는 좌석의 앞쪽 기둥 사이
에 좌우로 진열하고, 다방茶房과 상식국尙食局에서는 어주御酒와 어
식御食·어과御果를 놓는 탁자를 갖추어두며, 여러 신료들의 주·식酒
食은 해당 관청에서 직위에 따라 각각 준비한다」고한 기사중의 어주御

---

158)『동국이상국후집』권 1, 古律詩「聞國令禁農餉淸酒白飯」.
159)『동국이상국후집』권 1, 古律詩「後數日有作」.

酒가160) 그것이다. 또 『고려사』 열전 중의 서희전徐熙伝에 의하면 그가 해주海州로 왕을 호종하고 갔을 때에 성종이 서희의 막사로 들어오려 하자 "신하의 막사는 지존至尊께서 오실 곳이 아닙니다" 라고 하여 막았고, 다시 술을 내어오라고 하자 "신하의 술은 감히 올리는 법이 아닙니다" 라고 함에 왕은 결국 막사 바깥에 앉아서 어주御酒를 내어오라 하여 함께 마시고 돌아갔다고 전한다.161) 아마 이들 어주는 앞서 서긍이 지적한바 왕이 마셨다는 양온 또는 청주·법주(⑭-⑩-②, 223쪽)와 서로 상통하는 술이 아니었을까 생각된다.

② 백주白酒·탁주濁酒(막걸리·박주薄酒)

청주의 상대적인 입장에 있던 백주·탁주에 대해서는 첫머리에 소개한 이규보의 「백주시白酒詩」[주 83), 222쪽]에 드러난 내용을 비롯하여, 삼(시무枲繆)을 잡히고 「촌 막걸리(촌료村醪)」를 마셨다는 것[주 99), 226쪽]과, 질뚝배기에 들고 오는 하얀 막걸리(백엄白醃)[주 148), 239쪽], 집집마다에 있다는 질항아리의 탁주[주 149), 239쪽] 등등의 기사를 통해 이미 제시된바 있지마는, 그같은 사례는 좀더 눈에 띤다. 백주의 경우, 충렬왕이 내료인 고여주를 보내 재상까지 지낸 민지閔漬에게서 시詩를 지어오게 하였는데, 그로 인해 찾아간 고여주가 백주와 참외만을 대접받고 돌아와서 민지의 생활이 매우 어렵더라고 보고하여 왕이 쌀 100섬을 하사하였다는 기사가162) 그 하나이다. 그리고 이규보는 「배 안에서 또 읊다」 라는 시詩에서 「붉은 고기 여울에서 잡아오고, 백주白酒는 모랫가 집에서 사왔네」라 읊고 있고,163) 또 「백주白酒를

---

160) 『고려사』 권 68, 志 22, 禮 10, 嘉禮 「大觀殿宴群臣儀」 陳設.
161) 『고려사』 권 94, 열전 7, 徐熙傳.
162) 『고려사』 권 7, 열전 20, 閔漬傳·『고려사절요』 권 21, 충렬왕 22년 秋7月.

마시며」에서는 「내 알았노니 백주白酒를 따름에는(침 백주斟白酒), 황
국(황화黃花)을 띄움이 제격인 줄, 묻노니 황국이 피었더냐, 꽃망울 아
직 터지지 않았다네」라고 읊고도 있다.164) 아울러 이색 역시 「동암선
사에게 답答하다」에서 「오늘 저녁이 무슨 저녁인가, 금병(금호金壺)의
백주白酒를 기우린다, 포도는 겹겹이 그늘 맺었는데, 맑은 바람은 자
리 한 구석에서 난다」라고165) 읊고 있는가 하면, 「교동喬桐」에서는 「저
산밑의 집집마다 백주白酒를 빚나니, 파(총葱)를 베어 오고 회膾를 치
며 둥우리에 닭 들기만 기다려라」라고 읊고 있어서166) 어렵지 않게
대할 수 있다.

　다음 탁주濁酒의 사례로는 여말의 설장수偰長壽가 「신춘 감회新春
感懷」에서 「새해에 만물이 모두 새로움을 머금는데, 아홉 번이나 송악
松嶽·용수龍岫의 봄을 본단 말인가……중원中原의 늑대와 범들을 어
찌면 쉽게 하고, 북궐北闕엔 어느 때나 봉과 기린이 오겠는고, 녹록한
신세를 되는대로 두고, 이웃과 어울려서 탁주濁酒나 기울이세」라
고167) 읊고 있는 데서 찾아 볼 수 있다. 일면 정포鄭誧는 「동래 잡시東
萊雜詩」에서 「관아官衙는 매화 언덕에 의지해 있고…… 다니고 다니
면서 몇 고을 지나, 여기에 이르러서 마음 다시 흐뭇, 향기로운 흰 쌀
은 진주알 같고, 구수한 막걸리(방료芳醪)는 호박琥珀 빛일세」라고 읊
고 있으며,168) 한수韓脩는 「9월 15일에 목은牧隱 선생을 모시고 다락
에 올라 달을 보며」에서 「긴 하늘에 구름 걷고 이슬이 씻어 내린 가을,

---

163) 『동국이상국전집』 권 6, 古律詩 「舟中又吟」.
164) 『동국이상국후집』 권 7, 古律詩 「飮白酒」.
165) 『동문선』 권 5, 五言古詩 「答東菴禪師」.
166) 『동문선』 권 22, 七言絶句 「喬桐」.
167) 『동문선』 권 17, 七言律詩 「新春感懷」.
168) 『동문선』 권 9, 五言律詩 「東萊雜詩」.

은하수가 소리없이 사람 가까이 흐르누나, 탁주(탁료濁醪)로도 족히
맑은 경치 구경할 만」이라고 읊고도169) 있는 것이다. 이곳의 료醪는
우리의 글로 막걸리와 통하는 글자인 것으로 이해된다.

이와 유사한 의미를 지닌 용어로 또 박주薄酒라는 칭호도 쓰였다.
그 사례로는 윤소종尹紹宗이, 홀로 남겨져 갖은 고난을 겪은 아이를
돌봐주던 노파가 세상을 떠나자 「동문東門 노파의 제사에」라는 시詩
에서 「노파가 숨을 거둘 때에는, 아이를 부르며 눈을 감지 못했다, 노
파에게 어찌 다른 뜻이 있었으랴, 아이가 굶어 개천바닥에서 죽을까
두려워 함이니라, 아이가 이제 박주薄酒를 보내옵노니, 노파는 흠향歆
饗하려는가 안하려는가」라고 읊고 있는 것170) 등을 통해 찾아볼 수
있다.

③ 소주燒酒

소주는 아라비아의 알콜 증류 방법이 원元을 통해 고려에도 알려졌
으며, 그것을 이용하여 만들어진 술을 일컫는 것이다.171) 그러므로 고
려에서 소주가 언제부터 만들어지기 시작했는가는 잘 알 수가 없는데,
기록상에 드러나기는 「신우(우왕) 원년(1375) 2월에 교서를 내려 이르
기를, "사람들이 검소할 줄 모르고 씀씀이를 사치스럽게 하여 재물을
소모하고 있으니 금후로 소주燒酒와 금수 비단·금옥 그릇 등을 사용
하는 것을 일체 금한다. 비록 혼인을 하는 집일지라도 명주와 모시만
을 쓰고, 힘써 검약함을 좇아 올바른 풍속을 이루도록 하라" 하였다」고

---

169)『동문선』권 16, 七言律詩「九月十五日邀牧隱先生登樓翫月」.
170)『동문선』권 5, 五言古詩「祭東門媼」.
171) 李盛雨,「高麗時代의 燒酒」『韓國食品社會史』, 敎文社, 1984, 212·213쪽. 박용운,
   『고려시대사-수정증보판』, 774쪽, 일지사, 2008.

한 것이172) 처음이다. 여기에서 우리는 소주가 처음 나온 일정한 날짜·시기를 정할 수는 없지만 그것이 당시(1375)에 금수 비단·금옥 그릇에 비견될 만큼 귀중한 물품의 하나였으며, 또 국왕이 이용을 금지할 만큼 이미 상당수의 사람들이 사용하고 있지 않았나 짐작되기도 한다.

이에 더하여 이듬해인 우왕 2년(1376)에 왜적이 합포영에 쳐들어와 커다란 피해를 입는데, 그 원인은 저들을 물리칠 책임자인 원수 김진金縝이 여자들을 모아놓고 소주도燒酒徒라 불리는 부하들과 밤낮으로 소주를 마시므로 군졸과 부장들이 원망하여 전투에 적극적으로 임하지 않았기 때문이었다 함은 앞서 소개한바 있다[주 138), 235쪽]. 소주도라 불릴 정도의 무리가 존재하는 상황을 통해 우리들은 위의 기록에서 느꼈던 점을 거듭 확인할 수 있을 것도 같다.

④ 기타의 여러 술 종류

고려시기를 다룬 여러 문헌들을 살펴 가노라면 위에서 언급된 종류 이외에도 적지 않은 숫자의 술 명칭이 눈에 들어 온다. 그중 하나로 먼저 화주花酒를 들 수 있는데, 문종이 즉위 13년(1059) 8월에 80살이 넘은 공부상서(정3품)인 홍해 등에게 잔치를 베풀어주고 친히 화주를 권하면서 하루를 즐겁게 지냈다는게173) 그에 해당하는 사례이다. 이어서 숙종은 왕위에 오르기까지 중차대한 역할을 해준 소태보邵台輔를 문하시중門下侍中(종1품, 수상)에 임명함과 더불어 금은 그릇·능라綾羅 등과 함께 화주花酒를 내려주고 그의 집에서 잔치를 베푼데서174) 찾아

---

172) 『고려사』 권 85, 志 39, 刑法 2, 禁令 辛禑 元年 2월.
173) 『고려사』 권 8, 세가 문종 13년 8月. 이 내용은 주 130), 233쪽에서 소개한 일이 있다.
174) 『고려사』 권 95, 열전 8, 邵台輔傳.

볼 수 있으며, 또 팔관회 때 재상들에게 늦게 화주를 가져다 주었다가 탄핵을 받은 정국검의 예도 보이지마는,[175] 이 화주에는 '꽃으로 담근 술'이라는 해설이 덧붙어 있다.[176] 이규보의 시 가운데 「화주花酒」라는 제목으로 「술은 시흥詩興을 돋우는 날개이고, 꽃은 아름다운 기녀의 정신인데, 오늘 다행히 두 가지 모두 만났으니, 귀인처럼 하늘에 오르리라」는 고율시가 전하는데,[177] 이는 해설의 전자에 해당하는 경우이겠다. 어떻든 화주는 일반적으로 상급층이 이용하는 술로 생각된다.

다음 국화주菊花酒는 옛날 명절의 하나인 중양重陽(음력 9월 9일)에 여러 시인·묵객들이 마시며 시를 짓거나 음시吟詩하던 술로서 그 사례 역시 드러나 있다. 김지대金之岱가 「상주尙州 목백牧伯 최자崔滋 학사學士에게 부침」이라는 시詩에서 「작년 강루江樓에서 나를 전송하더니, 금년에 당신 또한 황당黃堂(수령 관아)에 왔소 그려, …… 추석의 약속을 저버린 것 야속하니, 이 다음 중양重陽 날에는 국화주菊花酒를 꼭 마시세」라고 한게[178] 그 하나이다. 그리고 이규보가 「9월 13일에 국화菊花를 띄우다」라는 제목으로 「국화가 중구일重九日 뒤까지 남아, 한 가지가 피었구료, 내 술맛 돋구려는 듯싶은데, 술잔에 다시 띄운들 뭐 해로우랴」라고 읊고 있는[179] 고률시 역시 그에 못지않는 시詩로 생각된다. 아울러 그가 문생들과 화답하여온 시에 대해 다시 화답하면서 선주仙酒(신선술)를 언급하고 있지마는,[180] 내용상의 차이에

---

175) 『고려사』 권 100, 열전 13, 鄭國儉傳.
176) "화주: 기생을 끼고 술을 마신다는 뜻과 함께 꽃으로 담근 술이라는 뜻도 있다."(『국역고려사』 권 22, 열전 3, 「鄭國儉」, 민족문화, 336쪽).
177) 『동국이상국후집』 권 1, 古律詩 「花酒」.
178) 『동문선』 권 18, 七言排律 「寄尙州牧伯崔學士滋」.
179) 『동국이상국후집』 권 5, 古律詩 「九月十三日泛菊」.
180) 『동국이상국후집』 권 4, 古律詩 「五月十七日四門生等和前詩…」.

도 불구하고 유사한 분위기는 느껴진다.

이규보는 워낙 술을 즐긴데다가 다수의 시·문詩文을 남긴만큼 우리들은 위에서 소개한 것 이외에도 술과 관련된 그의 기록을 얼마 더 대할 수가 있다. 본인이 어느날 고원에 들어가 미륵원이라는 절에서 잠을 자야하는 일이 있을 때에 그곳 스님은 본래 아는 사이가 아님에도 예전의 친구처럼 여겨 주찬을 베풀고 계주桂酒(계피주)를 대접한 것에 고마움을 표하는 시詩를 남기고 있고,[181] 또 술을 마시는데 잘 어울린다는 게(해蟹)를 강마을 아이들이 잡아 보내자 그것과 함께 봉래주蓬萊酒를 마시며 가지게 되는 즐거운 마음을 시詩로 읊고 있기도 하다.[182]

이들과 함께 그는 춘주春酒라고도 하는 삼해주三亥酒, 즉 「음력 정월 상해일上亥日에 찹쌀 가루로 죽을 쑤어 누룩과 밀가루로 반죽한 다음 독에 넣고, 다시 중해일中亥日에 찹쌀 가루와 멥쌀 가루를 쪄서 독에 넣고, 하해일下亥日에 또 흰 쌀을 쪄서 독에 넣어 빚은 술」을 가져다 준데 사례하여, 「쓸쓸한 집 적막하여 참새를 잡을 만한데 여러 군후君侯의 방문 생각이나 했으랴, 다시 한 병의 술 가져오니 정이 두터운데, 더구나 삼해주 맛 또한 뛰어났네」라는 시詩를 특별히 지어 당해 술을 가져다 준데 사례하고 있다.[183] 그리고 다시, 「바로 붓을 들어 하낭중河郎中의 화답에 차운하다」에서는, 「명년明年의 경삿날 알았거니, 새해 맞아 무엇을 준비할까, 다만 초화주椒花酒나 많이 빚어서, 자네와 몇 잔씩 들이키리라」라고 하여[184] 새해를 맞는 날에 지인知人인

---

181) 『동국이상국집』권 6, 古律詩「十九日宿彌勒院 有僧素所未識 置酒饌慰訊 以詩謝之」.
182) 『동국이상국집』권 7, 古律詩「찐 게 먹으며食蒸蟹」.
183) 『동국이상국후집』권 6, 古律詩「予亦別作一首 謝携三亥酒來貺」. 三亥酒에 대한 해설은 민족문화추진회 발행 『동국이상국집 6』, 1979, 76쪽에 올라 있다.
184) 『동국이상국후집』권 8, 古律詩「走筆次韻河郎中見和二首」. 민족문화추진회 발행 『동국이상국집 6』, 1979, 123쪽에 「초화주는, 산초山椒와 여러 가지 약재를 넣어

하 낭중과 더불어 여러 잔 씩의 당해 주를 마시면 좋겠다는 내용의 글로 차운하고도 있는 것이다.

고종조에 주로 활동하여 정당문학政堂文學(종2품)과 참지정사參知政事(종2품) 등을 역임하는 유승단兪升旦은 「유성공관杻城公館에서 벽상壁上의 시詩에 차운하여」라는 글로, 「추운 겨울 솜옷을 모두 기다리는데, 흉년의 참쌀은 누가 나눠 줄소냐, 백성들에게 조그만 덕택도 없었으니, 아황주鵝黃酒 권할 때마다 부끄럽기 그지없네」라 읊고 있다.[185] 노랗고 아름다운 거위 새끼 빛깔인 담황색淡黃色을 띤 상급의 아황주를 마실 때면 백성들을 위해 별다른 일을 한 것이 없는 자신이 부끄럽다는 겸양의 시詩로 생각된다. 그리고 여말에 상시常侍·대언代言 등 3품 벼슬을 두루 지낸 이첨李詹은 「어의주御衣酒를 받고 사례하여 올린 글」에서 「친밀한 말씀을 내리고 겸하여 특수한 물품을 보내시니, 옥 항아리중의 아황주는 홀연한 천리의 봄바람이요」 운운 한데서[186] 이 술은 위상이 매우 높은 것이었음을 짐작할 수 있을 것 같다.

다음에 소개할 자하주紫霞酒는 그것을 능가하는 술이었던 것으로 짐작된다. 「익재益齋(이제현李齊賢) 상국相國을 하례한다」는 제목의 시詩에, 「과장科場에 글제 내어 영재英才들을 얻고, 양대兩代로 장시掌試하여 수연壽宴을 열었노라, 백설白雪 맑은 노래는 비파를 화답하고, 자하주紫霞酒 신선 술은 금잔에 가득하네, 문생門生이 제 문생들을 거느려 오고, 좌주座主가 몸소 좌주를 맞아들이누나, 상공相公의 겹친 경사를 하례하노니, 두째 아들 마땅히 장원壯元에 오르리」 라고

빚은 것으로, 정월 초하루에 제사를 마치고 여러 자손들이 그 家長에게 올리며 새해를 축하하는 술」이라는 해설이 덧붙어 있다.
185) 『동문선』 권 9, 五言律詩 「次杻城公館壁上韻」.
186) 『동문선』 권 38, 表箋 「謝御衣酒箋」.

읊으면서187) 자하주를 신선 술로 금잔에 가득하다고 지적하고 있기 때문이다. 이 시의 주인공인 이제현은 널리 알려져 있듯이 명문의 하나인 계림(경주)이씨의 일원으로 충렬왕대로부터 공민왕대에 이르기까지 국가의 요직을 두루 맡으면서 국정에 깊이 관여하였지마는, 그 하나가 여러 차례에 걸쳐 과거의 시험관인 좌주로서 많은 문생을 배출한 것이었다. 이 점을 잘 묘사하여 시를 쓴 사람은 역시 명문의 하나로 알려진 순흥안씨의 일원으로 이제현과 같은 시기에 여러 방면에서 중요한 역할을 맡아보는 안축安軸이었다. 한편 이제현보다 25년 앞선 원종元宗 3년(1262)에 역시 명문의 하나인 안동권씨安東權氏 집안에서 태어난 권부權溥(권영權永)도 충렬왕으로부터 여러 왕대를 거치는 동안 첨의정승僉議政丞 등 고위직을 두루 역임하고 85세(1346)가 되는 해에 세상을 떠나지마는, 80세 때 그 스스로가, 「누른 국화 붉은 단풍 9월을 맞이하여, 금옥 같은 음식 만들어 빛나는 자리 베풀었네, 아손兒孫들이 축수祝壽의 정성 특히 지극하여, 자하주紫霞酒 기울이고 나니 선골仙骨이 된 듯하네」라는 시詩를188) 읊고 있다. 아들과 손자들이 80세가 되는 자기를 경축하기 위해 금옥 같은 음식의 자리를 마련하고 자하주를 만들어주어 마시고 나니 선골이 된 듯하다는 것이다. 여기서도 자하주가 최상급의 귀중한 술이었음을 거듭 확인하게 된다.

다음 창포주菖蒲酒도 눈에 띄는데, 이것은 창포 잎을 가지고 담근 술로 단오절端午節에 마시면 돌림병을 예방할 수 있다는 술이다. 위에서 소개한 이제현이 오랜 동안 외지에 있을 때 단오날을 맞은듯 「고향에 돌아갈 꿈은 태봉 먼 고장, 술집 찾아들어 창포주를 마시노니」라는

---

187) 『동문선』 권 15, 七言律詩 「賀益齋相國」.
188) 『동문선』 권 20, 七言絶句 「兒孫慶八十」.

내용이 든 시詩를「단오端午」라는 제목으로 읊고 있다.189) 그리고 포도
주葡萄酒라는 명칭도 몇몇 곳에서 찾아진다. 역시 위에서 언급한 안축
安軸의 문집인『근재집謹齋集』에 화주和州의 은자隱者가 보내준 포도
주를 받고 읊은 시詩가 보이는게190) 그 하나이다. 아울러 외국에서 보
내온 것이긴 하지만, 충렬왕 11년(1285) 8월 원경元卿 등이 귀국하는
편에 원나라 황제가 포도주를 내리고 있으며,191) 충렬왕 24년(1298) 2
월과192) 같은 왕 34년(1308) 2월에도193) 유사한 조처가 있었던 것이다.

  이상에서 소개한 각종 술 이외에도 다양한 여러 종류가 더 존재했던
것으로 알려져 있다. 이 부분에 대해 좀더 추구하지 못한 점을 아쉽게
생각하며 양해를 바란다.194)

4) 술(주酒) 이용의 기구들

① 주기酒器와 술독·술통(준尊=樽) 및 술그릇·술통(합榼)

  술과 연결된 기록들을 보면 그것을 담는 용기容器들이 서로 다른 여
러 종류의 글자로 표기되어 있다. 그러므로 여기서는 그들중 좀 특별
한 위치에 있던 주기酒器 및 용량容量이 비교적 많았던 부류와 그렇지
못한 하급의 부류로 나누어 고찰하는게 좋을 듯 싶거니와, 다만 후자
는 다시 상·하 두 부분으로 구분하여 살펴보려 한다. 그러면 먼저 주
기에 대한 것부터 알아 보겠는데 그 내용은 비교적 단순하다. 구체적

---

189)『동문선』권 15, 七言律詩「端午」.
190)『勤齋集』권 1, 詩「葡萄酒和州隱者持以勸余」.
191)『고려사』권 8, 세가 충렬왕 11년 8월 戊辰日.
192)『고려사절요』권 22, 충렬왕 24년 9월.
193)『고려사』권 32, 세가·『고려사절요』권 23, 충렬왕 34년 2月.
194) 李盛雨,「高麗時代의 술과 社會」『韓國食品社會史』敎文社, 1984, 210~226쪽에서
    이해에 여러모로 도움을 받을 수 있다.

인 사례는 인종 14년(1136) 3월에 서경에서 발생했던 묘청 등의 반란
을 진압하는데 공로가 큰 김부식金富軾에게 의복·안마鞍馬 등과 함께
금주기金酒器를 내렸다는 것과[195] 고종 40년(1253) 9월에 대장군 고열
을 침입해온 몽고의 장수 야굴也窟에게 파견하여 철군을 요청하는 자
리에서 선물로 명주비단·수달가죽 등과 더불어 금·은주기金·銀酒器를
주었다는[196] 정도에 그치고 있는 것이다. 이들은 거듭 말할 필요도 없
이 늘상 쓰이는게 아니라 특별한 필요에 한하여 이용되었던 것으로 생
각된다.

　일상적으로 이용되면서 용량이 좀 컸던 것은 (술)독 또는 통을 뜻하
는 준尊·樽과 (술)그릇·통을 뜻하는 합榼이 아니었을까 싶다. 이제 그
실례를 보면 먼저『고려도경』에 연이어 언급된 와준瓦尊·등준藤尊·도
준陶尊으로서, 이중 와준은 국왕이 마시는 청주·법주를 담아 놓은 질
그릇 술독이라 설명되어 있는데 좌고座庫에 보관했다는 것을 염두에
둘 때 술통보다는 술독이라는 해석이 좀더 어울리는 것 같다. 다음 등
준은 글자 그대로 등나무 술독으로서 바깥은 그러했지만 속은 역시 질
그릇 술독이라 하였는데, 섬이나 주군州郡에서 바친 것이었다 하므로
술독 보다는 술통이라 함이 좀더 옳을 것 같으며, 도준을 도기 술병이
라 칭하고 있는 것은 그 자체가 도기에 해당할 뿐 아니라 술병의 모양
이 참외와 같았다는 것으로 미루어 타당한 칭호로 이해된다.[197]

　다음 주합酒榼은 역시『고려도경』에 소개 되어 있는데, 이 술통은 대
체로 휴대하고 다니는 용기容器로서 윗부분(뚜껑)은 뒤집어진 연꽃 모
양이고, 양쪽 귀에는 고리 사슬로 된 끈이 있었으며, 용량은 7되(칠승

---

195)『고려사』권 16, 세가 인종 14년 3월.
196)『고려사절요』권 17, 고종 40년 9월.
197)『고려도경』권 32, 器Ⅲ 3, 瓦尊·藤尊·陶尊.

七升) 정도였다 한다.[198] 그리고 이규보는 자기 문생門生의 잔치에 참여했던 간의諫議 이세화李世華가 '친親'자字에 화답하여 보내온 시詩의 운韻에 따라 지은 시에서 「지난날 되돌아보니 한 가지의 불만도 없으나, 다만 술그릇=술통 들고(휴합携榼) 자주 왕래하기를 바랄뿐이네」라고 읊고 있어서[199] 합榼에 대한 이해에 도움을 받을 수 있다. 금·은 주기와 함께 술독·술통·술그릇인 준尊·합榼은 술 이용의 기구들로서 한 몫을 담당하는 존재였다고 하겠다.

　② (술) 항아리(앵甖=罌과 호壺·분盆)

　술을 담는 기구로 앵·호·분 등도 들 수 있는데, 혹 뚝배기 또는 동이라 일컫기도 하나 일반적으로 항아리라 불리는 이들은 준尊·합榼보다 좀 떨어지기는 하여도 술의 이용에 요긴하게 쓰이는 기구들이었던 것 같다. 그 실례의 하나로 우선 이규보의 「도앵부陶甖賦」가 눈에 들어오는데, 글(부)의 제목을 도앵 즉, 질항아리라고 했는가 하면 그 서문에서 「내가 질항아리(와앵瓦甖) 하나를 가졌는데 술맛이 변치 않으므로 매우 소중히 여기고 아낀다」하였고, 이어지는 본문에서 「나에게 자그마한 항아리(소앵小甖)가 하나 있다」고 적고 있기도 하다.[200] 술맛이 변치 않아 소중하게 여기는 크고 작은 두 개의 질항아리를 가지고 있었고, 그것들이 자기의 마음을 다스리는데까지 도움을 준다는 점을 적고 있다. 다음 이달충李達衷은 「산촌 잡영山村雜詠」에서 「질뚝배기(도앵陶甖)에 들고 오는 하얀 막걸리(백엄白醃)」라 읊고 있지마는,[201] 여

---

198)『고려도경』권 30, 器皿 1, 酒榼.
199)『동국이상국후집』권 4, 古律詩「次韻其日 座客李諫議世華 和親字韻詩見寄」.
200)『동국이상국집』권 1, 古賦·古律詩「陶甖賦 并序」.
201)『동문선』권 11, 五言排律「山村雜詠」.

기에는 그가 짚신 신은 농부와 앉을 자리를 다투거나, 도롱이 입은 이가 문을 자주 두드리기도 했는가 하면, 버들 바구니에 담아 오는 시뻘건 생선까지 등장하는 것을 보면 도앵(질뚝배기-질항아리)에 들고 온 백엄(하얀 막걸리- 탁주)의202) 상태도 대략 짐작이 된다.

이숭인李崇仁이 책략이나 간교한 마음을 버리고 집집마다에 있는 와분瓦盆(질항아리-동이)의 탁주濁酒(막걸리)나 마시자고 한 와분203) 역시 와앵瓦甖과 유사하게 쓰이는 용기容器이었을 것으로 짐작된다. 그리고 왕으로부터 옥 항아리(옥호玉壺)에 든 아황주鵝黃酒를 사여받은 이첨李詹이 이는 「갑자기 불어온 천리의 봄바람」 이라 감복하면서 고마와하는 글을 올리고 있지마는,204) 이곳에 보이는 옥호(옥항아리)도 와앵 또는 와분과 맥락을 같이 하는 것으로 이해하여도 큰 무리가 없지 않나 판단된다. 술을 이용하는 기구의 다양성을 보여주는 일면이라 하겠다.

③ (술) 잔(배盃·잔盞)

술을 담는다는 표현보다는 그것을 직접 마시는데 쓰이는 도구라고 하는게 좀더 적합할 듯싶은 배盃·잔盞이라는 문구도 눈에 들어온다. 이중 전자는 이규보가 「김군金君이 녹색 자기 술잔(녹자배綠瓷盃)을 두고 시를 지어달라 하기에 백거이의 시운을 따라 함께 짓다」 라는 시에서 「나무를 베어 남산이 빨갛게 되었고, 불을 피워 연기가 해를 가렸지, 푸른 자기 술잔(녹자배綠瓷盃)을 구워내, 열에서 우수한 하나를 골랐구나」 라고한 데서205) 찾아볼 수 있다. 그리고 역시 이규보가 자기

---

202) 『동문선』 권 11, 五言排律 「山村雜詠」.
203) 『동문선』 권 22, 七言絶句 「西江卽事」.
204) 『동문선』 권 38, 表箋 「謝御衣酒箋」.

문생門生의 잔치에 참여했던 간의諫議 이세화李世華가 보내온 시詩의 운韻에 따라 답하여, 「술마실 사람 부르려면야 어찌 사람이 없겠냐만, 유독 금란지교의 옛 친구 끌어온지라……고맙다 당대 시단의 영수가, 내 문생들의 잔치 자리에 빈객으로 온 것이, 옥 술잔(옥잔玉盞)에 연달아 신선 술을 따르고」 라한206) 것에도 보인다.

이들과 동일한 내용의 사례는 여럿이 더 있으리라 짐작되나 그만 그치기로 한다. 이같은 상황은 술 이용의 기구들 전반에 해당하는 문제일 것이라는 생각도 없지 않아 마음이 무겁다.

---

206) 『동국이상국집』 권 8, 古律詩 「金君乞傅所欽綠瓷盃 用白公詩韻同賦」.
206) 『동국이상국후집』 권 4, 古律詩 「次韻其日 座客李諫議世華 和親字韻詩見奇」.

7
결어結語

　　고려시대 사람들의 식음食飮과 관련된 몇몇 사안들에 대해 살펴왔는데, 그 내용들을 조목별로 간추려 소개하는 것으로 맺음말에 대신하고자 한다.

　　(1). 첫째로는 곡물류穀物類 식품食品에 대한 것으로, 그것을 얻기 위해 재배한 작물들은 일반적으로 곡穀 또는 화禾라고 일컬어지는 것들이었다. 이중 화의 경우는 현재 통상적으로 벼(도稻)를 지칭하는 글자로 알려져 있고 또 실제로도 그러하였지마는, 한편으로 벼를 포함하여 그 외의 여러 작물들을 함께 칭하기도 했던 것으로 알려져 있으며, 그 사례들을 대할 수도 있다. 이에 비해 곡穀은 곡식穀食·창곡倉穀 등과 같이 본래부터 곡물 일반을 지칭하는 글자로서 이점에서는 화禾와 유사했다고 할 수 있었다.

　　한데 곡穀은 이뿐만 아니라 그 앞에 숫자를 첨가하여 5곡·9곡·백곡百穀 등 숫자로 표기되고도 있다. 그리하여 연구자들은 사례를 검토하여 5곡과 9곡 등이 경우에 따라 곡물 전체를 의미하는 것이기도 하고, 그와 달리 다섯 가지 혹은 아홉 가지의 개별 곡물을 의미하는 용어이기도 했다고 판별하고 있다. 여기에서, 그러면 후자에 해당하는 개별 곡물이 구체적으로 어떤 것들인가 하는 문제가 발생하는데, 우리나라의 경우 이 부분에서 어려움이 좀 없지 않았다. 그러나 우리 보다 역사가 앞서는 중국은 고대의 5곡 또는 9곡 등이 문서에 따라 다소 차이가 나지만 정리되어 있으므로 그것을 참고로 하고, 우리의 기록에 드러나 있는 개별 곡물들과 비교 검토도 함으로서 상당한 성과를 올릴 수 있었다. 그리하여 당시 사람들이 벼(도稻)와 그것의 껍질을 벗긴 낟곡식인 쌀(미米·립粒)과 멥쌀(갱미秔米)들을 매우 중시하였고, 그 밖에 보리(맥麥)·밀(소맥小麥)과 조(속粟) 및 팥(소두小豆)·콩(대두大豆)·기장(서黍)·피(직稷) 등도 손꼽히는 곡물들이었음이 드러나게 되었다. 그후 연구자들 역시 이들중 다섯 또는 아홉 종류를 택하여 주곡작물로서의 5곡 또는 9곡으로 이해하고들 있는 것이다.

이들 중에서 벼(도稻)·쌀(미米)이 가장 중시된 것은 그만한 이유가 있었다. 우선 식량으로서 맛이 좋았던 데다가 쌀알이 커서 수확량이 많았을 뿐더러 상당히 오랜 기간 동안 저장할 수도 있었던 것이다. 이같은 이점을 감안하여 국가는 각종 농경과 함께 특히 벼농사를 장려하였고, 농민들도 그에 많은 노력을 기울였다. 그 결과 벼가 다 익게되면 농민들은 수확하여 자신들의 식생활에 사용하였으며, 아울러 국가는 조세 등을 통해 벼를 확보해 국가의 제례에 쓰거나 전쟁에서 공로를 세운 사람의 처 등에게 사여하기도 하고 또 여러 아문衙門의 하급 이속吏屬들과 공장工匠 등에게 역역의 대가로 지급하는데 이용하였다.

이 벼(도)는 다들 알고 있듯이 절구와 방아 등에 의한 작업을 거치면서 쌀(미米·립粒)로 호칭되는 곡물로 바뀌게 된다. 이에 따라 그것은 우리들이 직접 식용으로 이용할 수 있게 됨으로서 중요성이 한층 커지게 되지마는, 동시에 한편으로는 국정의 운영과 직결되기도 하였다. 미(쌀)가 화폐의 구실을 했다는 점과 나라에서 거두어 들이는 조세의 핵심을 이루는 물품이 되는가 하면 국가의 업무에 종사하는 상·하의 모든 관·리들에게 지급하는 녹봉제의 중심이 되기도 하였다는 데서 이를 알 수 있다. 요컨대 도稻와 함께 특히 미米가 고려시대 사람들의 식생활뿐 아니라 국정 운영과도 직결되어 매우 중요한 위상에 있었음을 거듭 확인할 수 있는 것이다.

한데 이 미(쌀)는 도정 정도에 따라 얼마씩의 차이가 난다는 점에서 좀더 살펴볼 필요가 있다. 즉, 그것은 도稻 상태에서 찧어 왕겨만 벗기고 속겨는 아직 벗기지 않은 조미糙米(造米) 즉 현미玄米와, 쌀겨를 벗겨 정미된 상태로서 즉시 밥을 지어 먹을 수 있을 정도의 경미粳米(更米) 및 그것을 한번 더 도정한 백미白米로 구분이 가능한데 그것들 각각의 실례를 보면, 먼저 조미의 경우 생활이 어려운 사람들과 관련이 많고 또 값어치나 값도 다른 것들에 비하여 낮게 나타나고 있다. 다음 경미는 왕실의 일원이나 조정의 고위직에 재임했던 문무의 관료들에 대한 사여 및 녹봉의 지급 등에 쓰이고 있어서 이것이 국가 재정의 수입과 지출에 중심적인 위치를 점하고 있는 곡물이지 않았나 싶기도 하고 또 조미보다는 우위에 있는 미곡이었음을 확인시켜 주는 기사도 찾아져 그의 위상을 이해하는데 도움을 받을 수 있으며, 백립白粒 또는 백찬白粲으로 표기되고도 있는 백미는 여러 실례가 하나 같이 고위직과 관련된 사람들과 연결되어 있는 미곡으로 식품 가운데 으뜸이 되는 위치에 있었음은 거듭 논하지 않아도 좋을 것 같다.

이상에서 도(벼)와 미(쌀), 다시 미米는 조미·경미·백미로 구분하여 각각의 성격과 위상, 각종 부분에서의 용도 등에 대해 살펴 왔는데, 그런 가운데에서도 핵심이 되는 것은 더 말할 필요도 없이 본분이기도한 식품으로서의 역할이었다. 그리하여 우리들은 당시 사람들의 이 부분에 관한 생활을 엿볼 수 있는 기록을 접할 수 있는데, 추적秋適이 「손님을 대접할 때는 다만 백립白粒으로 잘 지은 밥과 생선을 썰어 국이나 끓이면 된다」고한[주 80), 36쪽·주 115), 41쪽] 것과, 김극기金克己

가 시詩에서 「사방 이웃에 차가운 공이 소리, 그 소리 저녁내 쉴줄 모르는구나, 새벽에 일어나 옥립玉粒으로 밥 지으니 구수한 김이 넘치네」라고 한 것[주 116), 41쪽] 등이 그의 일 모습이다. 여기에 등장하는 인물들이 모두 상당한 직위 이상에 올랐던 사람들이지마는, 이들과 같은 고려시대 상류층 사람들이 좋아하는 주식은 백미 또는 백립·백찬·옥립 등으로 일컬어지는 미곡으로 지은 흰 쌀밥, 곧 백반이었다.

그런데 이들과 동일한 위상에 있었다고 할 이규보가 많은 노고를 들여 미곡을 생산해내는 농민들에게 국령國令으로 백반을 먹지 못하게 한다는 소식을 듣고 그것은 잘못된 조처라 비판하고 있다. 장안의 권세있는 집에는 패물과 곡식 등이 쌓였는데 정작 그 곡물을 생산하는데 수고가 많았던 농민들은 수확의 상당 부분을 국가에 바치고 나서 직접 먹는 것조차 통제를 받는 것은 부당하다는 것이다. 한데 국가에 의해 이처럼 미곡이 통제되거나 취렴聚斂 당하는 것은 비단 농민만이 아니라 일반 민인民人들과 함께 때로는 관원들에게까지 미치기도 하였다. 그들 사례는 쉽사리 대할 수 있거니와, 당시의 상황이 이러하였던 만큼 농민과 일반 민인民人들은 말할 것 없고 문무관료까지도 식 생활-특히 미곡을 통한 식 생활이 원만하지 못한 측면도 없지 않았던 것 같다. 이와 관련된 사례 또한 대하는게 그리 어려운게 아니었지마는, 여기에서 한걸음 더 나아가 죽으로 끼니를 때우는 경우도 있었다. 이규보가 「슬프도다 가난 속에 빠져들어서, 온 집안 모두가 죽을 먹는다」고 읊조리고 있는 것이[주 125), 45쪽] 그 한 예이다. 특히 전쟁이 발생하거나 기후상의 변동 등으로 기근이 발생하는 등 어려운 상황이 생겼을 때 상·하를 가릴 것 없이 식생활에 문제가 생기게 마련이고, 이럴 시기에는 국가가 미곡을 베풀어 죽을 먹도록 하는 등의 조처를 취하여 극복해 나가는 일이 다수 였음도 확인된다.

　종합해 보건대 고려시대 사람들이 가장 중시했던 곡물은 미곡으로서, 그 가운데서도 백미를 으뜸으로 여겼다. 하지만 당시 미곡 생산의 수준이 요구하는 만큼에 미치지 못하여 백미와 그것으로 지은 밥 - 백반은 왕실을 비롯한 상급 지배층이 주로 차지했던 것 같다. 그 아래의 문무관료 등은 녹봉으로 주어지기도 했던 경미를 주로 이용하였으며, 일반인들도 그러하였던 것으로 생각된다. 따라서 미곡 가운데 가장 널리 사용된 것은 경미일듯 싶으나 그것도 여의치 않을 경우 조미를 이용하였을 것이다. 하지만 이처럼 미곡에만 의지하는 미반米飯 중심의 생활은 나라 전체의 규모를 놓고 볼 때 비록 차지하는 비중은 높았다 하더라도 한 부분에 한정되었다고 이해하는게 옳을 것 같다. 고려시대 사람들의 곡물에 의한 생활이 대체적으로 그렇게 넉넉하지는 못한게 아니었나 하는 생각이 든다.

　이 도稻·미米에 미치지는 못했다 하더라도 그에 버금가는 곡물로 조·좁쌀(속粟)이 있었다. 위상은 조(속粟)가 국가에서 녹봉으로 지급하는 곡물의 하나였다는 사례만을 보아도 짐작할 수 있지마는, 속粟을 소미小米라 표현하고 있는 점도 의미가 없지 않을 것 같다. 하지만 그런 가운데서도 속粟이 여러 일반 곡물을 뜻하는 사례도 없지 않아 이해에 신중할 필요가 있는가 하면, 또 역시 조로 알려진 량粱과의 관련에 대한 이해가 필요한데, 한 옥편에서는 량粱을 「조 보다 알이 굵은 곡식의 일종」이라 설명해 놓고 있고[주 139), 50쪽] 연구자도 '큰 조'라고 일시나마 쓰고 있으므로 그에 따르는 것이 어떨까 싶다.

　일반적인 조(속)의 재배에 대해서는 이제현이 부역과 세금에다가 권세가들의 수탈을 황새가 조(속粟)을 쪼아 먹는 것에 빗대어 노래의 가사를 짓고 있는 것과, 공양왕 때 중랑장 방사량이 개경 주변 땅의 초목을 베어내거나 불을 놓아 토지로 만들어 채소를 기르는가하면 조밭(속전粟田)으로 일구어 농사에 이용하고 있는 상황을 아뢰고 있는 것 및 우왕 5년(1379) 가을 9월에는 아직 보리의 파종을 마치지 못하고 콩과 조(속粟)가 밭두둑에 가득한 상태인데 갑자기 눈이 내려 농사를 망치게 된 심정을 읊고 있는 것 등을 통해 조가 농사를 짓는 중요 곡물의 하나였음을 거듭 확인할 수 있다. 아울러 재배에 따라 얻어지는 조·좁쌀은 공·사 모두에게 있어 중시되는 식용작물이었다. 나라에서 공식적으로 받아들이는 조세 이외에 개경의 큰 저자거리를 고치면서 그곳 양반들로부터 미米와 속粟을 거두어 공역의 노임에 충당한 것은 공적인 추가 수취의 한 사례인데, 속이 미와 함께 그 대상이 되고 있다는게 눈길을 끈다. 한편 개인적인 생활과 관련해서는 고위직을 두루 역임한 경복흥慶復興이 세상을 떠난 후 보니 집의 항아리에 한 말의 좁쌀(두속斗粟)도 없었고, 요직을 두루 거친 배정지裵廷芝 경우도 세상을 떠난 뒤에 보니 대고리에는 갖옷(중구重裘) 하나 없고 자루에는 조(속粟)도 남은 것이 없었다고 보이거니와, 여기서는 이들의 식량 사정이 하나같이 보유하고 있는 속(조)으로 표기되고 있음을 주목해볼만 하다.

이뿐 아니라 우리들은 미米의 경우에서와 유사하게 국정운영과 관련된 사항들에서 조(속)가 지니는 위상이나 용도 등을 좀더 넓고 다양하게 살펴볼 수 있다. 그의 대표적인게 이미 첫머리에서 언급한바 녹봉의 일부를 담당한다는 것이었지만, 그 외에도 여러 측면에 그 실상이 드러나 있는 것이다. 일찍이 최승로가 성종에게 시무책을 올리는 가운데 북방지역의 경계는 그곳 출신들을 선발하여 맡김으로서 경군을 파견하는데 따른 마초와 군량인 속粟을 보내야하는 노고를 면할 수 있다고 상소한 것과, 명종조에 반기를 들고 일어난 망이·망소이와 타협을 하면서 조정이 이들에게 창고의 속粟을 내려주고 있는게 그러한 것의 일부들이다. 아울러 국가에 공로가 있거나 장려할만한 일을 해낸 인원들에게 속粟을 하사하는 것도 그에 해당하는 것으로, 현종조에 침략한 거란족을 무찌르는데 공을 세우고 사망한 김숙흥의 어머니에게 종신토록 매년 속粟 50석씩 내리도록한 것과 남자 세 쌍둥이를 낳은 여인에게 속 30석을 하사하고 그것을 관례로 삼도록 한 것 및 형제를 장원급제시킨 어머니에게 매해마다 속 20석씩을 내리도록 조처하고 있는 것 등을 들 수 있다.

나아가서 미米의 경우도 그러하였지만 속粟 역시 재해를 비롯한 어려운 일이 발생했을 때 베푸는 사례가 비교적 많이 드러나 있다. 예컨대 문종이 경성(개경)에 기근이 들자 담당 관청에 명하여 굶주린 백성 3만여명을 모이게 한 다음 쌀(미)·조(속)·소금 등을 하사하여 진휼토록 하고 있으며, 얼마후 용문창의 속粟 8천석을 염주와 백주로 옮겨 농민들에게 지급하는 조처를 취하고 있다. 또 인종도 염주가 가뭄으로 기근이 들자 용문창의 속粟을 옮겨 진휼토록 하는가 하면, 공민왕 역시 흉년이 들자 유비창의 속粟을 내어서 값을 낮추어 백성들에게 팔도록 하고, 또 진제색賑濟色을 연복사에 설치하고는 유비창의 미米 500석을 내어서 죽을 쑤어 굶주린 백성들을 구제하려는 노력을 함께하고 있기도 하거니와, 유사한 기록은 이것들 이외에도 더 찾아진다. 거듭되는 이야기이지마는 속粟(조·좁쌀)은 고려시기 사람들의 식 생활은 말할 것 없고 그 외이 여러 용도에 있어 크면서도 중요한 위치에 있는 곡물의 하나였음이 확인된다 하겠다.

다음은 보리(맥·대맥大麥)와 밀(소맥小麥)에 대해서인데, 일반적으로 보리(맥麥)라고 하면 대맥大麥이 중심이었고, 밀(면麵)에 해당하는 소맥小麥은 위상이 조금 떨어지는 곡물이었다. 이 후자의 사례로는 최승로가 세상을 떠났을 때 왕이 크게 애도하면서 여러 물품과 함께 밀가루(면麵)를 300석이나 부의하고 있으며, 소맥과 같은 부류에 속하는 식품으로 교맥蕎麥이라 불리는 모밀에 관한 기록 등 얼마가 더 찾아지나 그렇게 많지는 않은 상태이다.

이에 비해 대맥에 관한 기록은 비교적 다수인 편이다. 3월과 4월에 서리가 내리거나 비가 오지 않아 보리농사가 크게 어려움을 겪고 있다고 한 것과 우왕 3년 5월에 왜구들이 밀성에 들어와 보리 이삭을 따갔다는 것 및 예종 11년 6월에 한 줄기에 네 이삭이 난 상서로운 보리를 국왕에게 올렸다고 한 것 이외에도 여러 사례가 찾아지는 것이다. 이렇게 2·3월부터 6월까지의 기간에 재배하는 보리 농사는 춘맥春麥에 해당한다. 그런가하면 이집李集이 「이번 가을의 큰 눈 옴이 예전과는 다르도다. 금년 들어 서리와 눈 어찌 그리 빠른고, 지금까지도 보리(모맥麰麥) 파종 마치지 못하였고」라고 읊고 있어서[㉮-㊶, 52쪽] 가을이 되어서야 파종하는 보리도 있었음을 알 수 있다. 추맥秋麥이 그것인데 이것은 상대적으로 그렇게 흔하지 않았던 것 같다.

그러나 어떻든 보리는 중요한 농산물의 하나였던 만큼 모두가 관심을 가지고 있었다. 이규보가 10월에 큰 눈이 내리는 것을 보고 내년에는 보리 풍작이 틀림 없겠다고 하거나 안축이 강원도 여행길에 산 밭의 보리가 반 정도 익은 것을 보고 흉년 든 해에 백성들에게 진휼이 될 것을 기뻐하고 있으며, 또 지방의 관원으로 부임한 정목은 빈 땅을 개간토록 하고 보리와 벼를 심어 많은 수확을 거두도록 하고도 있는 것이다. 기록 가운데는 '맥곡麥谷'이라는 표현이 눈에 띄지마는 이는 보리가 광범하게 재배되는 지역을 뜻하는 것이라 짐작되어 눈여겨 볼 만하다.

보리 재배에 조정이나 민인民人 모두가 많은 관심을 갖는 이유의 하나는 그 결과가 식량이 고갈된 시기를 극복해 나가는 수단으로 중요한 몫을 담당하기도 했다는데 있지 않았나 한다. 숙종이 백성들 가운데 빈곤하여 자활할 수 없는 사람들에게 보리가 익을 때까지 진휼토록 하거나, 우왕 때 경상도 등에 왜구로 인해 굶어죽는 백성들이 많아지자 최영이 나서 관청의 쌀로 미음과 죽을 쑤어 진휼케 하고는 보리가 익은 뒤에야 그만두도록 한 것 등이 그 대표적인 사례이다.

보리는 이밖에 고위직을 맡아 국가 경영에 공로가 많은 사람이 세상을 뜨거나 나라를 위해 목숨을 아끼지 않은 인원들에게 사여하는데 쓰였다. 성종 6년(987)에 내시령인 최지몽이 졸거하자 미米와 함께 맥麥 200석 등을 내리고 있고, 14년에는 평장사인 최량이 졸거하자 역시 미와 함께 맥 200석 등을 내리고 있으며, 목종 원년에 내사령인 서희가 세상을 떠나자 미·포와 함께 맥(모맥麰麥) 300석 등을 부의하고 있는 것이다. 이어서 현종 7년(1016)에는 나라의 일로 사망한 장군 고연적의 집에 미米 등과 함께 보리(맥) 30석을 부의하고 있고, 같은 왕 10년에 통주도부서의 유백부 등 173인이 함께 싸우다가 전사했으므로 관직을 추증토록 하고 그들 집에 쌀과 보리를 차등을 두어 사여하기도 하는 등 유사한 사례는 여럿이 더 있다.

보리의 사여가 부의賻儀와 같은 행사에 치우쳐 있고 또 고려전기 가운데서도 이른 시기에 주로 있다는 부분은 앞으로 좀더 검토가 필요할 것 같다. 그러나 어떻든 보리는 미米·속粟과 더불어 녹봉곡祿俸穀의 일부를 담당할만큼 위상이 높았을 뿐아니라 특히 민인民人들이 식량

상의 어려운 고비에 처했을 때 중요한 몫을 하는 등 고려시기 사람들의
식생활에 있어 매우 중요한 곡물의 하나였음은 틀림이 없다고 보인다.

콩(두豆·대두大豆·숙菽)과 팥(소두小豆)도 고려시대 사람들의 식생
활에 비중이 적지 않은 또 다른 곡물의 하나였다. 이들은 동일한 두류
로서 함께 취급되기도 하였으나 소두의 경우는 우왕 8년에 비처럼 쏟
아진 곡식 가운데 팥(소두)과 비슷한 것이 있었다는 기록이 찾아지고
있지만 그 사례가 그리 흔하지는 않고 대부분은 콩(두·대두·숙)과 관
련된 것들이다. 공민왕 15년 8월에 서리가 내려서 콩(숙菽)을 죽였다거
나 17년 윤7월에 서리가 내려 콩(숙)을 죽였다고 한 것 등이 그같은 사
례의 일부이다.

콩을 직접 식용으로 쓰고 있는 사례로는, 왕건이 후백제의 나주를
공격하기 위해 나서려 했을 때 그곳 주둔의 군사들이 기근으로 콩이
반이나 섞인 식사를 하는 처지에 있는 것을 정성껏 긍휼하였다고 한
것과 충렬왕 때의 청렴결백한 신료인 윤해는 집안이 가난하여 범벅 죽
으로도 제대로 잇지 못하여 콩을 다려 겨우 굶주림을 면했다고 한 것
등에서 찾아볼 수 있다. 일면 콩이라고 하면 쉽사리 머리에 떠오르는
것이 두부인데 고려시기에 역시 중시하는 먹거리의 하나였음도 확인
된다.

콩이 쌀·조·보리에 미치지는 못했다 하더라도 비중 있는 곡물의 하
나 임에는 틀림이 없었으므로 저들과 유사하게 정치적·사회경제적 측
면에서 일정한 기능을 담당하고 있었다. 납속보관제納粟補官制에서
콩이 쌀처럼 화폐의 구실을 담당하고 있는 것이 그 하나이다. 그리고
재추들이 상의하여 기근 등의 어려운 상황에 대처하기 위해 태사부 창
고의 미米와 황두黃豆 등을 진제색賑濟色에 지급하도록 청하고 있는

가 하면 평상시에 어려운 빈민을 위해 국가 창고에 저장되어 있는 쌀과 콩을 이자 없이 다량 꾸어주고도 있는 것이다. 아울러 나라와 국왕에게 보탬이 되거나 충성을 다한 인원들에게 콩이 사여되고도 있지마는, 몽고군의 침입 때 강화도에 둔전屯田을 두고 일면 경작, 일면 수비하는 전술을 펴는 것이 상책임을 건의한 윤춘尹椿에게 미米와 함께 두료 100곡을 급여하고 있는 것과 고려의 사직을 끝까지 지키려다가 죽음을 당한 최영에게 도당都堂에서 미·두 150석을 부의로 내놓고 있는 것 등이 그같은 사례들이다.

콩은 이 밖에 말·소의 사료로서 한 몫을 하여 눈길을 끌기도 한다. 『고려사』 권 82, 병지兵志 2의 마정조馬政條를 통해 이것들에게 실두實豆(껍데기를 벗긴 알맹이 콩) 또는 말두末豆(쪼갠 콩 및 부스러기 콩) 등이 제공되고 있음을 알 수 있거니와, 고려시대 사람들은 이와 같은 과정을 원용하여 소와 말을 직·간접으로 이용했던 것이라 하겠다. 콩 역시 여러 방면으로 두루 쓰이는 요긴한 곡물의 하나였다.

다음은 기장(서黍)과 피(직稷·패稗)에 대한 것인데, 이들도 고려시대 사람들이 두루 이용하던 곡물의 하나였지마는, 중국의 전통에 영향을 받아 제례에 올리는 대표적 물품의 일부로써 기능하여 또다른 특징을 지닌 곡물이기도 하였다. 그러므로 이 후자의 모습은 『고려사』의 예지禮志에서 여럿을 찾아볼 수 있다. 한데 이중 피의 경우 『고려사』 내에서만도 직稷과 더불어 패稗로도 기록되고 있어 약간의 혼동이 없지 않은데, 이 부분에 대해 『역옹패설櫟翁稗說』의 저자 이제현은 「피(패稗)는 곡식(화禾) 중에 비천한 것이기 때문이다」라고 적고 있으며, 정약용 역시 좋은 곡식이라고 하면서도 밭에 심을 수 있는 좋은 곡식을 열거하는 가운데 한피(한패旱稗)를 열세 번째에 들고 있다. 피는 곡물 중에서 하급에 속했던듯 싶거니와, 이달충이 산촌山村의 초가집에서 지내며 보리에 피(패稗)를 섞어 밥을 지어 먹는 것에서 식생활상의 어려움을 엿볼 수 있고, 이색이 『농상집요후서』에서 고려의 풍속은 메벼를 중하게 여기고 기장과 피(직稷)는 가벼이 여긴다고 언급하고 있어 피가 당시 사람들의 식용으로서는 그다지 중시되는 위치에 있지 않았음을 확인할 수도 있다.

그러나 한편으로 기장의 경우는 이와 좀 달랐음을 염두에 두어야 할 것 같다. 기장은 비록 미·속·맥 등과 비교할 대 그 위상이 좀 떨어진다고 하겠으나 하나의 곡물로서 그 나름의 중요성을 띄고 있었던 것이다. 앞서 살펴본 제물로서 점하고 있던 높은 위치를 제외하더라도 각종 사항과 함께 자주 언급되고 있음을 보면 이는 쉽사리 알 수가 있다. 이제현의 「참새는 어디에서 왔다가 어디로 날아가는가,……전답속의 벼와 기장을 다 먹어 없애네」라고 지은 노래 가사[㉮-③, 14쪽·주 4) 14쪽]와 정도전이 유배지에 머물 때의 주변 상황으로 「벼와 기장 모두 무성도 하여, 농사일도 멀지 않아 끝이 나겠네」 라고 적어 놓은 글[㉮-④, 14쪽·주 5), 140쪽] 등등이 그 한 부분들이다.

이들 이외에 기장이 식용으로 사용되는 상황을 전해주는 기록들도 눈에 들어오는데, 의종과 명정조에 활동한 『서하집』의 저자 임춘은 「김선을 이별하며」 라는 시에서, 「이 기약 저버리지 말게나, 닭과 기장 삶아 놓고 기다리겠네」 라고(㉮-㊾, 75쪽) 읊고 있는 것이 그 하나이다. 그리고 이규보도 「성황조聖皇朝가 태묘에 향사享祀한데 대한 송」에서 「내 농사 내가 지어, 기장도 있고 벼도 있네……추위가 오거든 이것으로 옷해 입고, 주리거든 이것으로 밥해 먹으리」 라고 하여(㉮-(51), 76쪽) 기장 밥에 닭국, 또는 기장과 쌀로 지은 밥에 대해 언급하고들 있는 것이다. 기장 역시 식 생활에 꽤 많이 이용되는 곡물의 하나였다고 이해해도 좋을 것 같다.

(2). 둘째는 고기 식품에 대한 것인데, 이들은 주로 육상에 생존하는 동물들에게서 얻을 수 있는 육식肉食과 수산물에서 얻어지는 고기 식품으로 구분이 된다. 그리고 이들중 전자는 다시 사육한 가축에서 얻는 것과 사냥을 통하여 잡은 야생의 짐승들에게서 얻는 것 등 두 종류로 나누어 볼 수 있지마는, 무어라 해도 여기에서 가장 주목할 대상은 소(우牛)와 말(마馬) 이었다고 할 수 있다. 다들 알고 있듯이 이 가운데 특히 소는 농사를 짓는데 기본적인 역할을 담당할 뿐더러 짐을 운반하는 데도 긴요하게 쓰이므로 당시의 지도층으로 안목이 있는 이규보·홍자번·조준 등은 소를 식용으로 이용해서는 안된다고 강조하고 있으며, 이점은 국가의 입장에서도 마찬가지여서 다수의 국왕들은 소의 보호에 각별히 유의하였다.

한데 이같은 일면에도 불구하고 소는 상급의 식품이 되기도 했으므로 그로써 여러 방면으로 쓰였다. 그 하나가 국가의 제례에 희생犧牲으로 바쳐진 것으로 여러 사례가 『고려사』 등의 기록에 전해지고 있다. 공적인 경우가 아니라 개별적인 사례로는 최응이 중병에도 불구하고 고기를 먹지 않자 국왕인 왕건이 그것을 불효·불충의 행동이 된다고 함에 부득이 먹지 않을 수 없었다는 것과, 광종은 도살을 금단하면서도 내선內膳에 쓸 고기는 시전市廛에서 사들여 올리도록 한 것 및 인종의 외조로서 권력을 쥐고 부정을 저질렀던 이자겸의 집에는 많은 선물을 받아 썩어가는 고기가 수만근이나 되었다는 기록도 보인다. 그러나 이 반면에 의종 때 고위직을 지낸 이공승 같은 사람은 손님들이 찾아오면 술을 즐기되 고기 안주는 좋아하지 않았다 하며, 서긍은 그의 견문록에서 고려는 봉록이 매우 박해서 평상시에 고기를 먹는 일이 드물다고 적어놓고 있다. 당시 소고기를 비롯한 육류는 귀중한 식품으로서 평상시의 소비자는 그리 많지 않은 상류층에 한정되었을 가능성이 높다고 이해된다.

고려전기의 상황은 대략 이상과 같았다고 할 수 있는데, 그러나 후기에는 좀 달라지는 것 같다. 우牛 또는 마의 살생이 자주 그리고 비교적 다량으로 이루어지고 있는게 확인되기 때문이다. 그것은 우선 고종 초 거란족과의 다툼 및 후기 몽고족과의 전투 과정에 드러나 있으며, 또 공민왕 때는 요동지방으로 출동했던 이성계와 지용수의 군사들이 되돌아오는 과정에 양식이 떨어져 굶주리게 되자 우·마를 잡아먹었다는 기록 등도 보인다. 그런가하면 한편으로 연회 때에 소를 잡고 말을 죽인다거나 무뢰배들이 제멋대로 소·말을 도살하고 있다는 기록 등이 여럿 찾아지며, 놀이를 즐기는데다 재리에 밝았던 충혜왕이 소를 잡아 그 고기를 하루에 15근씩 바치게 했다는 이야기와 양광도 안렴사로 탐욕스러웠던 마계량은 소 내장을 즐겨 먹어 민인民人들로부터 「말이 소를 먹는다」는 빈정거림을 받았다는 등 다양한 면면을 엿볼 수도 있는 것이다.

그러면 말(마馬)의 경우는 어떠했을까. 본래 말은 역시 다들 아는 대로 사람들이 타고 짐을 실어 나르는게 본래의 역할인데 문제는 누가 타고 어떤 역할을 담당하느냐는 것이었다. 관료나 민인民人들이 탈 때는 별다른 문제가 없고, 역마驛馬의 경우에도 나름으로 맡은 일에 종사하면 된다 하겠으나, 마군馬軍·신기군神騎軍 등의 군마軍馬 또는 전마戰馬 등이 되었을 때는 목숨이 위태롭게 되기도 하는 것이다. 이같은 어려움이 뒤따르는 내분이나 외래와의 투쟁은 고려전기뿐 아니라 후기에 여러 차례 있었고, 그에 따른 혼란을 틈타 대외 세력과 함께 대내의 사정에 따라 위에서 다룬 소와 더불어 말도 식용으로 이용되었다. 이제 그 사례들을 보면, 「고종 3년에 거란족이 의주·청주 등에 쳐들어와 곡식과 함께 우·마를 멋대로 빼앗아 먹은 것」(㉯-⑫-①, 96쪽)과 「공민왕 10년에 홍건적이 쳐들어와 개경이 함락되면서 저들에 의해 우·마가 거의 전부 살해되고 있는 것」(㉯-⑫-⑥, 97쪽)은 외적의 침입에 따른 경우이고, 「충렬왕 22년에 감찰사에서 무뢰배들이 제멋대로 소·말을 도살하고 있는 것을 금지시키도록 청하고 있는 것」(㉯-⑫-③, 96쪽)과 「충숙왕 12년에 사헌부와 순군에게 악소(무뢰배)들이 무리를 지어 소·말을 훔쳐 잡아먹는 것을 조사하여 다스리도록 명하고 있는 것」(㉯-⑫-⑤, 96쪽) 및 「공민왕 19년에 요동지방에 출동했던 군사들이 되돌아오는 길에 양식이 떨어져 굶주리게 되자 우·마를 잡아먹는 것」(㉯-⑫-⑦, 97쪽) 등은 우리의 무뢰배나 군사들이 소와 함께 말을 잡아먹은 사례들이다. 여말의 학자요 정치가인 이색도 초상이나 제사에서는 고기가 없어 간소한 식음만으로 행했으나 연회 때에는 소와 말을 잡아서 사용했다고 말한 사실이 있음을 앞서 소개한바 있거니와, 고려 후·말기에는 여러 요인이 작용하여 전기보다 소·말을 비롯한 육식이 확장되었다고 이해된다.

다음의 돼지(돈豚·저猪·시豕)와 닭(계鷄·鷄)은 소·말과는 좀 달리 주로 식용을 위한 가축 동물들이었다. 그리하여 이들도 꽤 많은 숫자가 양육된듯 짐작되거니와 그중 좀더 중요한 위치에 있으면서 용도가 많았던 것은 돼지였다. 그에 따라 우리들은 이들에 대한 사육이 국가나 민간·군인의 집 등 다방면에서 이루어지고 있음을 대할 수 있거니와, 그 결과물은 우선 나라의 각종 제사에서 제물로 바쳐졌다. 그러나 무엇보다 본질적인 용도는 식용이었다. 한데 외국인인 서긍은 고려에서 국왕이나 상신相臣이 아니면 양羊과 돼지고기를 먹지 못한다고 말하고 있는데, 그같은 측면이 없지는 않았으나, 위에서 지적했듯 민가에서 돼지 사육을 한 사례들을 볼 때 그렇다고만 말하기는 어렵다. 이규보가 부모를 모시고 아이를 기르며 명절에는 돼지잡고 양 삶는다고 언급하고 있거나 또 충렬왕 때 원나라에서 고려에 설치한 정동군사征東軍事에 보낸 공문에서 이르기를, 백성의 가옥에서 돼지·닭·거위·오리를 도살하는 일이 없도록 하라고 한 것 등을 보더라도 이는 어느 정도 납득이 가는 것이다. 그후 충숙왕은 소·말 대신에 닭·돼지 등을 길러 손님을 접대하거나 제사에 쓰도록 하라고 지시하고 있는가 하면, 공양왕 때 조준 역시 경기 지역에 계돈장을 두고 돼지와 닭을 기르도록 함으로써 제사와 빈객의 접대 등에 도움이 되고 나아가서는 백성들의 생활이 향상되게 하자고 건의하고도 있다.

이들 자료를 대하면서 우리는 다음의 몇가지 사실을 확인할 수 있을 듯 싶은데, 그 하나는 고려인들이 식품으로서의 고기로 일반적이요 우선시한 것은 돼지와 닭고기였다는 점이다. 그리고 다른 하나는 그럼에도 이들 고기를 자주 대한 것은 상급층이었으며 하류층은 좀 떨어졌던 것 같다. 그러한 가운데에서 시기적으로 보아서는 고려 전기에 비해 중·후기에 이르면서 모두가 좀더 자주 접할 수 있게 되지 않았나 짐작된다.

이 돼지와 함께 닭고기 역시 요긴하게 이용한 식품의 하나라 하였는데, 이것들의 사육은 돼지의 경우와 유사하게 『고려사』에 실린 계화鷄禍나 여러 문집 등을 통해 어렵지 않게 대할 수 있다. 그런 가운데 여말의 학자요 정치가인 이색이 『농상집요후서』에서 5계2체五鷄二彘, 즉 5마리 닭과 2마리 돼지는 사람들에게 사육만 받고 있다고 언급한 특수한 사례도 볼 수 있다.

그렇지만 본시 닭은 식용이 주된 목적이었고, 그에 따른 사례로 의종·명종조에 활동한 임춘이 친구와 이별하면서 기약을 저버리지 말라고 당부하며 닭과 기장 삶아 놓고 기다리겠다고 한 것 등 몇몇이 더 눈에 띤다.

닭은 돼지에 비해 사육이 쉬운 편이고 처리도 비교적 단순하여 숫자상으로는 많은 쪽에 속했겠는데, 그럼에도 전체의 수요에는 여타 육식품과 마찬가지로 부족했던 것 같다. 위에서 소개한바 충숙왕이 돼지와 함께 닭을 길러서 손님 접대와 제사에 쓰도록 하라고 명하고 있는 것과 조준이 경기 지역에 계돈장을 설치할 것 등을 건의한 것 등도 이같은 현실과 관련이 없지 않았을 것이다. 더군다나 원과의 관계가 긴밀해지면서 응방이 설치되어 매를 사육하면서 그것들 먹이로 개(견犬)와 함께 닭이 다량으로 소비되는가 하면 우왕 때에 이르면 왕 뿐만 아니라 악소배惡少輩들이 닭과 개를 쏘아서 잡는 대상으로 삼는 등의 혼란으로 닭은 어려운 수난을 겪지 않으면 안되었다. 어떻든 고려시기의 육식 생활에 있어 돼지와 닭이 중요한 위치에 있었던 것은 분명하다고 이해된다.

양羊과 개(견犬·구狗)도 육식 생활과 관련이 많은 또 다른 동물이었는데, 이중 양에 대한 처음의 기록이 사서史書에 전해지는 것은 성종 12년(993)에 쳐들어온 거란(요)의 장수 소손녕蕭遜寧과 당당하게 담판하여 물러가게 한 서희徐熙가 헤어지는 자리에서 낙타·말 등과 함께 양 1000두(마리)를 선물로 받아온 것에서 부터이다. 그뒤 현종 9년(1107)

에는 개경 중심의 목장인 경목감京牧監에서 키우는 양이 새끼를 낳고 있으며, 예종 2년(1107)에는 침입해온 여진(금)을 물리치는데 성과를 거둔 윤관과 군인들에게 양과 술을 보내주고 있거니와, 이후에도 양이 언급된 얼마의 사례들을 더 대할 수 있다.

원종 원년(1123)에 송나라 사절의 한 사람으로 고려를 다녀간 서긍은 그의 견문록에서 양에 대해 여러 기록을 남기고 있다. 고려는 양을 기르는데 알맞다거나 왕공王公과 귀인貴人 또는 상신相臣이 아니면 돼지고기와 더불어 양고기를 먹지 못한다고한 언급 등이 그것들이다. 여기에는 자기네들 나라에서 위상이 높은 양을 염두에 둔 면이 없지 않지만 이 시기에는 이미 고려에서도 양이 돼지만큼 위상이 높아져 있었던게 아닐까 짐작된다.

이후 양 고기에 관한 기록이 자주 눈에 띈다. 이규보가 명절에 돼지 잡고 양 삶는다고 하거나 최종번이 양고기를 보내주어 병든 어머니에게 드릴 수 있었다고 말하고 있는 것 등이 그 몇 사례들이다. 그런가 하면 충렬왕 20년에 원나라 세조가 세상을 떠나자 공주가 양 10마리와 말 한 필로 빈전에서 제사를 지내고 있고, 24년에는 원나라의 다루가치가 사람을 보내 양과 말을 바치며 왕의 복위를 하례하고 있으며, 공민왕 18년에는 명나라 사절로 온 사람이 왕에게 양을 바치고도 있다. 유사한 사례는 여럿을 더 대할 수 있지마는, 이로써 당시 양의 용도와 위상을 대략 확인할 수 있다고 하겠다.

개(견犬·구狗)는 양에 비하면 비중이 낮았던 것 같으며, 그 때문인지 기록도 상대적으로 그리 많지 않은 편인데다가 『고려사절요』와 같은 사서史書에 그의 존재가 처음으로 보이는 것은 명종 13년(1183)에 이르러서의 일이다. 이 해 2월에 국가에서 백견白犬을 기르는 것을 금하며, 따르지 않는 자는 벤다고 한 것이 그것으로, 이에 죽이거나 강물에 던져버리기도 하고 또 털에 검은 빛 물을 들이기도 했다 한다. 아마 흰 빛 개들은 정치적·경제적으로 여유있는 사람들의 애견이었던 모양이다. 그후 이규보는 지방의 먼 마을에서 개 짖는 소리를 들었다고 적고 있는가 하면 장안의 부호집에서는 말이나 개에게도 쌀밥을 먹이는데 국가에서는 그 생산자인 농민에게 먹지 못하게 한다면서 비판하는 글도 쓰고 있다. 그러면 이들 개를 사육하는 주된 목적은 어디에 있었을까. 그 하나는 우선 사냥에 있었으며, 그에 따른 기록과 실례는 여럿을 대할 수 있어 의문의 여지가 없다.

개는 이처럼 사냥에 참여하여 육식을 마련하는데 한 몫을 담당하는 동물이었던 것인데, 그 자신이 육식의 대상이 되는 일은 없었을까. 그렇지는 않았던 것으로 보인다. 이규보의 글에, 어떤 사람이 와서는 불량자가 몽둥이로 개를 쳐죽이는 것을 보고 다시는 개고기를 먹지 않을 것이라 맹세했다고 말하더라고 쓰고 있다. 결국 이 사람은 그전에는 개고기를 줄곧 먹어 왔다는 이야기이다. 또 충렬왕의 총애를 받아 높은 자리에까지 오르는 이정李貞은 본래 천예 출신으로 평소 개 잡는 일로 생업을 삼았다 하며, 군부판서까지 지내는 김문비는 개를 불에 태운 뒤에 털을 긁어내고 고기를 먹었다는 사례도 전한다. 뿐 아니라 우왕 때는 불량배들이 민가에서 개와 닭을 잡아다가 죽이고, 심지어는 왕까지도 그러하는 일이 한·두번에 그치지 않았다고 전하고 있다. 개들은 사냥의 담당만이 아니라 때에 따라서는 사냥을 당하는 형세에 놓이기도 했던 것이다. 이같은 상황은 특히 소나 돼지·양 등의 고기를 취하기 어려운 사람들에게 요긴하게 이용되지 않았을까 생각된다.

다음은 거위(아鵝)·오리(압鴨)와 기타의 사육 동물에 관한 것인데,

이들에 대해서는 정종靖宗 4년(1038)에 내사문하성에서 올린 건의문을 통해 살펴볼 수 있다. 즉, 대궐의 연못에서 키우는 거위와 오리·백학白鶴 등이 먹는 벼·기장에 드는 비용이 과다하므로 바다의 섬에 놓아주자는 것이었다. 그에 따라 이들은 사육 동물에서 벗어나지마는, 그뒤 의종 20년(1166) 11월 밤에 연회를 열려고 했을 때 새끼 양·물오리·기러기 등을 좌우에 진열하고 어가를 맞은 것을 보면 그간에 거위와 오리 등의 사육에 대한 금지가 어느 정도로 이루어졌는지 의문이 남는다. 더군다나 고려 후기에는 거위와 오리를 백성들이 널리 사육하거나 국가에서 그것을 장려하고 있다. 충렬왕 6년에 원나라에서 고려에 주둔시킨 군인들에게 백성들 가옥에서 돼지 등과 함께 거위·오리를 도살하는 일이 없게 하라는 지시에서 그 일면을 엿볼 수 있고, 충숙왕이 닭·돼지와 함께 거위와 오리를 길러서 손님 접대와 제사에 쓰도록 명하고 있어 확인도 된다. 거위와 오리가 닭·돼지와 유사한 식품으로 사용된다는 사실이 주목되거니와, 이같은 상황이 고려 전기라 하여 전혀 없지 않았으리라는 생각도 든다.

토끼(土兎)와 꿩(치雉)은 일반적으로 사냥의 대상이었다. 그러나 일부 사육도 되었는데, 그리하여 육식에 한 몫을 하였다.

집비둘기와 매는 자주 대하는 사육 동물이었다. 특히 전자는 충렬왕이 민간의 것을 궁중에 들이도록 했다가 신료들의 반대로 돌려준 일이 있고, 공민왕은 궁중 수백개소에서 비둘기를 길러 많은 비용을 썼다고 전한다. 그리고 매는 사냥에 요긴한 동물로 충렬왕 때에는 그것을 관장하는 기구인 응방까지 설치했었다. 이 비둘기와 매는 비록 사육하는 동물이기는 하나 그것들 자체가 우리들이 주제로 삼고있는 육식과는 물론 직접적인 관련이 없었다.

사육 동물들과 상대되는 야생의 짐승들도 우리에게 고기 식품을 제공하는 한 종류였다. 이들 가운데 대표적인 동물의 하나는 사슴(녹鹿)으로, 이규보는 향교의 제군諸君에게 준 글에서 사냥꾼은 사슴으로 조(조세)를 대신한다고 말하고 있는 데서 그점을 유추해 볼 수 있다. 그 밖에 『고려사』에는 공양왕 때에 사슴이 경성에 들어왔다는 기록이 보이며, 또 이색은 멀리 떨어진 안주에서 사슴 고기를 보내준 박원수에게 답하는 시 등을 남기고 있다.

다음 노루(장獐)의 존재는 그것들이 몇차례 궁궐내로 들어왔다는 『고려사』의 기록을 통해 살펴볼 수 있다. 그리고 이색은 문생인 안인기가 말린 노루를 보낸 것과, 염흥방이 노루 고기를 보내준 것에 대한 글을 남기고 있어 이해에 도움이 된다.

꿩(치雉)은 사육 동물을 다루는 자리에서 언급한바 있지만 그 보다는 대부분이 야생이었다. 그리하여 일찍부터 비교적 번성하였던 것 같고, 그 때문인지 궁원 내외에도 자주 등장하여 여러 기록을 남기고 있다. 그 밖에 이규보는 산성에서 쏘아 잡은 꿩을 받고 집사람과 함께 기뻐하고 있으며, 이색도 염흥방이 가져온 들꿩(야치野雉)과 동해의 생선을 안주로 술을 마신 기록을 남기고 있다.

토끼(토兎) 역시 앞서 사육 동물의 하나로 소개하였지만 대체적으로는 사냥의 대상이었다. 그에 비하면 여우(호狐)는 전적인 사냥의 대상 동물로서 몇몇 기록에서 찾아볼 수 있으나 흔한 편은 아니었다. 그런 가운데에서 김극기가 「전가사시田家四時」라는 시를 통해 전하는바, 추위를 겁내지 않고 매와 개를 데리고 사냥을 나가 여우와 토끼를 쫓아 달릴 때 짧은 옷에 피가 묻었으나 집에 돌아오자 온 이웃이 기뻐하고, 모여 앉아 실컷 먹었다고 하여 사냥의 상황과 결과 등을 이해하는데 도움을 주고 있다.

다음 고니(곡鵠)는 원나라에서 중시하던 동물로 주로 충렬왕조에 저들에게 고니 고기를 바치는가 하면 저들도 우리에게 보내는 기록들이 보이고 있다. 그리고 돼지의 경우는 산돼지(산저山猪) 또는 들돼지(야시野豕)라 불리는 야생의 돼지를 말하는 것으로 공민왕과 우왕 때에 도성 안으로까지 들어왔음이 확인되고 있지마는, 이들의 식품화를 잘라 말하기는 좀 어렵다.

(3). 셋째는 수산물 식품에 대한 것으로서, 이 역시 고려인들의 식생활에 매우 중요한 위치를 점하고 있었음은 새삼스레 강조할 필요조차 없지마는, 굳이 사족을 붙인다면 이규보가 고기잡이를 하는 어부의 생활이 농경 종사자 보다 오히려 나은 부분이 있음을 언급하고 있는 데서 엿볼 수 있지 않을까 싶다. 그리고 외국인인 서긍도 왕공王公과 귀인貴人들이 양과 돼지고기를 먹는 것에 비해 일반 백성들은 해산물을 많이 먹었다거나, 의례儀禮에 사용되는 안주로 양·돼지가 있으나 여러 종류의 해산물이 더 좋다고 기록하고 있어서 도움을 받는다.

수산물은 일반적으로 냇가나 강가, 그리고 바다에서 그물이나 어망 그리고 낚시 등을 이용하기도 하고 또 직접 손으로 따는 등 여러 가지 방법으로 획득하였다. 그런 가운데 좀더 구체적인 기구라 하면 통발(호滬)이 있었다. 그리고 물길이 한 곳으로 흐르도록 하고 거기에 대나무 등으로 만든 어구漁具를 설치하여 고기를 잡던 어량소魚梁所는 고기 획득에 커다란 역할을 하는 곳이었다. 현종 7년(1016)에 궁인宮人 김씨가 왕자를 낳자 왕흠이라는 이름을 내림과 동시에 금은 그릇·전장田庄 등과 함께 어량을 사여하고 있거니와, 어량소의 한 사례라 하겠다. 궁인 김씨는 이 어량소를 통해 적지않은 물고기를 확보할 수 있었을 것 같은데, 어량소는 이 이외에도 여럿이 더 찾아진다.

이들 수산물의 획득과 소비에는 국가에서 여러 모로 관여하기도 하였다. 어량세와 선세船稅 또는 공물貢物의 제도 등을 통해 그 점을 알 수 있다. 이것은 국가의 재정 또는 필요로 하는 만큼의 수산물 확보 그리고 수산물의 수급 및 보호와 관리의 측면에 따른 것으로 생각된다.

이같은 상황 아래에서 획득된 수산물은 다방면으로 쓰였다. 그 하나로 공적인 용도였다고 할 것은 국가의 제례에 바쳐진 것과, 충선왕이 원나라의 황태후에게 미역과 건어乾魚 등을 보낸 것을 들 수 있다. 그리고 사적인 면에서도 공양왕 2년에 정해진 제례에 의하면 직급에 차이가 있기는 해도 밥·국 등과 함께 생선과 고기를 올리도록 되어 있는 것이다. 아울러 병부상서까지 지내는 이영진이 그 이전에는 생선을 팔아 생계를 꾸려갔다고한 사례는 좀 특수한 경우로서 수산물의 사적인 매매가 적지 않았음을 짐작케 한다. 그 외에도 개별적으로 수산물을 주고 받은 사례는 얼마가 더 찾아지며, 더욱이 그것들이 식품으로서 이용되고 있는 면까지 보이고 있어 더욱 눈길을 끈다. 이규보가, 「내가 흰 머리 드리운 홀 어머니 모시고 있는데……병중에 즐기는 것 하루에도 천 여 가지네, 생선국 날고기 회 어찌 이루 헤아리랴」 라고 하거나 「남헌장로는 해 높이 뜨도록 잠자다가, 이불 둘러쓰고 헤진 털방석에 앉았네, 붉은 생선 회쳐서 안주를 삼고」라 읊고 있으며, 김극기는 「자줏빛 밤은 붉은 나뭇잎 사이에서 떨어지고, 붉은 비늘 고기는 푸른 물에서 낚네」라 읊고 있고, 이달충 역시 「산촌은 참으로 쓸쓸한 벽지……질 뚝배기에 들고 오는 허연 막걸리, 버들 바구니에 담아오는 시뻘건 생선」 이라 읊고 있기도 하다. 물고기를 안주로 하여 우인들과 술을 나누며 자신들의 마음과 느낌을 시로 남기고 있는 것이 대부분인데, 여기서 사용하는 물고기 모두가 회로 소비되고 있다는 점 역시 주목되는 부분 중의 하나이다.

다음은 이들 수산물의 종류에 대해서인데, 크게 물고기류와 조개류·갑각류甲殼類 및 해초류海草類로 나누어 볼 수 있다. 이중 물고기류에는 방어魴魚와 잉어(이어鯉魚)·농어(노어鱸魚)·연어年魚·청어靑魚·조기(석수어石首魚)·붕어(부어鮒魚)·은어銀魚 이외에 병어(편어鯿魚)·대구어大口魚·뱅어(백어白魚)·메기(점어鮎魚) 등이 해당된다. 이규보의 『동국이상국집東國李相國集』과 이색의 『목은시고牧隱詩藁』 및 『동문선東文選』 등에 실려있는 단편적인 내용을 통해 이것들에 대하여 살펴볼 수 있지마는, 고려시기에도 방어나 잉어·청어 등의 다양한 물고기들이 상급의 식품으로서 널리 이용되어온 것으로 생각된다.

이어지는 조개류에는 전복(복鰒·포鮑)과 굴(여방蠣房)을 들 수 있다. 그리고 갑각류甲殼類에는 게(해蟹)와 새우(하蝦)·문어文魚 등이 포함되며, 해초류海草類로는 미역(해조海藻·곽藿)·다시마(곤포昆布)·김(해의海衣) 등이 해당된다. 이들에 대해서도 역시 『목은시고』를 비롯한 『동국이상국집』·『보한집補閑集』·『동문선』·『고려사』·『고려도경』 등을 통해 각각의 일면을 엿볼 수 있거니와, 여러 방면에 걸친 수산물들은 고려 사람의 식생활에 적지않은 역할을 하는 중요 식품의 하나였다.

다음에 살피고자 하는 소금(염鹽)은 다들 아는대로 좀 특수한 식품으로 지위·신분의 고하를 막론하고 누구에게나 반드시 필요한 것이었고, 국가로서도 재정상의 측면에서 중요하기는 마찬가지였다. 『고려사』의 한 부분에 염법鹽法을 설정해 놓고 있는 것만으로도 그의 중요성을 충분히 짐작할 수 있다. 그러나 지금은 그의 실체가 제대로 전해지지

않아 그 내용을 제대로 알 수 없는 형편이지만 충선왕 원년(1309)에 정
해지는 소금의 전매제인 각염법榷鹽法 등을 참작하여 윤곽만은 잡고
들 있다. 즉, 전국의 염분鹽盆을 생산자인 염호에게 맡겨 놓고 국가는
그들에게서 일정한 액수의 소금을 염세로 징수하고, 염호는 그들 나름
으로 납부한 소금의 잉여분을 팔아 생계를 유지하며, 민인民人들은 구
입한 소금으로 생계를 이어갔다고 짐작하고들 있는 것이다. 하지만 이
같은 체제하에서 많은 문제가 발생하였다. 여러 궁원宮院·사사寺社와
권세가들이 사사로이 염분을 설치해 이익을 독점하여 나라 살림이 어
려워진 데다가 민인民人들도 소금 때문에 많은 고통을 겪어야 했기 때
문이다. 현종 9년(1018) 정월과 정종靖宗 5년 4월·문종 6년(1052) 3월·
선종 10년(1093) 10월 등에 곡물과 더불어 소금을 민인들에게 나누어 주
며 진휼하지 않으면 안되었던 사례에서 그같은 상황을 확인하게 된다.

이같은 사태를 타결해 보고자하여 단행된 조처가 바로 앞에서 소개
한바 충선왕 원년에 선포한 각염법이었다. 그리고 그 내용을 한마디로
요약하면, 소금의 생산, 보급, 판매 일체를 국가의 통제하에서 이루어
지게 한다는 글자 그대로 소금 전매제의 수립이었다. 이 제도가 시행
된지 꽤 많은 세월이 지난 공민왕 19년(1370)에 한 국가 기구에서 올린
상소문을 보면, 법을 시행한지 오래되어 폐해가 생겨나 염세를 내고
받지 못한 지가 오래되는 경우도 있으나 민인民人들이 하소연할곳이
없는 데다가, 사사로이 판매하는 일이 급격히 늘어나니 이는 선왕의
본뜻이 아니라고 하는 내용을 대할 수 있다. 소금 전매제가 시행된 이
후에도 국가 재정의 확보와 민인들 생활의 향상이라는 부분이 기대한
만큼 성과를 거두지는 못하지 않았나 싶다. 그러나 어떻든 소금은 중
요 식품의 하나로서 시기와 장소를 막론하고 소중하게 다루어 왔음은

확인된다고 하겠다.

　(4). 넷째는 채소菜蔬와 과실果實 및 하루에 몇 차례 식사를 하느냐
는 끼니에 대해 살펴보려한 부분이다. 그중 먼저 채소와 관련하여 그
의 재배쪽에 눈을 돌리면 집 안이나 또는 울타리 밖의 빈터에 채소를
키우는 이른바 텃밭에 주목하게 마련이지마는, 이들이게 가포家圃를
비롯하여 소포小圃·채포菜圃·원포園圃 등의 호칭이 붙는가 하면 유사
한 경우도 다양하면서 다수였다. 그런데 채소는 이것들 이외에 들이나
산에서 스스로 자라는 야생도 여러 종류가 있었다. 당시 사람들은 채
집을 통해 이들을 얻을 수 있었다.

　이같은 채소를 두고 이색은 식품 중에서 소채蔬菜(채소)가 차지하는
비중이 상당히 컸음을 지적하고 있다. 그리고 서긍도 연음燕飮의 의례
儀禮에 과일과 채소를 풍성하게 차렸다고 한 것을 보면 외국 손님의
접대에도 이것들이 유용하게 쓰이고 있음을 알 수 있다. 그런 한편으
로 기근이 들었을 때 국가에서는 죽과 함께 소채를 민인들이 먹을 수
있도록 조처하는 등 여러 모로 이용하고 있기도 하다. 채소(소채)는 중
요한 보조 식품의 하나로서 한몫을 담당했던 것으로 생각된다.

　형태와 특징이 다양한 저들 채소를 구분하기 쉽도록 분류하는 일은
그렇게 용이하지 않다. 그럼에도 연구자들의 노력으로 근래에는 상당
히 진전되어, 채소의 식용 부위에 중점을 맞추어 구분하는 방식을 택
해 근채류根菜類와 과채류果菜類, 그리고 엽경채葉莖菜에다 야생 채
소로 분류하는 4분법에 다수가 호응하는 듯하다. 그러므로 여기서도
그대로 따르는게 좋은듯 싶거니와, 먼저 과채류에 속하는 채소를 꼽는
다면 오이(과瓜·고苽)·가지(가茄)와 박(호瓠·표瓢) 등을 들 수 있다. 이

중 오이와 가지는 이규보의 「집 안 채마밭의 여섯 노래 '가포육영家圃六詠'」 첫머리에 지적되고 있거니와, 특히 전자는 왕건이 궁예를 축출하는 과정에서 그의 휘하인 홍유 등은 왕건의 부인이 알게되는 것을 꺼려 뒤뜰에 새로 연 오이를 따다 줄 것을 청해 밖으로 내보냈다는 이야기 등 다수의 사례가 보이고 있으며, 또 박(호瓠)에 대해서도 역시 이규보가 읊은바 「쪼개서 바가지(표瓢)로 만들어 물을 뜨니 얼음물 같이 차고」로 시작되는 시詩 등을 대할 수 있다.

다음 근채류根菜類로는 무우(청菁·나복蘿蔔)와 토란土卵(우우芋·우괴芋魁)·우엉(우방芋芳·牛蒡·방채蒡菜)이 해당된다. 이 가운데 무우에 대해서는 역시 이규보가 「가포육영」에서 「장醬을 곁들이면 한여름에 먹기 좋고, 소금에 절이면(지염漬塩) 긴 겨울에 대비하게 되고」 운운하여, 장에 담가 한여름 동안 먹을 뿐아니라 후대의 김치(저菹)처럼 겨울내내 식품으로 이용할 수 있었다는 대목은 주목할만 하다. 그 외에 식자들간 나복은 맛이 담박하다거나 뿌리가 참으로 먹을만 하더라는 등에 대한 글이 오가고 있으며, 토란에 있어서도 귀한 나물 보내준 것 생각하며 아침·저녁의 반찬과 국을 끓이는데 요긴하게 이용하겠다거나, 우엉을 받고 기뻐하는 모습 등도 전해지고 있다.

이어지는 엽경채류葉莖菜類로는 파(총총葱)·마늘(산蒜)과 아욱(규葵) 및 미나리(근근芹·수군水芹) 등이 해당하는데, 그중 파와 마늘이 식품의 맛을 조절함에 널리 쓰임은 당시도 지금과 마찬가지 였다. 다만 저때는 사원에서 이들을 가지고 옳지 못한 일을 하여 문제가 되었다는 점에 대해서는 앞서 지적한 바와 같고, 다른 엽경채류의 하나인 아욱은 이규보가 자기의 가포에서 재배한 것으로 미루어 매우 중시한 것을 알 수 있다. 아울러 미나리에 대해서는 무신정권 말기의 권력자였던 임유무의 어머니가 위급해지자 미나리밭(근전芹田)으로 도망갔다는 기사 등 여럿을 대할 수 있다.

앞서 언급했듯이 이상의 재배하는 채소들과는 달리 야생하는 채소들도 꽤 여럿이 존재하였다. 고사리(궐蕨)와 버섯(균菌)·냉이(제薺)·죽순竹筍·순채蓴菜·더덕(사삼沙蔘) 등이 그것들이었다. 이중 고사리에 대해서는 김극기가 「전가사시田家四時」에서 어린애가 나물과 고사리를 찾아 바구니 들고 양지쪽 산골로 향한다는 시를 읊고 있는 이외에 여러 편이 눈에 띄며, 버섯의 경우에도 이규보가 산중 별미로는 삶은 용이균龍耳菌이 좋다느니, 살찐 버섯은 황이균黃耳菌처럼 크다는 등의 시를 비롯한 여러 글을 대할 수 있다. 냉이와 죽순, 순채와 더덕 등에 있어서도 유사한 형태의 사례를 대하는 것은 어렵지 않거니와, 야생 채소도 보조 식품의 하나로서 한 몫을 하고 있음을 알 수 있다.

다음은 보조 식품이면서 기호 식품으로 매우 중시되던 과실果實에 대한 것인데, 그것들은 각종 기록에 남아 어느 수준까지는 확인이 가능하다. 그 하나는 명종 18년(1188)에 내린 제서制書로서 왕이 곡식과 옷감뿐 아니라 밤(율栗)·잣(백栢)·배(이梨)·대추(조棗) 등 과일의 묘목들이 잘 자랄 수 있게 국가에서 도와주도록 하라고 지시하고 있는 것이다. 그리고 개인의 기록으로는 이규보가 밤은 아가위(사樝)·배·귤橘보다 우수한 보조 식품으로서 특히 만인의 굶주림을 구제할 수도 있다고 높이 평가하고 있으며, 이달충도 도토리(상橡)가 그와 유사한 역할을 할 수 있음을 언급하고 있다. 뿐 아니라 외국인인 서긍도 우리의 과수에 주목하여 과일 중에 밤의 크기가 복숭아(도桃)만 하며 맛이 달고 좋다고 한데 이어서 앵두(함도含桃)·개암(진榛)·능금(내금來禽)·청리靑李·복숭아·배·대추 등을 지적하고 있다.

여기에 언급된 과실의 숫자만해도 10여종에 달하며 그 이외에도 10종 가까운 숫자가 더 드러나 있다. 그런만큼 이들 하나 하나에 대한 존재나 특성·용도 등등만해도 다수가 알려져 있어서 그 내용을 모두 소개하는데는 그만큼 어려움이 따른다. 그점을 감안하여 다만 이들의 중요도와 성격·쓰임새 등을 참작해 몇 묶음으로 구분하여 파악하는 정도에서 그쳐야할듯 싶거니와, 그 결과는 다음과 같다. 즉, ① 밤·배·대추, ② 귤·복숭아, ③ 감(홍시)·살구·앵두, ④ 잣(송자)·오얏·매실, ⑤ 능금·포도 등이다. 요약이 너무 지나치긴 했지만 이상에서 살펴온 사안들을 요약컨대 고려시대에도 각종 과실들이 있어서 보조식품·기호식품을 비롯한 여러 용도에 소비 또는 이용되어 왔음을 다소나마 이해할 수 있지 않나 한다.

다음은 위에서 살펴온 식품 그 자체가 아니라 그것들을 하루에 몇 끼니 먹었는가 하는 주제에 관한 것이다. 이 부분에 대해서는 이미 깊은 연구가 있지마는, 고려의 경우에도 하루에 세 끼니, 또는 두 끼니의 실태가 어떠했는가 하는 점을 재검하여 확인할 필요가 없지 않다는 취지에서이다.

그러면 먼저 세 끼니를 먹은 사례들부터 찾아보면, 고종은 외선外膳이 끊어져서 내장고內藏庫가 비었다고 아뢰자 주선晝膳을 줄였다고 전한다. 일상적으로 하루에 세 끼니를 먹었다는 이야기이다. 그리고 시랑侍郞으로 지방의 수령이던 추적은 날마다 정오가 되면 큰 사발에 담은 쌀밥과 투가리에 담은 고기국을 차려 먹었다. 이처럼 국왕과 고위직에 있는 사람들은 통상 하루에 세 끼니를 먹었으며, 또 다른 사례들에 의하면 군 장교가 전투에 임하고 있는 군사들 및 배의 건조와 같은 힘든 업무에 종사하거나, 시신의 매장과 같은 어려운 일을 하는 사람들에게는 세 끼니가 해당되었고, 특별한 경우로 송나라 사절 등 외국인들에게도 매일 새끼 식사가 제공되었다.

하지만 이같은 일면에도 불구하고 하루에 두 끼니를 먹었음을 시사하는 사례는 좀더 많은 숫자가 눈에 들어온다. 성종 원년(982)에 최승로가 스님 여철如哲이 먹는 조석식朝夕食(2식)은 모두 성상께서 내리신 것이라는 지적이 그 하나이다. 그리고 좀 특수한 경우이긴 하지만 거란의 침입으로 공주로 일시 피신한 현종은 그곳 절도사 김은부의 마련으로 조·석식의 어려움을 면할 수 있었다. 그리고 이규보의 아내는 남편에게 「옛사람도 하루에 두 끼니 먹지 않으면 허기진다고 말했소」라고 이야기 한다든가, 이규보 자신은 무르익은 연회에서 조석을 따질 필요가 없다는 말을 하고도 있다. 아울러 충렬왕 때에 대간臺諫과 사림詞林으로 활동하는 이승휴가 자신의 저술인『동안거사집』에 실어놓은 「병과시病課詩」에 채소와 현미 등의 거친 음식으로 아침과 저녁을 먹을 것이라 했는가 하면 「구관시求官詩」에서는 적은 아침밥으로 자주 저녁까지 미친다고 읊고 있기도 하다. 이밖에도 유사한 사례는 상당수가 더 찾아지거니와, 또 시장기를 면할 정도의 조금 먹는 요기療飢도 보이며, 꼭 끼니를 가리지 않더라도 식생활에 어려움이 많은 사람들에게 밥과 죽·나물·미움·국 등을 나누어주는 사례 역시 적지 않게 눈에 띈다. 이런 면이 있다 하더라도 고려 시기에는 통상적으로 하루에 두 끼니 또는 세 끼니를 먹었다고 할 수 있는데, 사례를 보면 두 끼니를 먹는 숫자·시기가 많았던 것으로 생각되며 세 끼니를 먹는 사람들은 신분과 직위 등에서 좀 우월한 위치에 있지 않았나 생각된다.

(5). 다섯째는 음료飮料에 대한 것으로, 여기에는 물·식수(수水·食

水) 자체와 차(다茶)·술(주酒)이 해당된다. 그중 기본이 되는 것은 더 말할 필요도 없이 물·식수이겠는데, 이것은 다시 우물(정井)물과 샘(천泉) 물로 나누어 볼 수 있다. 그리하여 전자의 경우 처음에는 설화로 시작되었으나 뒤에 실제로 개성대정開城大井의 존재가 되는 우물을 비롯하여 이규보는 집 뒤에 우물(정井)을 만들고 거기에서 좀 떨어진 곳에 못(지池)을 파고도 있다. 외국인인 서긍은 이 부분에 대해「우물을 파고 물을 긷는 것은 대개 내(천川) 가까운 데서 한다」는 지적을 하고 있지마는, 우물의 존재는 여려 곳에서 쉽사리 찾아 볼 수 있다.

그런데 샘도 그러하지만 우물물을 비롯한 모든 물들은 우리의 생활과 떨어질 수 없는 존재임에도 전쟁과 같은 어떤 사건이 발생하거나, 가뭄이나 과도한 비와 그로 인한 많은 문제가 일어나기 마련이었다. 그러므로 물에 관한 기록 중에는 이들에 따른 것들이 다수이다. 거기에다가 당시 사람들의 인식과 관련하여 우물에서 우는 소리가 난다거나 색깔이 변하고 끓어 오르는 등의 수변水變이 일어났다고 하면서 두려워하는 기사 역시 적지 않게 눈에 띈다.

다음 샘(천泉)도 가뭄이나 홍수, 외세의 침입 때 등에는 우물과 같이 어려움을 겪기는 마찬가지였으나, 우선 샘은 자연적으로 생겨나는 면이 많고 관리에도 애로가 좀 덜했던 것 같다. 그래서인지 샘의 실제 사례들은 대부분의 경우 샘물이 식물食物로서의 기능과 연결되어 있다. 이제 그 대표적이라 할 사례 2개를 보면, 이인로가 홍도의 샘물에 대해 지은 글로「백당 동편 산기슭에 해맑은 샘(천泉)이 있어, 돌 틈으로 졸졸 흘러나와 흰구름 그윽한 골(곡谷)을 씻어낼 듯, 가물어도 안 마르고 거문고처럼 맑은 소리, 예닐곱 걸음 감돌아서 도랑으로 들어가는데, 이웃에 사는 사람들이 모두 시원히 움켜 마시네」라고한 것과, 이규보

가 상주로 향하면서 근곡촌에서 자려고 했을 때의 글에서는「전가田家
의 주인 장기에 모발이 노란데, 반가히 맞이하여 닭 잡고 기장밥 해주
네, 수염난 종놈 동이지고 달려가 샘물 길어 오고」라 읊고 있는 것으로
엿 볼 수 있다.

그러면 이어서 시선을 조금 바꿔 물을 직접 이용하는 기구와 방식에
대해 살펴보면, 먼저 우물을 파는데 이용했다는 도르래와 길어 올린
물을 옮기는데 사용했다는 물통(조槽)을 들 수 있다. 그리고 역시 물
긷기에 사용된 수앵水甖이라는 구리로 뚜껑을 만든 물항아리가 있었
고, 저장하여 놓고 부녀들이 옮길 때에 어깨로 메거나 머리 위에 이기
도 했던 동앵銅甖(구리항아리)도 있었다. 아울러 도기陶器로 된 물항
아리·물독(수옹水瓮)이 있어 섬들 사이에 배로 물을 실어 나를 때 사
용하였고, 관사 안에서는 구리 항아리(동옹銅瓮)를 썼다. 그 밖에 은銀
으로 만든 주전자와 비슷한 물병(수병水瓶) 있어 외국 사신들의 숙소
등 특별한 용도에 쓰인 것 같고, 긴 목에다 볼록한 배(복腹) 모양에, 곁
에는 물을 따를 수 있는 주둥이가 하나 있는 정병淨瓶은 귀인과 함께
민가에서도 모두 사용하였는데, 물만을 담을 수 있었다. 유사한 사례는
이들 이외에도 얼마가 더 찾아진다.

다음은 차(다茶)에 대해서인데, 이것은 물의 경우와 달리 상급층에
좀 치우쳐 있었다는 점에서 차이가 났다. 그것은 궁궐 내에 국왕의 필
요로 하는 다茶의 시봉侍奉을 비롯하여 왕실과 국가적인 행사에 소요
되는 다茶 관련의 물품을 마련하고 집행하는 기구이면서 담당자의 호
칭이기도한 다방茶房이 이른 시기부터 설치되어 있었다는데서 단적으
로 드러난다. 그리하여 각종 행사에서 이들이 다茶와 관계된 업무를
담당하는 사례는『고려사』등에서 다수를 찾아 볼 수 있는 것이다.

공식적인 행사는 아니지만 사절로 온 외국인들에게 정성스럽게 차(다茶)를 대접하여 그 상황을 서긍이 기록으로 남겨놓고도 있다. 그리고 국내인들의 경우는 우선 고위직을 지낸 사람들이 세상을 떠났을 때 다량의 차(다)를 보내주고 있다. 성종이 내사령(종1품)을 지낸 최지몽에게 다茶 200각角, 수시중(종1품)을 지낸 최승로에게 뇌원다腦原茶 200각과 대다大茶 10근, 평장사(정2품)를 지낸 최량에게 뇌원다 1,000각을 부의하고 있으며, 목종은 내사령(종1품)을 지낸 서희에게 뇌원다 200각과 대다 10근, 시중(종1품)을 지낸 한언공에게 다茶 200각을 내려주는 것 등과 함께 얼마의 사례가 더 찾아진다.

다(차)의 쓰임새는 이밖에도 여러 방면이어서 성종이 서경에 행차했을 때는 80세 이상이 된 종래의 품관品官들에게 각종 물품과 더불어 차(다茶)를 내려주고 있다. 그리고 일찍이 문하시중(종1품)까지 지낸 최사추가 예종조에 이르러 가직加職을 받으며 치사致仕하는 자리에서 차와 약 등을 수여받고 있지마는, 그는 이에 앞서 용봉다龍鳳茶를 받기도 하였었다. 예종조에는 시중의 직위에 있던 위계정이 치사하면서 역시 차와 약을 사여받고 있는 등 유사한 사례는 더 눈에 띄며, 또 불교가 중시되던 고려사회인 만큼 절과 스님들은 차(다茶) 방면에서 여러 혜택을 받고도 있다. 문종 때의 국사國師인 해린海麟이 나이가 많음을 들어 산사山寺로 돌아갈 것을 청하자 왕이 친히 전송하면서 차와 각종 물품을 사여하고 있는 것은 그중 한 사례이다.

민인民人들이 차(다茶)를 이용한 것과 관련된 사례도 얼마가 찾아진다. 태조 왕건이 즉위 14년에 관원을 신라에 보내 왕과 백관들에게 선물을 주는 한편으로 군사와 백성들에게 차(다茶)와 복두를, 승려들에게도 차와 향 등을 주고 있는 것이 세가世家에 올라 있으며, 목종 10년에는 왕이 구정毬庭에서 80살 이상 되는 남녀 백성과 심한 병자들을 모아놓고 음식 대접과 함께 차(다茶)·약 등을 내려주고 있음도 역시 『고려사』 예지禮志에 실려 전해지는 것이다. 유사한 사례는 더 눈에 띄지마는, 그보다 더 주목되는 것은 차(다茶)를 판매하는 다점茶店의 존재일 것 같다. 이것은 성종 15년에 처음으로 금속화폐를 주조하여 널리 유통되도록 독려하는 가운데 설치된 것이지만 이로써 다茶를 누구나 다점에서 매입하여 사용할 수 있게 되었다는 점에서이다. 이 다점의 존재는 임춘林椿의 「다점에서 낮잠 자면서」 라는 시제詩題에서도 찾아볼 수 있다.

차를 얻기 위해서는 먼저 그 잎사귀를 갈아서 달이는 과정을 거치게 된다. 그것에 몇 차례의 손질을 더하여 차가 만들어지는데, 거기에 고유한 호칭이 붙여진 차(다)로는 이미 소개했듯 뇌원다와 대다·용봉다 그리고 유다孺茶＝조아다早芽茶 등이 보인다. 이중 뇌원다는 왕이 고위직을 역임하고 국가에 공로가 많은 인물들에게 내려지고 있는 것으로 미루어 최상급에 속하는 물품일듯 싶으나, 대다의 경우는 내용을 잘 알 수가 없다. 그리고 용봉다는 중국의 차로 고려에 들어와 많이 이용된 상급의 차인 것으로 생각되며, 조아다는 글자 그대로 일찍 싹이튼 차 일듯 싶으나 내용은 역시 분명치가 않다.

고려인들이 차를 이용하는데는 탕호湯壺를 사용했다 한다. 서긍은 대표적인 다구茶具로 금화오잔金花烏盞 등을 지적하고 있다.

다음은 술(주酒)에 대한 것인데 이규보는 기본이 되는 술을 백주白酒(탁주濁酒·막걸리)와 청주淸酒로 양분하고, 전자는 나이가 많지 않고 경제력이 여의치 않을 때 마시고 후자는 벼슬길에 나가 직위가 높아지면서 주로 마셨다고 말하고 있다. 청주가 백주 보다는 상급의 술로 이들의 소비자들도 신분과 직위·경제력에서 차이가 있었음을 언급한 것이겠다. 외국인인 서긍도 역시 왕이 마시는 양온良醞은 곧 청주·법주法酒로서 주로 상급층이 마시고 민서民庶들은 탁주·백주를 많이 마신다고 이해하고 있어 이규보와 유사했음을 알 수 있다.

음료 가운데 하나로서의 술이 차지하는 위상이 높았음은 그것이 널리 매매되고 있다는 점에서 엿볼 수 있다. 성종 2년, 수도인 개경에 성례成禮·악빈樂賓·연령延靈 등등 6개의 주점이 설치되고 있는 것은 이 점을 단적으로 말해준다. 이때의 주점은 물론 화폐의 개혁과 관련이 깊기도 했지마는, 숙종 7년에는 개경 좌우에 주무酒務가 설치되고 또 길거리 양편에 존비尊卑를 가리지 않고 각각 점포를 열도록 하고 있으며, 2년 뒤인 왕 9년에는 주·현으로 하여금 미곡을 출연해 주점 등을 열어 민인民人들이 매매할 수 있도록 조처하고도 있다. 시기적으로 이보다 훨씬 뒤의 일이긴 하지만 이규보가 개경의 중부에 속하는 앵계에 거처를 정했을 때 자기집 누각이 주점 문에 임해 있었다거나, 자기의 남루한 옷을 잡히고 맑은 술 한병 바꿔왔다고 한 것 및 각월선사께서 눈(설雪) 속에 술을 사왔다는 등등 술 매매의 여러 사례를 접할 수 있다.

그러면 이들 술을 직접 관장하는 기구나 이용하는 인원들의 상황은 어떠했을까. 먼저 궁궐 내의 업무를 위해서는 차(다茶)를 위한 다방의 설치와 유사하게 국가의 공식 기구 중 하나로 양온서良醞署를 두고 있었다. 그에 따라 여기에는 양온령 등 관원이 있어 주례酒醴의 공급에 관한 업무 등을 관장토록 했던 것이다. 그뒤의 기록에 의하면 왕의 생신이나 연등회·팔관회 같은 중요한 행사에는 술이 필요하므로 양온서로 하여금 술을 올리게 할 것과 나라에서 행하는 각종 제향祭享 등에도 양온서에서 따로 기구를 설치토록해 술을 빚어 바치게 하고 있다.

이같은 상황 아래에서 왕을 중심으로 하여 여러 분야에서 술이 다양하게 이용되고 있다. 그 하나로 사신詞臣(경연청·춘추관·예문관)들에게 시詩를 짓게하거나, 시간을 정해놓고 시를 짓게하여 합격한 사람 등에게 술을 하사하는 경우를 들 수 있다. 그리고 왕이 빠뜨리지 않고 술을 사여하는 대상으로 출정군이 있었으며, 유학자와 학술을 닦고 있는 학생, 특히 그의 열매를 맺어 과거에 급제한 다수의 인원들도 술을 하사받는 또 하나의 대상이었다. 아울러 고려 왕은 우리와 관련이 있는 외국인에 대해서 술을 비롯한 물품을 사여 또는 진상하는 업무도 수행하였으며, 이외에도 국가에 공로가 있으면서 연로年老한 관원들과, 효자와 순손, 의부義夫 및 절부, 중병이 있거나 가족관계에 어려움이 있는 사람들을 어루만지고 위로하는 것이 중요한 하나의 일이었는데, 여기에서 여러 물품과 술이 또한 요긴한 식품의 하나로 이용되었다.

고려는 불교왕조라고 부를 수도 있을 만큼 불교를 중시한 사회였고, 그에 따라 역대 왕들의 지원을 받으면서 사원은 경제적이 면에서도 커다란 비중을 차지하게 되고 그것이 종교의 범주를 벗어난 많은 부작용을 발생시켰다. 사원에서 술을 빚거나 파와 마늘을 재배하여 판매하는가 하면 승려들이 술을 마시고 계율에 어긋나는 행동을 하는 것이 대표적인 것이었다. 이 문제를 바로잡기 위해 국가는 국가대로, 사원은 사원대로 노력하는 가운데 술이 종교·사상뿐 아니라 사회면 등에서 좋지 못한 영향을 미치는 하나의 요인이 되었다고 하겠다.

민인民人들의 술 이용에 대해서는 앞서 여러 사항을 설명하는 가운데 이미 소개된 것들이 대부분으로서, 개경에 주무酒務를 설치하거나 지방에 주점酒店을 열도록 한 것은 그만큼 술 매매에 접근이 수월해졌음을 뜻한다고 할 수 있다. 그리고 구체적인 사례로는 촌 박걸리를 삼

잡히고 마신다거나, 혼인의 예물로 민서民庶들은 단지 술과 쌀을 서로 보낸다는 것 및 집에서 잘 빚은 술, 그리고 집집마다에 있다는 질항아리의 탁주와 산촌에서 대하게 된 질뚝배기에 든 하얀 막걸리 등을 비롯해 여럿이 더 눈에 띈다. 민인들이 이용하는 술에 관한 기록이 당시로서는 본질적으로 그렇게 많지 않게 마련이지만, 앞서 제시한바 왕이 민들에게 사여한 경우와 이어서 소개하는 백주·탁주 등의 사례를 참고로 하면 나름대로 이해가 된다.

다음은 술 종류에 대해서인데, 앞에서 살펴보았듯이 그 중심이 되는 음료의 하나는 청주淸酒였다. 이 술은 신분과 직위·경제력 등이 우월한 위치에 있는 사람들과 더불어 상등 집단에서 주로 이용하던 것으로 왕이 마시던 양온良醞과 어주御酒·법주法酒가 이와 상통하는 술로 이해되며, 국가의 중요 제례에서도 이 술이 사용되었다. 그리고 이같은 제도적인 이용만이 아니라 일반적인 경우에도 위에서 지적했듯 지위나 경제력이 있으면 이용이 가능하여 그들 사례를 어렵지 않게 찾아볼 수 있다. 이규보가 국가에서 농민들이 청주 마시는 것을 금하자 「청주는 농민들이 많은 노력을 한 결과로 만들어진 것인데 이들에게는 마시지 못하게 금하고, 벼슬길에 있는 사람들은 말할 것 없고 그 아래에 있는자들까지에게도 마시도록 하는 것은 옳지 않다」고 비판하는 것에서 당시의 상황을 대략 짐작할 수 있다.

이 청주에 상대가 되는 백주白酒는 탁주濁酒 또는 막걸리·박주薄酒 등으로도 불리는 술로, 처음의 호칭은 이규보의 「백주시白酒詩」에 여러 차례 언급되는 것을 비롯하여 다수가 찾아지며, 탁주는 설장수가 「이웃과 어울려서 탁주나 기울이세」 라는 언급 등에 보인다. 그리고 막걸리는 정포鄭誧가 「동래잡시東萊雜詩」에서 「향기로운 흰쌀은 진주알

같고, 구수한 먹걸리(방료芳醪)는 호박琥珀 빛일세」라고 읊고 있는데
서, 또 박주薄酒는 윤소종이 「동문 노파의 제사」에서 「아이가 이제 박
주를 보내옵노니, 노파는 흠향하려는가 안하려는가」라고 읊고 있는
것 등을 통해 살펴볼 수 있다.

다음 소주燒酒는 아라비아의 알콜 증류 방법이 원元을 통해 고려에
도 알려져 그것을 이용하여 만들어진 것인데 처음의 시기는 분명치가
않다. 다만 우왕이 그의 즉위 원년(1375)에 검소한 생활을 강조하면서
금수 비단 등과 함께 소주의 사용을 금한 것과, 다음 해(1376)에는 소
주도燒酒徒의 존재도 확인됨으로 이들을 중심으로 유추하여 보는 수
밖에 없을 것 같다.

고려시기를 다룬 여러 문헌들을 살펴 가노라면 이들 이외에도 적지
않은 숫자의 술 명칭이 눈에 들어 온다. 우선 꽃으로 담은 술 이라는
화주花酒와 중양 명절과 관련이 있는 국화주菊花酒를 비롯하여 선주
仙酒(신선술)·계주桂酒(계피주)·봉래주蓬萊酒 등을 들 수 있다. 이어
서 춘주春酒라고도 하는 삼해주三亥酒와 함께 초화주椒花酒 및 아황
주鵝黃酒의 명칭도 보인다. 그런가하면 여말에 중요한 국정을 맡아 공
로가 많을뿐 아니라 특히 여러 차례 과장科場을 담당하여 다수의 문생
門生을 배출해낸 이제현의 수연壽宴에 임하여 안축安軸이 「익재 상국
相國을 하례한다」에서 「자하주紫霞酒 신선술은 금잔에 가득하네」라고
읊어 신선들의 술에 대비한 자하주는, 익재보다 조금 앞선 충렬왕 때
에 첨의정승 등 고위직을 역임한 권부權溥가 자기의 80세를 경축하기
위해 자손들이 마련한 자리에서 「자하주도 만들어 주어 마시고 나니
선골仙骨이 된듯하다」고 말할 정도의 술이었음도 눈길을 끄는 대목이
다. 그 밖에 단오절과 관련이 있는 창포주菖蒲酒와 그리고 포도주도

몇곳에서 찾아지거나와, 술의 종류는 이 정도에서 그치도록 하겠다.

다음은 끝으로 술 이용의 기구들에 대한 부분이다. 그들중 먼저 술을 담는 용기容器, 즉 주기酒器부터 찾아보면 인종 때 일어난 묘청의 반란을 진압하는데 공로가 큰 김부식에게 왕이 금주기金酒器를 내렸다는 것과, 고종 때 쳐들어온 몽고의 장수 야굴也窟을 달래기 위해 금·은주기를 주었다는 정도에 그치고 있다. 이것들은 늘상 쓰이는게 아니라 특별히 필요한 시기에 한하여 이용되었던 것 같다.

일상적으로 이용되면서 용량이 좀 컸던 것으로는 (술)독 또는 (술)통을 뜻하는 준尊·樽과 (술)그릇·통을 뜻하는 합榼이 있었다. 이제 그 실례들을 보면 먼저 『고려도경』에 연이어 언급된바 국왕이 마시는 청주·법주를 담아 놓은 질그릇 술독인 와준瓦尊과 등나무 술독이면서 속은 질그릇 술독이던 등준藤尊 및 도기 술병인 도준陶尊과 함께 대체로 휴대하고 다니던 술통인 주합酒榼 등을 들 수 있다.

이들 준·합보다 좀 떨어지기는 하여도 술의 이용에 요긴하게 쓰이는 기구로 혹 뚝배기 또는 동이라 일컫기도 하나 일반적으로 항아리라 불리는 앵甖 = 罌과 호壺·분盆도 있었다. 그들 실례로는 이규보가 술맛이 변치 않아 소중히 여기는 질항아리(와앵瓦甖)를 가지고 있었다고 한 것과 이달충이 「산촌잡영山村雜詠」에서 질뚝배기(도앵陶甖)에 들고 오는 하얀 막걸리에 대해 읊고 있는 것 및 이숭인이 책략이나 간교한 마음을 버리고 집집마다에 있는 와분瓦盆(질항아리-동이)의 탁주나 마시자고 한 것과 이첨이 왕으로부터 옥 항아리(옥호玉壺)에 든 아황주를 사여받고 있는 것 등이 찾아진다. 술을 이용하는 기구가 다양 했음을 보여주는 일면이라 하겠다.

술을 이용하는 도구중 직접 마시는데 쓰이는 것은 배盃·잔盞이라는 글자로 표현하였다. 이들과 관련해서도 이규보가 자신의 아랫 사람인 김군의 요청에 따라 녹색 자기 술잔(녹자배綠瓷盃)을 두고 시詩를 짓고 있으며, 또 자기 문생의 잔치에 참여했던 이세화가 보내온 시詩의 운韻에 따라 답하는 가운데 「고맙다 당대 시단의 영수가, 내 문생들의 잔치 자리에 빈객으로 온 것이, 옥 술잔(옥잔玉盞)에 연달아 신선 술을 따르고」라한 시詩에서 찾아 볼 수 있다.

여러 모로 미흡함을 무릅쓰고 이로써 본고를 마친다.

찾아보기